VÍDEOS
QUE VENDEM MAIS

www.dvseditora.com.br
São Paulo | 2020

CAMILO COUTINHO

VÍDEOS
QUE VENDEM MAIS

TENHA RESULTADOS IMBATÍVEIS DESVENDANDO
OS SEGREDOS DO VIDEO MARKETING

VÍDEOS QUE VENDEM MAIS
TENHA RESULTADOS IMBATÍVEIS DESVENDANDO OS SEGREDOS DO VIDEO MARKETING

DVS Editora 2020 – Todos os direitos para a língua portuguesa reservados pela editora.

Nenhuma parte deste livro poderá ser reproduzida, armazenada em sistema de recuperação ou transmitida por qualquer meio, seja na forma eletrônica, mecânica, fotocopiada, gravada ou qualquer outra, sem a autorização por escrito da editora.

YouTube é uma marca registrada do Google LLC.
Este livro não é autorizado ou endossado pelo Google LLC.

Capa: Camilo Coutinho
Projeto gráfico e composição de miolo: Renata Vidal
Revisão: Fábio Fujita

```
Dados Internacionais de Catalogação na Publicação (CIP)
       (Câmara Brasileira do Livro, SP, Brasil)

  Coutinho, Camilo
     Vídeos que vendem mais : tenha resultados
  imbatíveis desvendando os segredos do
  videomarketing / Camilo Coutinho. -- 1. ed. --
  São Paulo : DVS Editora, 2020.

     ISBN 978-65-56950-05-1

     1. Comunicação 2. Marketing 3. Marketing digital
  4. Sucesso nos negócios 5. Vendas e vendedores
  6. Vídeos 7. Vídeos para Internet I. Título.

20-36092                              CDD-384.558

         Índices para catálogo sistemático:

  1. Videomarketing : Comunicação    384.558

  Maria Alice Ferreira - Bibliotecária - CRB-8/7964
```

Nota: Muito cuidado e técnica foram empregados na edição deste livro. No entanto, não estamos livres de pequenos erros de digitação, problemas na impressão ou de uma dúvida conceitual. Para qualquer uma dessas hipóteses solicitamos a comunicação ao nosso serviço de atendimento através do e-mail: atendimento@dvseditora.com.br. Só assim poderemos ajudar a esclarecer suas dúvidas.

Dedico este livro, com todo carinho, à minha maravilhosa companheira de vida, delegada, namorada, esposa, Juliana Blum, e meu primeiro filho, Theodoro, minhas fortalezas para chegar até aqui mesmo nos dias mais difíceis.

Amo vocês ao infinito e além ;)

"80% do seu sucesso consiste simplesmente em aparecer"

Woody Allen

Sumário

Depoimentos   **11**

Prefácio   **16**

Hey, Camilo aqui!   **18**

Prólogo   **20**

1. É só fazer um videozinho...   **26**

2. Esquentando os motores   **36**

3. Começando o planejamento   **42**

4. Sua identidade é única, então aproveite isso   **68**

5. Tamanho não é documento, conteúdo sim   **74**

6. Você precisa de um roteiro, acredite!   **98**

7. Quantos milhões em equipamento?   **132**

8. Iluminação é 100% da imagem   **140**

9. Qualidade de vídeo também é estratégia   **148**

10. Um toque de design de vídeo   **160**

11. Você está me ouvindo?   **170**

12. É hora do show   **184**

13. Organização pré-edição   **192**

14. Introdução ao temido algoritmo   **200**

15. Otimização de vídeos ou VideoSEO   **212**

16. Metadados com estratégia   **230**

17. Triângulo de ouro da otimização   **236**

18. A magia das thumbnails   **252**

19. Arrume a casa para receber as pessoas   **264**

20. A estratégia do conteúdo episódico   **274**

21. O poder do fatiamento estratégico   **284**

22. Estratégias de Video Marketing passo a passo   **294**

Posfácio   **310**

Glossário   **314**

Videografia e links   **330**

Bibliografia   **334**

Agradecimentos   **338**

O autor   **341**

Depoimentos

"Acompanho de perto o trabalho do Camilo Coutinho há mais de dez anos. É, sem dúvida, um dos mais influentes profissionais de vídeo online no Brasil. O impacto do trabalho do Camilo é enorme, e agora qualquer pessoa pode ter acesso a vinte anos de experiência com o mundo digital e com vídeo nesta obra. É um pequeno investimento que certamente terá um efeito gigante no conhecimento e nos resultados do seu projeto. Eu vi este livro nascer, ele é imperdível!"

Rafael Rez
Fundador da Nova Escola de Marketing

"Ninguém no Brasil é tão dedicado e experiente na arte de criação de digital e vídeos de ponta a ponta como o Camilo. Desde a concepção até equipamentos, gravação, direção, edição, pós-produção e navegação das inúmeras opções de redes sociais e suas peculiaridades. One stop shop."

Ricardo Calina
Cofundador do maior canal de família do Brasil, Flavia Calina

"O Camilo Coutinho é o que eu chamo de um profissional de classe mundial. Sem sombra de dúvidas, o maior especialista em Video Marketing do Brasil e claramente um dos maiores e mais competentes do MUNDO nessa área. Estudar com o Camilo é aprender de forma prática como montar estratégias de Video Marketing que funcionam e geram resultados expressivos para qualquer profissional ou negócio!"

Paulo Faustino
COO da Get Digital e cofundador do maior evento de marketing de Afiliados da América Latina, o Afiliados Brasil

"O Camilo Coutinho, além de um ser humano do mais alto nível, é seguramente um dos profissionais que mais entendem de vídeo e, em especial, de YouTube. Deposita uma paixão incrível em tudo o que faz e ensina, com uma qualidade fora do comum!"

Flavio Raimundo
Cofundador e diretor do maior evento de marketing de Afiliados da América Latina, o Afiliados Brasil

"Não tem ninguém no Brasil que entende mais de estratégia e otimização de vídeos que o Camilo. Se você quer ter resultado com esse formato, o mais importante do universo digital hoje, siga as recomendações dele. Camilo é generoso o suficiente para compartilhar o que sabe em suas redes sociais e neste livro."

Bia Granja
Founder do YouPIX

"Camilo's deep understanding of what it takes to get a viewer to take action and his ability to teach his strategies in an easy to understand way takes the hard work out of making online video successful. From professional-level video optimization to advanced video marketing techniques, Camilo has you covered. Camilo is a top notch YouTube strategist and educator. I am very excited he has released this book to share with Brasil."

Nick Nimmin
CEO da nicknimmin.com

"Camilo is a top notch YouTube strategist and educator. I am very excited he has released this book to share with Brazil."

Dane Golden
Fundador da VidUP

"Camilo ensina e anima! Tem uma energia boa, simplicidade e objetividade ao passar técnicas práticas que dão resultados imediatos."

Liliane Ferrari
Consultora Souza Campus Ferrari

"Camilo é um dos maiores especialistas em Video Marketing do Brasil! É impossível você não aprender algo novo neste livro!"

Marco Bürgin
CEO da GoRank

"O Camilo é minha referência número 1 quando penso em vídeos, estratégia para vídeos e YouTube, e não é por menos: sua consistência, carisma e entrega têm muito valor."

Fábio Prado Lima
Professor da AdR.Ensina e a maior referência de Facebook Ads do Brasil

"O Camilo é um cara muito diferenciado, não apenas por dominar, como poucos, a parte técnica, mas por ter um didática única, que consegue traduzir as oportunidades de trabalhar com vídeo em negócio, algo muito raro hoje em dia. Além disso, entrega conteúdo profundo, prático e sempre muito atual, antenado a tendências mundiais, o que o torna único e de grande valor."

Rafael Martins
Cofundador e CEO do Share

"Conteúdo de altíssima qualidade com leveza, humildade e humor. Não tem como não prestar atenção nele, não tem como não guardar suas dicas, não tem como não achar Camilo o melhor em YouTube."

Fernanda Nascimento
Diretora da Stratlab Inteligência Digital

"Aprender com o Camilo foi muito importante para nós, que produzimos conteúdo de how to. Nossos vídeos têm vida longa graças a muitas estratégias que aprendemos com o Camilo e que aplicamos semanalmente. Todo o investimento que já fizemos em cursos e mentorias com ele teve um retorno maravilhoso. Se eu fosse começar hoje, com certeza o faria estudando as estratégias que ele ensina, passando umas boas horas consumindo esse conteúdo."

Diego Paladini
Cofundador do canal Saúde na Rotina

"O Camilo sempre nos inspirou. Está sempre em busca de respostas e soluções possíveis de serem aplicadas no dia a dia do produtor de conteúdo. Lembro-me de quando ele me ensinou a personificar o meu público. Criar personas me ajudou a identificar melhor as dores e necessidades da audiência. Inspiro-me sempre em ver como ele faz o trabalho dele com tanto carinho."

Dafne Amaro
Cofundadora dos canais Saúde na Rotina e Organiza Dafne

"O Camilo é nosso Derral Eves brasileiro, nunca vi alguém tão apaixonado por vídeos e otimização. Ajudou-nos no reposicionamento do canal para chegarmos aos nossos 100K de inscritos. Hoje, o canal está próximo de 1M, e o Camilo teve um papel muito importante nessa jornada!"

Jackeline Salomão
Cofundadora do canal DRelacionamentos

*"O Camilo é uma das pessoas mais estudiosas, criativas e generosas que conheço. Está sempre por dentro das principais tendências no mundo das redes sociais e tem profundo conhecimento no que diz respeito à otimização de vídeos, mas não guarda o que sabe para ele. Seja no Canal Play de Prata, que acompanho desde o comecinho, seja em suas

palestras incríveis ou entre amigos, Camilo sempre tem aquela dica ou opinião que todo criador de conteúdo quer e precisa ouvir, tudo no maior alto-astral! Em 2016, Camilo desenvolveu a identidade visual do English in Brazil e compartilhou informações valiosas que me ajudaram a acelerar o crescimento do meu canal. Desde então, aplico suas estratégias a cada novo vídeo que posto para que meu conteúdo se mantenha relevante e bem ranqueado nas buscas. Vídeos que vendem mais é, sem dúvida, uma leitura indispensável para todos que desejam aprender mais sobre o mundo dos vídeos com uma pessoa que realmente entende do assunto!"

Carina Fragozo
Fundadora do canal English in Brazil

"O Camilo é hoje a maior referência brasileira em estratégias e otimizações de vídeos para a web. Mesmo em um mercado extremamente dinâmico, ele é sempre o mais atualizado e o que tem o maior conhecimento sobre a área. Todos os profissionais do marketing digital e do audiovisual precisam acompanhar o trabalho do Camilo."

Greta Paz
CEO da Eyxo

"Camilo é um parceiro incrível com quem pude contar no momento em que precisei pivotar a estratégia de conteúdo, design e posicionamento do meu canal. Seu trabalho valoriza de fato a observação de indicadores e de entrega estratégica orientada a números, nunca a achismos. Mais ainda, ele é um entusiasta-patrocinador de uma grande mudança de pensamento dos criadores de conteúdo no Brasil: é a pessoa que defende a profissionalização, a consistência e a orientação a resultados."

Felipe Ventura
Cofundador do canal DRelacionamentos

Prefácio

I have been on YouTube since 2005, so I've seen it through the good times and the bad, but one thing is always true: youtubers want to get their message to more people.

YouTube creators have a passion they want to share with the world, but they usually don't know the ins and outs of the platform to maximize that effort.

The good news is, if this is your case, you've come to the right place. YouTube experts can help you learn how to market your message.

Camilo Coutinho teaches principles in this book that can expand your YouTube reach and help you become a Video Marketing pro.

I travel to all corners of the globe to speak at events for YouTube creators, businesses, and brands who want to become better at video creation and marketing.

I love speaking at events all over the world, but I especially enjoy meeting people one-on-one at these events.

Camilo is one of those people I had the good fortune to meet at an event a few years ago, and I have had the pleasure of reconnecting with him on several occasions since then.

He is a fantastic example of learning the YouTube craft and sharing his message with his community. Camilo is amazing and knows his stuff!

He is making a huge impact in the YouTube community in Brazil. The practices he teaches work successfully.

The things you will learn here will help you bring value to your specific community, and once you've mastered that, you'll be on the right track to achieving the YouTube success you've always dreamed of.

Derral Eves
CEO da agência Creatus em Salt Lake City, Estados Unidos. Criador do VidSummit, a segunda e mais importante conferência de vídeos do mundo. Reconhecido como a maior autoridade de estratégias de vídeo do mundo.

Hey, Camilo aqui!

Fico honrado com o prefácio escrito pelo Derral, um mentor e amigo que ganhei do nosso mercado global. Decidi deixar em primeiro lugar o prefácio em Inglês, pois, nesse mercado, se você não tem o mínimo de inglês, sempre vai consumir conteúdos prontos, que não irão fazer você desenvolver o pensamento estratégico.

Só consegui me aproximar do Derral em 2015, por conta do inglês. Eu só desenvolvi minhas estratégias por conta do inglês. A minha maior luta nos eventos internacionais é aprender o conteúdo e traduzir para o nosso país, que tem uma média inferior a 10% de pessoas que falam inglês.

Eu sei que você pode estar me xingando agora, e por isso inseri a versão em português a seguir, mas se eu soubesse o quanto a língua inglesa me levaria longe, teria me esforçado para aprender desde moleque.

Graças a ela, consegui trazer o Derral para o Brasil, como palestrante de um evento meu. Por isso, acredite em você, pois depois de todo esse conteúdo que estou colocando neste livro, pode ter certeza que acredito em você, assim como o Derral acreditou em mim lá em 2015.

Derral, thank you my man!

Estou no YouTube desde 2005, então já vi isso nos bons e nos maus momentos, mas uma coisa é sempre verdadeira: os youtubers querem transmitir sua mensagem a cada vez mais pessoas.

Os criadores de conteúdo do YouTube têm uma paixão e desejam compartilhar ela com o mundo, mas geralmente não conhecem os meandros da plataforma para maximizar esse esforço.

A boa notícia é que, se esse for o seu caso, você veio ao lugar certo. Os especialistas do YouTube podem ajudar você a aprender como divulgar sua mensagem.

Camilo Coutinho ensina os princípios neste livro que podem expandir seu alcance no YouTube e ajudar você a se tornar um profissional de video marketing.

Viajo por todos os cantos do mundo para falar em eventos para criadores de conteúdo, empresas e marcas do YouTube que desejam melhorar a criação e o marketing de vídeos.

Adoro falar em eventos em todo o mundo, mas gosto especialmente de conhecer pessoas individualmente nesses eventos.

Camilo é uma daquelas pessoas que tive a sorte de conhecer em um evento há alguns anos e tive o prazer de me reconectar com ele em várias ocasiões desde então.

Ele é um exemplo fantástico de como aprender o ofício do YouTube e compartilhar sua mensagem com sua comunidade. Camilo é incrível e sabe o que faz!

Ele está causando um enorme impacto na comunidade do YouTube no Brasil. As práticas que ele ensina funcionam com sucesso.

As coisas que você aprenderá aqui ajudarão a agregar valor à sua comunidade específica e, depois que você dominar isso, estará no caminho certo para alcançar o sucesso do YouTube que sempre sonhou.

Derral Eves

CEO da agência Creatus em Salt Lake City, Estados Unidos. Criador do VidSummit, a segunda e mais importante conferência de vídeos do mundo. Reconhecido como a maior autoridade de estratégias de vídeo do mundo.

Prólogo

A ideia deste livro vivia martelando na minha cabeça, mas também tentava imaginar quem gostaria de ler sobre minhas aventuras pelo mundo dos vídeos.

Sim, no começo parece muito estranho a ideia de falar em frente a uma câmera sozinho (ou com um amigo), para postar isso no YouTube, além de imaginar o perfil de pessoas que iria passar seu tempo assistindo ao meu conteúdo, que era feito para marcas. Como seria, então, abordar isso em um livro?

Apaixonei-me por vídeos a partir de 2006, quando comecei a fazer parte de um projeto de vídeos de viagem para um canal de TV ligado à empresa que eu trabalhava. Era o Shoptime TV, feito por grandes profissionais: Ronald Bordoni, Marquinhos, Márcia Nóbrega, Léo Freitas (o cara que me mostrou os primeiros macetes de vídeo), Caterine Vilardo, Tarzan, Ciro Bottini, Fabi Boal, Milton Walley, Mauriti e toda equipe, com quem tive a minha introdução a esse mundo.

Maíra Barcellos, minha chefe na época, acreditou que eu poderia tocar esse projeto e entregou nas minhas mãos o desafio de fazer o que já fazíamos na internet, mas agora na TV. Ela acreditou tanto em mim que, nessa época, eu não tinha nem cartão de crédito, e ela parcelou o meu primeiro notebook de edição no cartão dela. Que confiança no meu potencial!

E, assim, tudo começou. Fico feliz em dizer que foram meses exaustivos e inspiradores entre o escritório em São Paulo e o estúdio no Rio de Janeiro. Sempre tenho uma nostalgia gostosa em relembrar aqueles dias (exceto de ter de dormir em táxis por pegar voos às 4 da manhã, disso não tenho saudade...).

Durante muito tempo, investi em vídeos e estudei sobre o assunto, mas sempre editando, planejando e criando estratégias para vídeos de terceiros que me contratavam. Nada contra, eu amo isso, então, para mim, sempre foi muito engrandecedor.

Passei um longo tempo trabalhando com o mercado digital, e os vídeos sempre eram parte da estratégia, como algo que eu fazia para complementar o objetivo ou para me divertir depois do trabalho. Em 2012, quando saí da agência em que trabalhava, dei-me asas para poder fazer o que eu quisesse, e isso incluía voltar a produzir os meus conteúdos em vídeo.

Foram longos anos continuando a produzir e preparar canais de empresas e de outros criadores de conteúdo, e isso estava começando a me incomodar muito.

Em 2015, em uma viagem para o maior evento de vídeos do mundo – a Vidcon, em Anaheim, Los Angeles –, a minha ficha caiu, e tudo o que eu estava pensando sobre criar meu canal passou a fazer sentido.

Comecei meu canal com meu próprio nome, usando uma conta do YouTube antiga que eu já usava para enviar vídeos para os clientes, e tinha alguns vídeos de um blog que havia iniciado em 2010 e interrompido, por falta de organização e foco.

Fui feliz fazer um logo, cartões e tudo mais para levar para o evento, e foi lá que encontrei Nelsinho Botega, um amigo de longa data com quem trabalhara em uma das maiores agências de publicidade do Brasil e que, recentemente, junto com outro amigo em comum – Vitor Knijnik –, tinha aberto uma empresa para gerenciar canais de conteúdo no YouTube (que iria se tornar a maior rede de canais do país, a Snack).

Ao ver meu cartão, a primeira coisa que ele falou foi: "Mas por que seu nome? Isso não é vendável. Não faz sentido. Ninguém quer saber quem é você, só sobre o seu conteúdo".

Depois desse chacoalhão, percebi que havia algum sentido nisso, pois, no começo, eu não me posicionava como um especialista do assunto, nem vislumbrava o mundo de palestrante.

Virei aquela madrugada acordado pensando em possíveis nomes. Estava disposto a acertar isso antes de a viagem acabar. Na manhã seguinte, no café da manhã, contei todos os nomes para o Nelsinho e Ortega – ex-diretor da MTV que também estava conosco –, e os nomes que para mim pareciam bons foram todos descartados. Para meu desespero.

Como toda ideia vive no ar e parece vir do nada, o próprio Nelsinho, em um estalo criativo, metralhou todo o conceito: "Se você vai continuar ajudando pessoas a começarem seu canal e a crescerem no YouTube da forma como fazia na agência, o primeiro objetivo é alcançar os 100 mil inscritos. Então, nada mais natural que o nome Play de Prata: o canal que ajuda as pessoas a chegarem aos 100 mil inscritos, como você já fez com os nossos antigos clientes".

E assim nasceu o canal Play de Prata. Tão simples quanto isso.

A partir daí, comecei a levar a experiência que tivera nesses anos para frente das câmeras, alcançando agora essa nova e corajosa etapa, de colocar no papel essa história, algumas dicas e, principalmente, as estratégias que usei para chegar onde cheguei.

Claro que esse foi um início, e talvez hoje eu começaria o canal com o meu nome, mas tudo por conta da força que o Play de Prata me deu. Sem ele, eu não seria o Camilo Coutinho que sou hoje. Por isso eu agradeço e não me arrependo.

Se consegui, você também consegue. Basta se dedicar e focar em três coisas: a qualidade, a consistência e o conteúdo dos seus vídeos. Mas nisso já estou me adiantando.

Vamos nessa e boa leitura!

AVISO IMPORTANTE

Comprar uma calculadora
não o faz um contador,
assim como comprar este livro
não o faz um estrategista de vídeos.

Você vai precisar botar
a mão na massa!

A boa notícia é que esse livro te mostra
a vida real de como fazer do jeito certo.

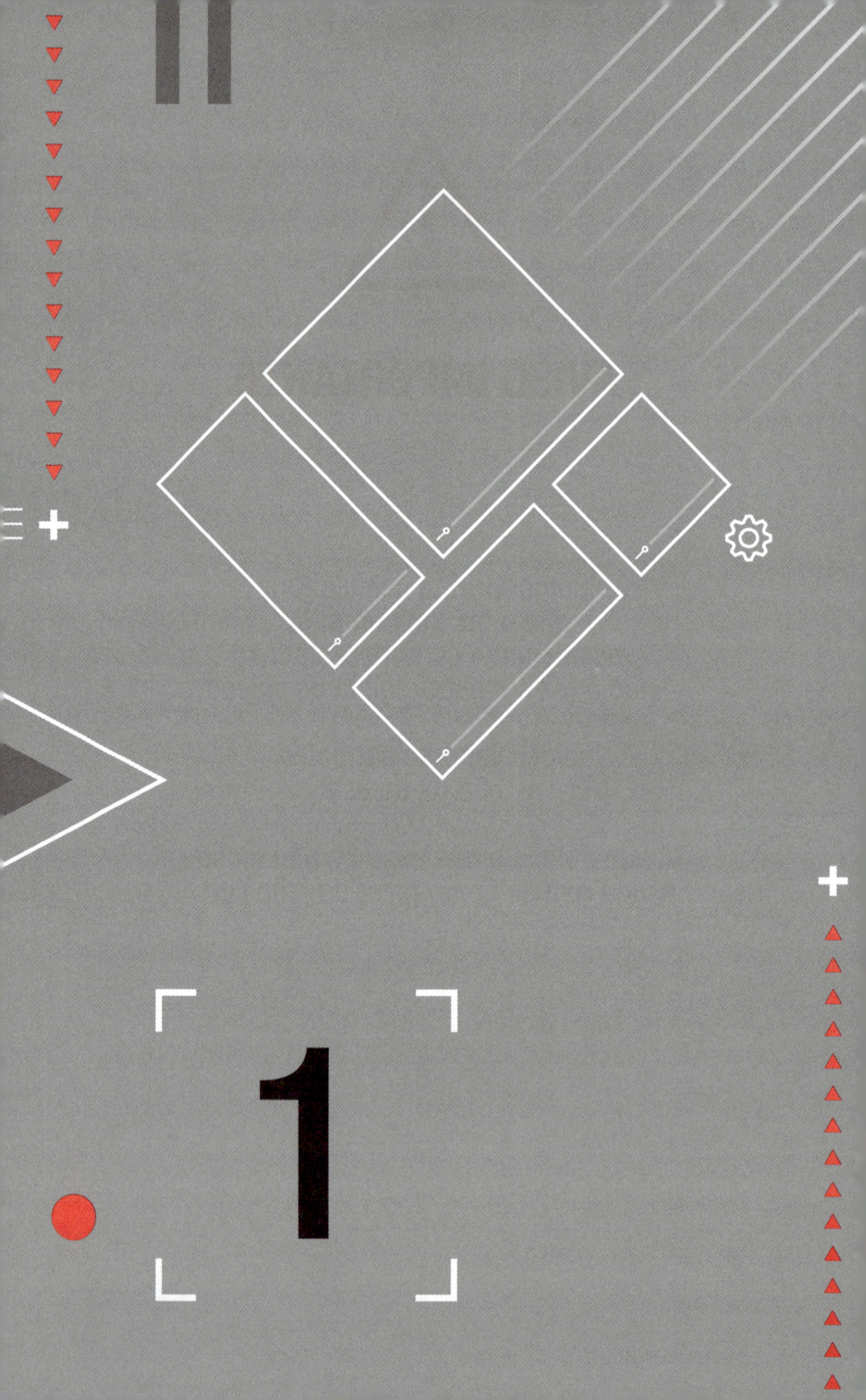

É só fazer um videozinho...

"Você não tem que ser grande para começar, mas você precisa começar para ser grande."
Zig Ziglar

Neste exato momento em que você abre o primeiro capítulo deste livro, dezenas de pessoas estão na internet inaugurando seus canais no YouTube, criando suas contas no TikTok ou fazendo algum vídeo em qualquer outra plataforma, tendo como objetivo principal divulgar a sua mensagem. Nunca houve um momento na história tão democrático, barato e de tão fácil acesso para divulgar conteúdo audiovisual para o máximo de pessoas possível.

Mas, antes, precisamos entender que tudo isso é mais do que .mov ou .mp4, que tudo isso consiste em contar uma história – no caso, a sua história. E, após ler essa frase, você imaginou um velho senhor, sentado em sua cadeira de balanço, falando: na minha época, os vídeos demoravam dias para fazer upload, nem o YouTube existia!

Bem, talvez seja preciso rever o conselho de anciões que já viveram muita coisa, mas é certo que você imaginou essa cena em sua cabeça, e muito provavelmente seria capaz de escrever esse roteiro, gravá-lo e transformá-lo em um vídeo. Essa é a história! Ou como uma lembrança de infância, como Ray Bradbury retrata em seu livro *O zen e a arte da escrita*, ou mesmo como um fato imaginário, uma história que você deseja contar para outras pessoas.

As histórias estão presentes em nosso dia a dia a todo momento. Todo dia você "faz história". Se é ou não uma boa história, só depende de você.

E o que isso tem a ver com vídeos online? TUDO! Afinal, mesmo que não seja um diretor de cinema, você muito provavelmente tem uma visão dos fatos ou mesmo aquelas histórias que, em todo churrasco de família ou encontro com os amigos, alguém pede para você contar, do seu jeito, da sua maneira e com o mesmo entusiasmo da primeira vez que a pessoa o ouviu, e que fizera a sua narrativa arrancar nostalgia ou gargalhadas.

Com os vídeos, a diretriz é a mesma: a audiência quer se emocionar, se entreter, se inspirar ou aprender com as suas histórias. Quando falo emocionar, não quero dizer apenas fazer chorar de alegria ou de tristeza.

A sua audiência quer sentir a sua história à flor da pele, ficar empolgada com um vlog de viagem ou com uma nova funcionalidade do seu produto; saber como foi a sua história para tirar o seu passaporte ou como você está refazendo a receita tradicional de bolo de banana que sua vó fazia em dias de chuva lá em Curitiba (amo você, vó Clarice, onde quer que esteja).

A emoção é a ponte para a conexão do seu conteúdo com a sua audiência, e é exatamente por isso que, quando o vídeo não emociona, dificilmente ele ganha uma escala de visualização. As pessoas querem se envolver com o seu conteúdo, e **os seus vídeos têm a missão de fazer isso acontecer.**

Saber as perguntas certas é o que o fará tocar no coração da sua audiência de maneira correta. Responda às próximas perguntas para ajudá-lo a definir exatamente qual emoção pretende despertar na sua audiência.

AVISO: Caso não queira riscar o seu livro, você pode baixar todos os exercícios desse livro em www.videosquevendemmais.com.br/exercicios

Quais são os pontos que eu quero despertar com meu vídeo?

[ ] admiração   [ ] inspiração   [ ] ansiedade
[ ] diversão   [ ] empatia   [ ] paixão
[ ] provocação   [ ] encantamento   [ ] curiosidade
[ ] ansiedade   [ ] excitação   [ ] satisfação
[ ] desejo   [ ] interesse   [ ] força de vontade
[ ] energização   [ ] comprometimento   [ ] libertação
[ ] estranhamento   [ ] alegria   [ ] outro
[ ] tranquilidade   [ ] nostalgia   _____

Qual a razão de as pessoas continuarem a assistir a meus vídeos?
minha resposta: *As pessoas continuam assistindo a meus vídeos pois eles transmitem inspiração, conteúdo consistente e, principalmente, conexão com o propósito delas.*

sua vez: *As pessoas continuam assistindo a seus vídeos...* _____
_____
_____
_____

Qual a solução que meus vídeos entregam para as pessoas investirem o tempo delas em interações comigo (comentar, compartilhar, curtir)?
minha resposta: *Eu entrego conteúdo prático, sem enrolação e criado no campo de batalha, no qual eu mesmo vivenciei e testei todos os métodos que apresento. Meus vídeos para essas pessoas não são somente dicas, mas, sim, a legitimidade que eu tenho de estar no jogo junto com elas.*

_____
_____
_____
_____

Teoricamente as pessoas se envolvem com seu conteúdo por você oferecer algo útil para elas. Esse é o primeiro passo para gerar conexão com a sua audiência.

Estrategicamente você pode pensar nas necessidades que as pessoas têm com os produtos ou serviços do seu nicho de atuação ou categoria, e criar conteúdos que entreguem a solução para elas de maneira única.

Para pessoas que não sabem como jogar um jogo, crie dicas de como passar de fase; para meninas que querem se maquiar, tutoriais de maquiagem; para quem quer cozinhar melhor, mas não leva jeito na cozinha, receitas práticas e simples; e assim por diante.

Basta observar um pouco o dia a dia da sua audiência e entender como, a todo momento, é possível ter novas ideias de vídeos, criar um novo canal, com novos conteúdos etc.

Imagine que você acabou de comprar a sua câmera DSLR por indicação de um amigo. Você não faz ideia de 80% das funcionalidades dela e, em uma semana, tem programada uma viagem à praia e gostaria de filmar e tirar algumas boas fotos.

Nesse momento, você tem dois caminhos a seguir: ou se aventurar pelo imenso e pesado manual da máquina e ir fuçando botão por botão, ou buscar na internet vídeos e canais que lhe ensinam como extrair o melhor da sua nova câmera em pequenos drops de conteúdo.

Acredito que, neste momento, você já sabe a resposta que busco e já entendeu a razão de os vídeos estarem crescendo tanto em audiência e tomando um lugar extremamente importante na pulverização de conteúdo.

As perguntas mais comuns que empresas e pessoas que estão pensando em entrar no mundo dos vídeos me fazem é: *Será que existe espaço para o meu produto? Isso é para mim? Como fazer as pessoas encontrarem o meu conteúdo, mesmo com tanta gente fazendo vídeos sobre a minha categoria ou assunto preferido?*

Não existe uma resposta ou receita única para o sucesso dos seus vídeos. Se você comprou este livro por esse motivo, sinto muito desapontá-lo, mas este livro não é uma receita para ficar rico, e sim um caminho para você seguir e contar a história da sua marca, da sua vida, dos seus produtos ou serviços em formato de vídeo, da melhor maneira possível.

O que posso lhe garantir é que existe espaço para o seu canal ou vídeo na internet, SIM! Desde que ele tenha conteúdo relevante para a sua audiência, o espaço existe. Como se diz no mercado: gente excelente sempre tem lugar à mesa.

Conteúdo relevante não tem formato específico. A **Galinha Pintadinha** e **Mundo Bita** fazem a alegria da molecada de até 7 anos, o **RezendeEvil** e o **Lucas Netto** são os reis da audiência para a faixa etária de até 14 anos, e assim por diante; temos as meninas de maquiagem, os canais de desafios, de receitas, de esquetes de humor, de preparação para o vestibular, de reviews de tecnologia, de empreendedorismo etc. Cada um comunicando-se com a sua audiência e **falando com aquele público específico da maneira certa**.

Os três pilares para pensar seu conteúdo

O seu vídeo deve ter um direcionamento e ponto. Esse direcionamento é lapidado dentro de três pilares principais: **educação**, **inspiração** ou **entretenimento**. Parece algo muito simples, e definitivamente é. Mas, ao mesmo tempo, é extremamente complexo de ser aplicado.

- **Pilar da educação**

São vídeos que têm como fator primordial ensinar algo relevante para a audiência, como por exemplo, "sete maneiras de estudar para o vestibular em casa" ou "como fazer um hambúrguer caseiro", de preferência dentro do universo do seu conteúdo, explorando ações mais dinâmicas e práticas.

O pilar da educação serve como um passo a passo da funcionalidade ou ferramenta que você deseja informar. O seu vídeo de educação deve ser um guia para qualquer aprendizado que as pessoas estejam pesquisando.

- **Pilar da inspiração**

O vídeo com foco em inspiração tem uma intensidade provocativa muito grande, pois é dessa provocação que ele inspira as pessoas a tomarem atitudes, a começarem seus projetos ou mesmo a pensarem melhor em assuntos antes inimagináveis, ou mesmo a terem aquele estalo diferente de algo comum do cotidiano.

Esse tipo de direcionamento "cutuca" a audiência a sair da zona de conforto de pensamento, seja usando apelos sonoros, como uma banda experimental; apelos visuais, como enquadramentos diferentes e tratamentos de cores fora do comum; seja inspirando com novas opiniões sobre assuntos do cotidiano da audiência.

Este último exemplo é utilizado de maneira majestosa no **canal da Casa do Saber**, onde grandes pensadores, professores e filósofos debatem assuntos específicos e, muitas vezes, impensáveis para o YouTube, de uma maneira prática, leve e, é claro, inspiradora.

- **Pilar do entretenimento**

O último pilar dessa nossa tríade de direcionamento de conteúdo talvez seja o mais almejado pela audiência online, o entretenimento.

A palavra entretenimento vem do francês *entretenir*, que, analisado separadamente, é composto por *entre*, que significa "junto, entre", e *tenir*, que significa "manter, segurar", indicando que entretenimento nada mais seria do que o conteúdo que *mantém junto* a audiência do seu conteúdo.

Apesar de muito utilizado na área da comédia, o entretenimento é bem mais amplo do que somente fazer a sua audiência dar gargalhadas. É fazer com que ela possa assistir ao seu conteúdo sem o peso extremo da técnica. Eu, por exemplo, faço muito isso em meus vídeos: estudo um tema pesado e extremamente técnico e o apresento em um vídeo com conexões mais simples e do cotidiano, que tornam o conteúdo consistente, mas com um potencial de aprendizagem muito mais lúdico.

O conteúdo do seu vídeo deve capturar a atenção da sua audiência, de uma maneira que se inicie uma negociação implícita entre o seu conteúdo de qualidade e o tempo disponibilizado pela sua audiência, que resolveu assistir ao seu conteúdo, seja no metrô, no carro, no cabeleireiro, na faculdade, no celular, no tablet, seja, em casos cada vez mais raros, em frente a um computador.

Atenção e engajamento

O sonho de todo criador de conteúdo e das marcas em geral é entender exatamente como trabalhar com a atenção. A audiência "paga" pelo seu conteúdo com a atenção, e se você não tem o que "vender", existe uma possibilidade muito grande de a sua audiência trocar de "fornecedor".

A audiência nunca pode pensar que o tempo da marca ou do criador de conteúdo é mais importante do que o tempo dela. Nesse momento, a troca deixa de existir, e não é mais interessante para quem está assistindo "perder tempo" com o seu conteúdo.

Parece apenas papo de pesquisas, ou de aulas chatas na faculdade, mas, se colocarmos em prática, faz muito sentido. Pense em como uma pessoa se sente ao encarar um destes momentos listados a seguir:

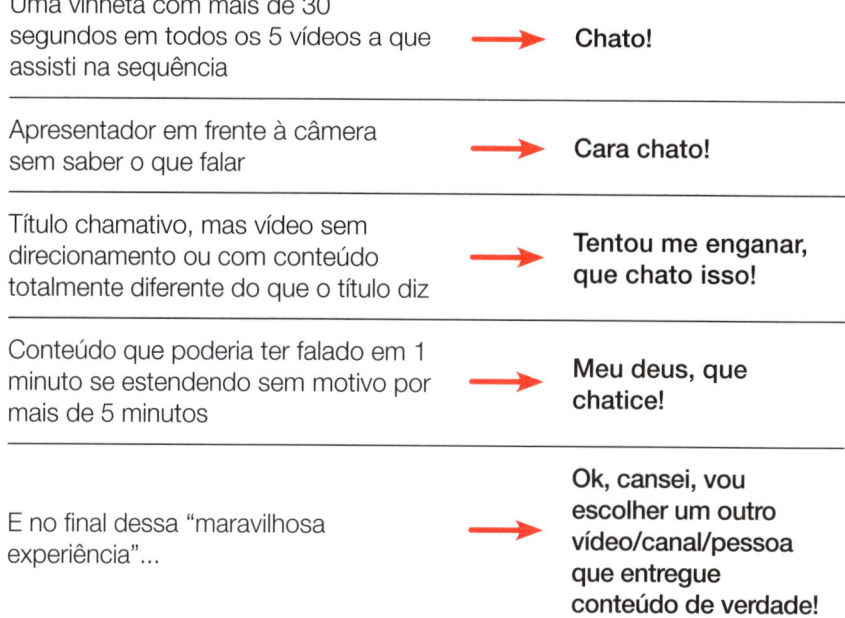

Quando você envia um vídeo para seu canal, ou o link do vídeo para suas redes sociais, ou um vídeo por e-mail para as pessoas, é nesse momento que começa a **economia da troca**. A pessoa interessada (e impactada) se pergunta se o vídeo é importante para ela naquele momento e se o assunto faz sentido para que ela invista o tempo dela assistindo a ele.

Se analisarmos friamente o crescimento do consumo de conteúdo nos dispositivos móveis, a pergunta que a audiência faz fica ainda mais cruel:

Será que devo gastar meu plano de dados com esse vídeo?

É por essa razão que você sempre deve ter um direcionamento para o seu vídeo. Um vídeo começa pela meta, pelo objetivo com que foi criado, pois é isso que fará as pessoas se relacionarem com o seu conteúdo.

O seu conteúdo, a sua personalidade, a qualidade de imagem e edição, uma solução do conteúdo diferente que entretenha as pessoas e desencadeie emoções para que elas não se esqueçam da experiência e do que acabaram de ter com o seu vídeo: tudo isso faz parte de um conteúdo de qualidade.

Vale lembrar que, para conquistar uma boa audiência, não significa ter de cortar placas ao meio (como Aruan Felix fez com a que ganhou do YouTube quando atingiu 100 mil inscritos), explodir coisas, jogar xadrez pelado ou invadir a casa do famoso X. Isso vai lhe trazer uma audiência sem consistência, que não enxerga um direcionamento do seu conteúdo e está apenas curiosa para ver *o cara que invadiu a casa do famoso X*.

Acredito que, se você está lendo este livro, o seu objetivo é outro, relacionado à experiência que seu público tem com o seu conteúdo, pois essa experiência causada pelo conteúdo gera emoções, que, por sua vez, geram engajamento com a sua audiência, a qual, com o tempo e a consistência que você apresente nos vídeos, se torna a sua comunidade.

Se assistir ao seu conteúdo já é um ótimo indicador de que você está no caminho certo para impactar pessoas, o que dizer das pessoas que, além de assistir a seus vídeos, compartilham, comentam e fazem todas as ações sociais possíveis em uma rede social?

Esse é o auge para o conteúdo, e muitos dos criadores de conteúdos passam horas e horas pensando em como criar um conteúdo que traga não somente a atenção da minha audiência, mas também o engajamento com o meu conteúdo/marca.

A partir do momento que você publica o seu conteúdo, esse termômetro de engajamento já começa a esquentar ou esfriar, e é por isso que um vídeo começa muito antes de se apertar o botão da máquina. Um bom vídeo se inicia por seu objetivo e pela história que pretende contar, porque só assim você conseguirá direcionar a sua audiência para entender a sua história e se engajar com ela, seja comentando, compartilhando, deixando o like no vídeo, seja qual for o KPI que você queira monitorar em seus relatórios de engajamento.

Gosto muito de uma frase que o Vitor Knijnik, cofundador da Rede Snack de canais, diz, que é: "Não existe conteúdo sem engajamento, porque, na verdade, conteúdo sem engajamento é só preenchimento".

Então, repense sobre seus últimos vídeos publicados e se faça esta pergunta: você está criando conteúdo ou só está preenchendo o espaço no YouTube? Porque, sinto lhe dizer, se só está tentando entupir o YouTube de conteúdo, duvido muito que consiga. Você está entregando para sua audiência a qualidade do conteúdo que ela está "pagando" com o tempo dela? Você testa, estuda e pensa no que falta para você ir além e aumentar o engajamento com o seu conteúdo?

É um pouco disso que reuni nos próximos capítulos, mostrando a minha experiência no meu canal – youtube.com/PlayDePrata – e também nos mais de sessenta outros canais aos quais prestei consultoria para que alcançassem números bem expressivos, seja com a otimização do canal, seja com um novo conteúdo, uma edição mais dinâmica ou, simplesmente, auxiliando a encontrar a sua "verdade" no conteúdo e formar a sua real comunidade.

E lhe digo com todas as letras: **esse negócio de vídeo parece que dá certo.**

Esquentando os motores

"Se eu tivesse oito horas para derrubar uma árvore, gastaria seis amolando meu machado."
Abraham Lincoln

É comum que você queira já ligar a sua câmera ou seu smartphone e sair gravando tudo por aí. O entusiasmo de ter as suas ideias na internet para o mundo todo assistir é tão grande, que é muito comum ver canais começando de maneira despretensiosa, mas, principalmente, sem planejamento algum.

Não existe uma receita do que é certo ou errado, mas uma coisa eu posso lhe garantir: separar um tempo para planejar o seu canal antes de ele acontecer é muito importante no caminho do desenvolvimento da sua mensagem com vídeos. O planejamento é o que vai ajudá-lo a prever o tamanho do trabalho e a potencializar os seus resultados com vídeos.

Eu não acredito em dom, acredito em talento. Talento é quando você estuda e se dedica tanto a determinada atividade ou assunto que, por meio da experiência, acaba se tornando uma autoridade naquilo.

A maioria dos grandes desenhistas que conheço desenha praticamente desde a barriga da mãe. Grandes cantores têm dentro de suas casas pais músicos, ou que gostam muito de música, ou mesmo foram incentivados, desde a infância, por professores ou ídolos. É nisto que acredito: dedicação e persistência.

Dedicação é o coeficiente entre estudo e implementação, do qual, na maioria das vezes, a implementação responde por 80%. Aprendemos muito quando deixamos de lado a barreira do medo – e da preguiça – e tentamos novos modelos, novos estilos ou novos meios para chegar aos nossos objetivos.

Josh Kaufman explica, numa edição do TED (evento de palestras inspiradoras de 20 minutos), de uma maneira espetacular, como se tornar bom em qualquer coisa que se queira. Em resumo, ele realizou um estudo com atletas de alto rendimento, para entender em quanto tempo de prática eles estavam aptos para defender suas nações em uma Olimpíada. O resultado indicou 10 mil horas de treinamento, ou seja, 8 horas por dia, todo santo dia, por quatro anos da sua vida.

A grande questão é que Josh tinha acabado de ter uma filha e não dispunha de todo esse tempo livre. Então, será que ele não iria aprender nada novo depois de ser pai? Ao se fazer essa pergunta, ele entendeu que podia continuar a aprender o que quisesse, mas que não necessariamente precisaria ser o melhor do mundo naquilo.

Ele precisava apenas achar, analisando esse estudo, a quantidade mínima de horas para passar do patamar de "ruim" para "bom", deixando o "ótimo" para os atletas de alta performance, ou mesmo para ir aprendendo com o tempo, sem a cobrança de ser espetacular. Dessa maneira, ele constatou que o mais importante são as primeiras 20 horas de prática para aprender a ser bom em qualquer atividade que quisesse; tais experiências resultaram em um livro: *The First 20 Hours: How to Learn Anything... Fast!*.

As primeiras 20 horas de **Josh Kaufman** funcionam em um modelo muito prático de aplicar:

1. **Decidir** claramente o que você quer fazer;
2. **Dividir** a nova habilidade que quer aprender em pequenas conquistas, o que ele chama de sub-habilidade;
3. **Aprender** cada uma dessas sub-habilidades com foco e **autocorrigindo-se** ao longo do processo;

4. **Concentrar-se** totalmente no aprendizado, removendo tudo que o atrapalha, física, mental e emocionalmente;
5. **Praticar** as partes mais importantes por pelo menos 20 horas seguidas.

Aplicando esse modelo em nosso mercado, fazer um vídeo ou um canal começa muito antes de se apertar o botão de gravar. Começa em entender sobre o que você quer falar, no que você quer ser realmente bom, qual é o talento que quer desenvolver para daqui a um ano, como deseja que as pessoas reconheçam o seu trabalho, dentre inúmeras outras questões.

Esse é o trabalho de entender "por que ter um canal" e não "como ter um canal". O seu propósito precisa ser mais forte que a sua paixão. Paixões acabam, propósitos não.

As referências para essa construção são muito importantes. Não vou me estender nisso agora, pois, no próximo capítulo, teremos uma seção inteira sobre pesquisa. Nesse momento, a referência que conta é a sua "bagagem", a sua vivência, o que você já assistiu e no que se inspirou até agora.

Exatamente isso que você pensou: todos esses vídeos a que assistiu até agora vão servir de base e bagagem para o que irá criar em seu próprio canal. Espero que tenha feito ótimas escolhas, mas, a partir de agora, toda vez que estiver no YouTube assistindo ao que quer que seja, sua visão precisa ser diferente da de um espectador normal.

Você vai começar a refinar a sua visão, a pensar em como foi feita essa luz, ou se a trilha musical condiz com o tema abordado, se a mensagem está sendo entregue, se a vinheta está tão longa que dá vontade e de passar o vídeo para frente, se o propósito do canal condiz com o conteúdo apresentado, e assim por diante. Você agora começa a criar uma nova visão daquilo a que assiste.

Essa sua bagagem assistida é o que vai lhe permitir analisar a história como um todo, para saber o que já foi criado e você possa aprender com os erros de quem já fez algo parecido com o que você pretende fazer.

Não estou falando para você assistir ao YouTube inteiro, mas, sim, inteirar-se sobre quem compõe os top 5 maiores canais, vídeos mais assistidos e conteúdos mais comentados do seu nicho de atuação.

O YouTube foi fundado em 14 de fevereiro de 2005 por **Steve Chen** e **Chad Hurley**. Esses são os responsáveis por essa plataforma que já é o segundo maior buscador do mundo. Logo depois, em novembro de 2006, a empresa Google comprou o YouTube dos dois e trabalhou para que a plataforma se tornasse a maior e a mais conhecida plataforma de vídeos do mundo. Uma longa jornada, que continua firme e forte desde sua fundação.

A plataforma por si só não serve de nada se não houver conteúdo. É nesse momento que as marcas e os criadores de conteúdo entram no jogo, produzindo vídeos que atraiam mais e mais pessoas para a plataforma.

Lembro que, em 2007, quando criei meu primeiro canal e eu contava para as pessoas sobre ele, elas ainda não entendiam muito bem do que se tratava e me perguntavam "se era tipo televisão na internet".

Teoricamente, essa até pode ser uma boa comparação para o consumidor de conteúdo, mas, para nós, criadores, é muito mais do que isso. Precisamos entender que o nosso conteúdo é um vendedor perpétuo, e isso é bom e ruim ao mesmo tempo.

É bom, porque as pessoas podem escolher quantas vezes e em que horário querem assistir ao nosso conteúdo, e mesmo assim ele estará lá para vender o produto ou a ideia. E é ruim, pois se você não conquistar as pessoas nos primeiros segundos do vídeo, ou com a sua mensagem, elas estão com o dedinho pronto para fechá-lo ou mesmo para procurar outro na caixa de pesquisa, em geral da sua concorrência.

Por essa razão, criar vídeos que vendem sua mensagem ou o seu produto é tão importante. É preciso analisar não somente a qualidade de captação e edição. Hoje, precisamos levar em conta o local em que o nosso espectador acessa o conteúdo; se, no momento em que ele o faz, possibilita que ele tenha um fone ou uma caixa de som; se o seu vídeo é extenso a ponto de o público ficar mais atento à quantidade do plano de dados gasto do que ao seu conteúdo; se, ao final do vídeo, a pessoa não tem a mínima ideia do que ela tem de fazer, e assim por diante.

Os vídeos devem ser pensados de acordo com as plataformas em que a sua audiência está, pois são nelas que ela irá assistir a seu conteúdo. Pensar em tipos de dispositivos para o conteúdo é um erro. Da mesma maneira que não existe filme de cinema e filme de TV, não existe um vídeo de celular.

O seu vídeo é um vídeo, e pronto!

Vamos ao planejamento.

3

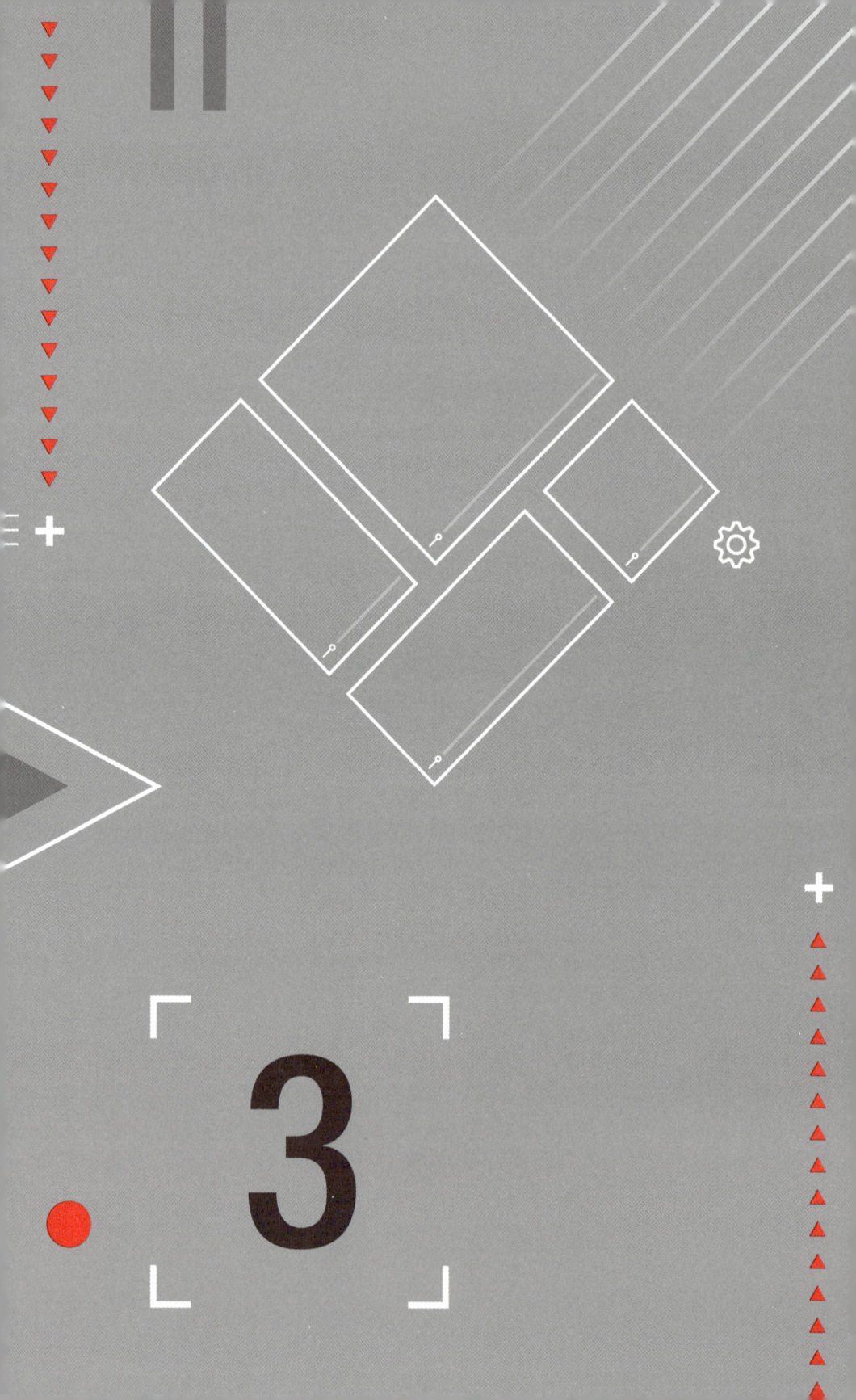

Começando o planejamento

"Um objetivo sem um plano é somente um desejo."
Antoine de Saint-Exupéry

Uma das coisas mais difíceis para mim quando comecei a trabalhar com conteúdo e estratégia era equilibrar uma ideia na cabeça com sua efetivação na prática. Em geral, fico muito animado com novas ideias e novos projetos, e isso me fazia pensar no ponto final de sua realização e pular todas as etapas iniciais para vê-la concluída.

Talvez seja esse o motivo de inúmeras ideias se perderem no caminho ou mesmo de muitas delas nunca chegarem a sair do papel, ou mesmo da cabeça de seus idealizadores. Por muito tempo, eu me incluía nesse grupo de pessoas que vive com 5 milhões de ideias ao mesmo tempo e tem muita dificuldade de escolher qual é a mais adequada para o momento ou para o projeto da ocasião.

Mas como saber em que estratégia apostar e qual seria o vídeo perfeito? A resposta para essas questões não existe, pois toda ideia tem o potencial de ser genial quando posta em prática. Assim como toda tela tem o potencial de ser uma *Monalisa* no museu do Louvre, desde que seja pintada.

É preciso "sacar os pincéis" da mala, abrir os frascos de tinta e começar a pintar. No nosso caso, os pincéis começam nos roteiros, nos storyboards, no enquadramento diferente, e em mais inúmeros detalhes estéticos e práticos que podem nos consumir horas e horas na procura de apenas uma cena, uma trilha ou um título.

Tenho inúmeras histórias para contar a respeito de ideias de vídeos e canais que tive e que, por não me planejar em sua concepção, simplesmente deixaram ou nunca chegaram a existir. Essas ideias não vingavam porque não coloquei no papel as etapas – passo a passo mesmo – e pesquisas de que eu precisaria antes de sair filmando por aí ou rabiscando animações no After Effects.

Robinson Chiba, o fundador dos restaurantes China in Box, tem uma passagem da sua vida, contada em um evento da Endeavor Brasil[1], que acredito que se enquadra muito bem nesse nosso ponto da história. Depois de trabalhar como um condenado para erguer sua rede China in Box, estava ele em sua primeira feira de franquias para oferecer a do restaurante para mais pessoas e, assim, ampliar o negócio.

Nesse momento, por inúmeras vezes passavam pessoas pelo estande e lhe perguntavam: "Pô cara, essa ideia que você teve eu tive também. Essa não é aquela comida dos filmes de entrega?", e ele respondia: "Exatamente, mas você ficou sonhando e eu estou aqui vendendo franquia. Quer uma?". Como ele mesmo diz no vídeo: "Tão simples quanto isso".

É por isso que o seu primeiro passo precisa ser o planejamento de Video Marketing. Você precisa entender como o seu dia será ocupado com as tarefas do canal ou no seu departamento de marketing. Ser criador de conteúdo não é apenas falar qualquer coisa em um vídeo. Uma marca também não pode só ficar filmando produtos sem criar uma conexão com seus clientes.

Planejamento é uma etapa muito importante do trabalho e, como todo trabalho, há tarefas que você precisa fazer, caso contrário tudo vai para o ralo (e não adianta culpar algoritmo de rede social nenhuma, combinado?).

Quero lhe apresentar um modelo prático para você já começar o seu planejamento no final deste capítulo. São seis etapas simples que vão ajudá-lo a entender e monitorar cada passo do seu canal, dos seus vídeos, do seu conteúdo e da sua marca como um todo.

---

1 Disponível em: <https://www.youtube.com/watch?v=POAfq1FyFBM>. Acesso em: 19 fev. 2020.

A ideia é que esse seja o seu mapa para chegar a seu objetivo com o conteúdo. Independentemente do que você queira produzir, encare isso como um projeto. E esse projeto precisa das diretrizes, mesmo que básicas, para acontecer.

Vamos então às nossas **seis etapas de planejamento**.

Briefing

Comece registrando aqui, em uma frase, o que é o seu projeto:

_____
_____
_____

Sim, exatamente o que você acabou de ler. Volte e escreva o que é o seu projeto em uma frase. Em apenas uma frase, você precisa defender o propósito básico do seu projeto, que sirva a qualquer um que esteja interessado no seu conteúdo (audiência, patrocinador, parceiros de negócios), ou mesmo como uma explicação resumida, direta e fácil de compreender, para uma hipotética entrevista. Você precisa ser convincente e sedutor, em uma frase ou pouco mais do que 30 segundos.

O meu canal, por exemplo, eu resumiria desta maneira: *Play de Prata, o canal criado para inspirar e desenvolver as habilidades em vídeo de quem quer contar e vender sua história online.*

Existe uma história famosa de que, em Hollywood, os roteiristas tentavam vender seus roteiros para os grandes estúdios, mas não conseguiam falar com os "executivos que decidiam" – os caras que mandam e têm a grana –, por conta das secretárias que sempre barravam as agendas.

Para encontrarem uma saída e agendarem reuniões com quem tem a grana para fazer acontecer a sua ideia de filme, os roteiristas simplesmente ficavam esperando os executivos no andar térreo e pegavam o mesmo elevador, e assim dispunham do tempo de deslocamento de alguns andares para convencer o executivo sobre a sua ideia de roteiro de filme, e – caso fosse boa – marcar uma reunião para apresentá-la melhor. Esse modelo de apresentação ficou muito conhecido como Elevator Pitch, o pitch de vendas no tempo de alguns andares de elevador.

Pensando nessa história, essa é uma estratégia muito bacana para você vender seu conteúdo online, e pode ser o começo do seu briefing. Sim, não pense que o briefing é somente essa frase que eu pedi para você escrever.

O briefing é muito mais do que isso. É a centralização de todas as informações do que é o seu projeto, o que ele deve abordar, o que você vai inserir nele, quem vai consumir esse conteúdo etc. Ou seja, para seu briefing estar completo, você precisa reunir todas as informações sobre o seu projeto, para que você tenha informações necessárias sobre qual caminho tomar.

Modelo de briefing básico
Responda a todas as perguntas com o máximo de detalhes possível

Qual o nome do projeto?
_____
_____

Qual a explicação do nome (se houver)?
_____
_____
_____
_____

Qual o problema que ele resolve?
_____
_____
_____
_____

Qual a mensagem principal do projeto?
_____
_____
_____
_____

Quem é a audiência/público que vai consumir o seu conteúdo? (persona/avatar)
_____
_____
_____
_____

Qual o propósito desse conteúdo?
___
___
___
___

Qual o seu diferencial?
___
___
___
___

Cite três concorrentes diretos e indiretos do projeto
___
___
___
___

Qual a expectativa para esse projeto?
___
___
___
___

O que será considerado o sucesso do projeto?
___
___
___
___

AVISO: Caso não queira riscar o seu livro, você pode baixar todos os exercícios deste livro em www.videosquevendemmais.com.br/exercicios

Um ponto importante do seu briefing é identificar, o mais próximo possível, quem é o seu público, o que ele faz, o horário em que está online e como ele se comporta. Se eu crio um conteúdo para praticantes de artes marciais, talvez 8 horas da noite não seja um bom horário para postar, já que a grande maioria está nas academias treinando. Ou seja, entendendo e buscando identificar o seu público, você economiza tanto em tempo quanto em dinheiro investido no projeto.

Essa descrição de quem é o seu público é chamado de persona ou avatar, podendo variar de nomenclatura entre os especialistas, mas recomendo muito que você se aprofunde nisso em outros livros. O comportamento do consumidor é uma peça-chave para criar um conteúdo de qualidade.

Pesquisa

Com a avalanche de informações que recebemos todos os dias, é cada vez mais comum que duas ideias muito parecidas possam ocorrer em dois pontos distantes da terra, ou na mesma sala de escritório.

As ideias são acionadas por estímulos em nossa cabeça e isso faz com que pessoas submetidas a estímulos parecidos tenham ideias parecidas. Existe até um nome para esse fenômeno, no qual várias pessoas em um mesmo ambiente, expostas aos mesmos estímulos, têm ideias criativas parecidas: egrégora.

Parece loucura, mas posso lhe provar que isso existe. Tente se lembrar quantas vezes, em um evento, uma palestra ou um curso com muitas pessoas desconhecidas, você esteve na iminência de perguntar algo, quando outra pessoa, lá no fundo da sala, levantou a mão para perguntar EXATAMENTE o que você pretendia perguntar. Já aconteceu? Isso é a egrégora em ação.

Mas onde quero chegar com isso? Muitas de nossas ideias nascem de estímulos já vividos ou criados anteriormente por novos estímulos do ambiente em que estamos. É claro que um dos estímulos pode ser um anúncio que você já viu, filmes a que assistiu, problemas pelos quais já passou ou testemunhou etc. Aqui está a importância de pesquisar o mercado no qual quer atuar, a categoria e, principalmente, o nome do seu projeto.

Para isso, existe uma infinidade de ferramentas, como o próprio **Google**, para entender se já existe conteúdo indexado com esse nome; o **Google Trends**, para analisar volume de busca; o **YouTube**, para verificar vídeos sobre essa categoria; o **Registro.br**, para conferir se o domínio está liberado; e, é claro, todas as **redes sociais**, para checar se o nome que você "criou" está disponível.

Invista um bom tempo na pesquisa, pois isso pode lhe poupar muita dor de cabeça no futuro: imagine a situação de sua marca ganhando corpo e ficando conhecida e, de repente, você precisar trocar de nome por se tratar de uma marca já registrada por outra pessoa.

Planejamento

Planejar nem sempre é o ponto forte dos ansiosos, pois é muito gostoso ver o projeto funcionando, na rua, com as pessoas utilizando-o e dando feedback sobre ele. O grande problema é que se você não se planejar, nunca saberá quando isso irá acontecer, além de haver uma grande chance de o projeto realmente nunca sair do papel.

Quantos projetos de conteúdo de vídeos você já idealizou e, no final do mês, não tinha colocado nada no ar? Isso acontece, pois a complexidade dos projetos é muito maior de como imaginamos, sobretudo quando dependemos de outras pessoas e fornecedores.

O mercado vai oscilar, a audiência vai oscilar, as pessoas podem gostar do seu conteúdo hoje e deixar de gostar amanhã. Um bom planejamento não evita que seu canal possa dar errado, mas vai ajudá-lo a antecipar alguns erros bobos no meio do caminho, de modo a poder corrigir a direção das suas estratégias.

O planejamento irá lhe dar a visão total do que é o seu projeto e de tudo o que você precisa fazer para que ele saia do papel. Desde preparação até criação, gravação, produção, pulverização, enfim, todas as etapas necessárias para que você chegue ao seu objetivo com os vídeos.

Sucesso da
noite para o dia!

Muitas
visualizações

Gravei
um
vídeo

Tive
uma
ideia

**Como o sucesso
parece ser para
quem está de fora**

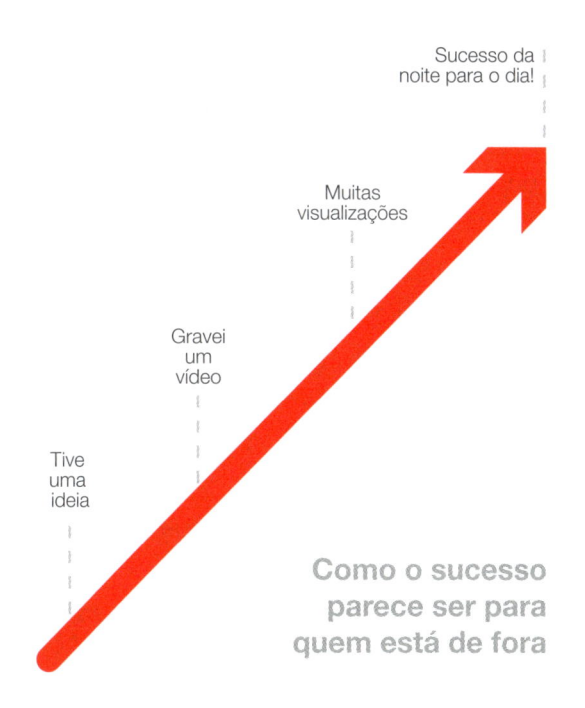

O sucesso da noite para o dia
para quem não te acompanhou

Ouvir
100 vezes não
e continuar

Trabalhar mais de
12 horas por dia

Algumas
visualizações

Gravei
um
vídeo

Tive
uma
ideia

Gravei mais
vídeos

Falhar mais
100 vezes

**Como o sucesso realmente é
para quem está no jogo**

Ouço inúmeras vezes: "Camilo, em quanto tempo meu canal vai bombar?" ou "Como faço para meu canal ser grande?"; a resposta é única: tudo depende do seu planejamento e execução. Isso mesmo! Se você planeja um vídeo por quinzena ou um por dia, se você vai fazer conteúdo exclusivo para o YouTube ou pulverizar a criação para mais plataformas de vídeo etc... Tudo isso é lindo, mas, sem execução, é só papel.

Esse planejamento que estou lhe mostrando passa por estas seis etapas que estamos desbravando juntos:

1. **Briefing:** onde descrevo o que vai ser o projeto.
2. **Pesquisa:** onde mapeio eventuais projetos similares e suas referências.
3. **Planejamento:** onde defino as ações que precisam ser feitas e seus processos.
4. **Ação:** onde realmente executo e defino os recursos de que vou precisar para executar.
5. **Mensuração:** onde analiso se o que fiz deu certo.
6. **Melhorias:** onde faço os ajustes do projeto que analisei na mensuração dos resultados.

Se você ler este capítulo com um bloco de notas e for respondendo às provocações que tenho feito, preenchendo esses dados e estudos do seu projeto, com certeza, ao final dele, terá um planejamento inicial para direcioná-lo.

Particularmente, gosto muito de criar os meus planejamentos em formato de mapas mentais. Mapas mentais são gráficos no estilo diagrama que conectam certas palavras a outras, de maneira que elas formem um sistema em que cada item filho se conecte com o item pai para uma melhor compreensão do assunto.

O mapa mental é a representação mais visual e simples possível do relacionamento de um item com outros. Por exemplo, se vou programar meu canal, tenho os seis pontos de que estamos falando aqui, e dentro de cada um deles, temos mais algumas tarefas, que podem se dividir em mais tarefas, e assim por diante.

Claro que o papel é a maneira mais simples e direta de você fazer isso. Mas existem aplicativos que podem auxiliá-lo a criar mapas mentais, como, por exemplo, o site MindMeister.com, que disponibiliza alguns modelos gratuitos para testar.

Há um exemplo de mapa mental de um canal de hambúrguer nas páginas seguintes.

Teste outros também, como: xMind, MindNode e Mind Manager. O mais importante é ser um aplicativo simples, para que você não perca mais tempo arrumando o mapa mental do que tendo ideias.

Com uma folha em branco ou o seu aplicativo de mapa mental, comece o planejamento do centro para as bordas, colocando o nome do projeto e o seu primeiro objetivo. Vá desmembrando ao máximo todas as etapas, para que seja possível entender tudo de que você precisará para o seu projeto.

Mas se não quiser um mapa mental, também não tem problema, você pode começar usando listas concatenadas em qualquer editor de texto com numeração. Por exemplo, digamos que eu quero criar um canal de culinária; para isso, vou planejar todas as etapas de que preciso para que isso se torne possível.

Neste caso, vou fazer uma listagem de planejamento de conteúdo bem superficial, para que você veja que não há nenhum truque mágico, além de trabalho e dedicação.

O planejamento do seu canal/conteúdo será muito importante para que você entenda quanto precisará investir de tempo e dinheiro para chegar aos objetivos que traçou. Não existe uma receita certa para isso, mas eu diria que, no mínimo, entre 18 e 24 meses seja o tempo para que o seu projeto alcance um bom número de pessoas.

Não pule a etapa do planejamento: pense em cada parte de conteúdo que precisa produzir, em cada rede social em que precisa estar presente e em cada formato de publicação que precisa bolar. Com isso em mãos, você já terá uma primeira ideia para saber o tamanho da sua equipe ou mesmo quantas horas vai precisar dedicar como *eu-quipe* (aquela pessoa que toca o projeto todo sozinha, como eu fui no começo da minha transição e da minha carreira).

CANAL SOBRE HAMBÚRGUER

PERSONA

BRUNA BURGUER

- Ela ama hamburguerias
- Seu hambúrguer favorito é o X-Salada
- Fica sempre de olho nas novas casas da cidade
- Quando viaja, sempre quer comer um hambúrguer diferente
- Quando foi para os Estados Unidos, comeu no McDonald's para ver se os lanches tinham o mesmo gosto

CÉSAR CHAPA

- Ele é chapeiro de hamburgueria
- Ele gosta de inventar suas combinações
- Em vez de churrasco, faz hamburgada para os amigos
- Gosta de ver as novidades para aplicar no seu hambúrguer

FERNANDA FAMÍLIA

- Gosta de comer fora, principalmente hambúrguer
- De vez em quando, arrisca-se em fazer hambúrguer em casa para a família
- Aproveita as promoções, inclusive os cupons de desconto do McDonald's (compre 2, pague 1)
- De tempos em tempos, muda o seu lanche favorito

EDITORIAL

Casas de hambúrgueres

- História
- Entrevista com o dono
- Entrevista com o chapeiro

Tipos de lanches

- Clássicos
- Novos
- Invenções

História dos lanches

- O famoso hambúrguer do Seo Oswaldo
- X-Tudo do Centrão

Receita de lanches

- X-Salada
- X-Bacon
- X-Búrguer

Lanches além do hambúrguer (Esse é um crossover de conteúdo)

- Pernil do Estadão
- Dogão do Black Dog
- Dog do Betão

CONTEÚDO

PLAYLIST: TOP 10 hamburguerias de SP

- Visitei a hamburgueria 1
- Visitei a hamburgueria 2
- Visitei a hamburgueria 3
- Visitei a hamburgueria 4
- Visitei a hamburgueria 5
- Visitei a hamburgueria 6
- Visitei a hamburgueria 7
- Visitei a hamburgueria 8
- Visitei a hamburgueria 9
- Visitei a hamburgueria 10

- hamburgueria 1 x hamburgueria 10
- hamburgueria 2 x hamburgueria 9
- hamburgueria 3 x hamburgueria 8
- hamburgueria 4 x hamburgueria 7
- hamburgueria 5 x hamburgueria 6

PLAYLIST: Ingredientes para um hambúrguer PERFEITO

- Tipos de pães para o hambúrguer perfeito
- Tipos de molhos e como fazer
- Temperos
- Como comprar a carne certa para o hambúrguer perfeito

PLAYLIST: Especial Blending de Carnes

- Mix de carne 1
- Mix de carne 2
- Mix de carne 3

Listagem para canal de culinária

1. BRIEFING
- **Quem sou**
  Canal CamiloBurger

- **Qual minha mensagem?**
  A cultura do hambúrguer é muito mais que somente um lanche. Com o meu canal, quero mostrar como encontrar os melhores hambúrgueres do país ou mesmo como criar o seu próprio hambúrguer em casa

- **O canal existe para...**
  ... mostrar como é possível comer hambúrguer de mil maneiras diferentes

2. PÚBLICO
- **Quem me assiste**
  » Burger lovers que amam comer hambúrgueres
  » Chapeiros que querem melhorar o seu hambúrguer
  » Pessoas comuns que pesquisam locais para comer com amigos

- **O que pesquisam**
  » Melhores hamburguerias da cidade
  » Como fazer um hambúrguer caseiro

- **Quem são meus concorrentes**
  » Canal Rango do Grande Tadeu
  » Canais das hamburguerias

3. CONTEÚDO

- **Frequência**
  - » *Planejamento de postagem*
  - » *Mineração de conteúdo*
  - » *...*

- **Soluções que vamos entregar**
  - » *Solução 1*
  - » *Solução 2*
  - » *Solução 3*

- **Qual o objetivo**
  - » *Geração de leads*
  - » *Branding*
  - » *Venda de serviço*

4. PUBLICAÇÃO

- **Conteúdo mestre**
  - » *Roteiros*
  - » *Ingredientes*
  - » *Gravação*
  - » *Edição*
  - » *...*

- **Canal do YouTube**
  - » *Títulos*
  - » *Descrições*
  - » *Tags*
  - » *Thumbnails*
  - » *...*

- **Blog**
  - » *Artigos*
  - » *Imagens*
  - » *...*

- **Redes sociais**
  - » *Postagens de textos*
  - » *Formatos quadrados*
  - » *...*

5. MENSURAÇÃO

- **KPI (indicadores de desempenho)**
  - » *Cliques*
  - » *Comentários*
  - » *Visualizações*
  - » *Conversões*
  - » *...*

- **Audiência**
  - » *Origem de tráfego*
  - » *Retenção no conteúdo*
  - » *...*

Ação

Depois de tudo (ou quase tudo) planejado, estudado e direcionado, agora é a hora de botar a mão na massa e fazer as coisas começarem a acontecer. Independentemente do seu nicho ou conteúdo, devo lhe dizer: esteja bem planejado com o seu projeto, pois nessa hora, certamente os prazos mudam, os problemas de produção aparecem, o investimento some. Se, nesse tempo, você não planejou nada, o seu projeto corre um grande risco de morrer já nos primeiros momentos pós-parto.

A ação é uma parte que precisa funcionar como um relógio, cada engrenagem e parafuso tem o seu lugar certo para fazer girar o motor. O seu vídeo no YouTube precisa do link para sua página de vendas, que será compartilhada em um anúncio, que teve a arte finalizada no Photoshop, e assim por diante. Se você não planeja, quando uma dessas tarefas falha, você demora para identificá-la e, muito provavelmente, não tem tempo hábil para corrigi-la antes de atrasar todo o projeto.

A ação está ligada diretamente à equipe de trabalho, à forma como cada um executa a sua função e deixa espaço para as áreas crescerem juntas. Essas ações são determinadas pelos processos de trabalho.

Caso você seja uma *eu-quipe*, não se preocupe. Isso é mais fácil do que você pensa (mas não menos trabalhoso).

O importante é saber os limites de tempo que tem e fazer com que o projeto realmente aconteça. Mas como aplicar tudo isso sendo uma *eu-quipe*? Simples! Você vai se dividir em cinco. Calma, não é isso que você pensou.

O que eu quero dizer é que você vai dividir suas tarefas e conteúdo de acordo com os dias da semana. Por exemplo: segunda, somente respostas de e-mails, comentários no canal e interação com os usuários do final de semana; terça, gravações; quarta, edições e animações; quinta: design e otimização; sexta, novos negócios e emergências, pois na sexta é quando todas as buchas e problemas aparecem.

Sugestão de agenda de uma *eu-quipe* de vídeos

	Turno 1		Turno 2
Segunda	- Alinhamento das tarefas da semana - Respostas de e-mails e comentários		- Atualização dos KPI's do final de semana - Pesquisa e redação dos novos roteiros
Terça	- Validação dos roteiros de gravação	Almoçar é preciso!	- Gravação dos vídeos - Geração de conteúdo em texto
Quarta	- Edição de vídeos e imagens (sim, o dia todo)		- Edição de vídeos e imagens (sim, o dia todo)
Quinta	- Design dos vídeos - Design de redes sociais		- Otimização dos vídeos - Programação das postagens da próxima semana
Sexta	- Novos negócios		- Emergências

Dividindo dessa maneira, você consegue focar em pontos mais fortes do seu trabalho e fazer com que ele chegue muito mais longe.

Agora, é de extrema importância que você reserve uma hora por dia, diariamente, para olhar as finanças da empresa. Chegar à situação de estar com notas atrasadas, pagamentos errados, guias da prefeituras com multa, entre outros pontos, são as principais razões para o desgaste da sua empresa, que pode desembocar até no fechamento dela.

Uma última nota sobre ação: estar em ação não quer dizer estar ocupado o tempo todo. Isso é falta de foco ou produtividade baixa. O ideal para uma boa etapa de ação é que ela tenha um prazo de começo e fim, e que obedeça a processos e diretrizes de trabalho. Lembre-se de que você precisa entregar muito mais conteúdo do que consome, e isso só vai conseguir com processos (mas aí é tema para outro livro).

Mensuração

Existe uma máxima que diz que, se você não mensurou a sua ação, ela não aconteceu. Isso é fácil de explicar, se pensarmos que, justamente, não é possível acompanhar o crescimento de sua ação sem os dados que ela gerou.

Vídeos sem horário certo, canal sem consistência, conteúdo que não se comunica com a audiência, entre outros diversos fatores, são descobertos por meio dos dados da sua ação, na etapa de mensuração.

Quando digo dados, quero reforçar a análise da parte analítica do seu vídeo, mas também de todos os pontos de contato com a sua audiência, seja em outras redes sociais, seja em palestras e aulas que você ministra, seja em adesivos que você distribui de brinde, seja na divulgação espontânea das pessoas que já o conhecem e entram de maneira orgânica em seus vídeos.

O seu canal do YouTube tem uma ótima ferramenta de acompanhamento, chamada YouTube Analytics, localizada dentro do estúdio de criação. Em sua renovação em 2019, inclusive, ela se tornou YouTube Studio Beta.

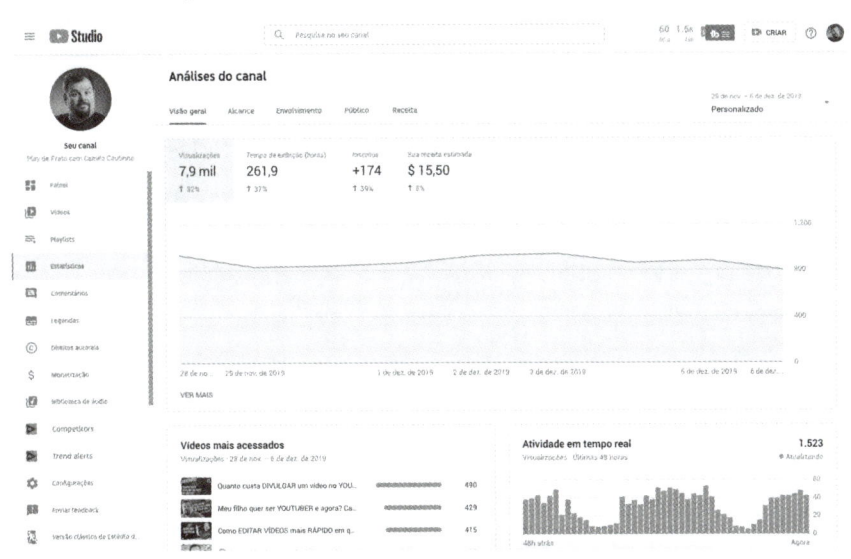

Por meio do seu Analytics, do YouTube, você pode acompanhar dados simples, como número de visualizações e minutos assistidos do seu conteúdo, ou até mesmo deixar essa "brincadeira" mais divertida, criando grupos de análises de vídeos que podem ser comparados com duas métricas diferentes e dois períodos diferentes, tudo em um mesmo gráfico.

Um bom começo é acompanhar o crescimento do número de inscritos de um mês comparado ao do mês anterior e, assim, descobrir se os seus esforços em vídeo pioraram, ficaram na média ou melhoraram entre os dois períodos.

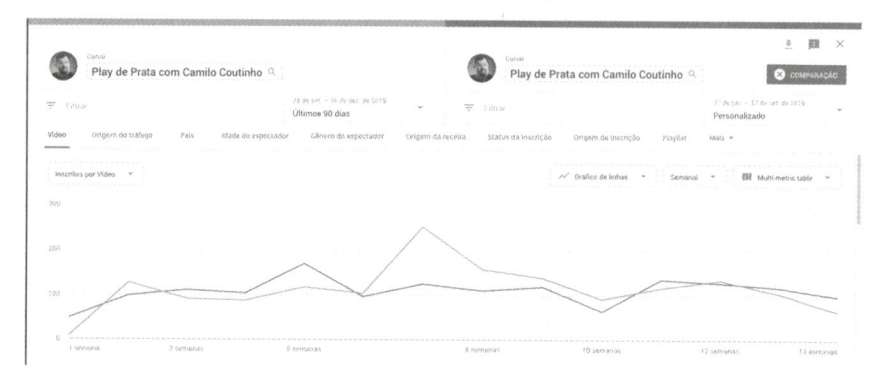

Para quem é mais aficionado por números, a plataforma permite ainda que você acompanhe em tempo real as métricas dos seus vídeos. No momento em que estou escrevendo este livro (segundo semestre de 2019), os dados levam 48 horas para serem analisados e entrarem no seu painel de controle analítico, ou seja, ter dados em tempo real torna possíveis decisões muito mais ágeis (nota: existem esforços do próprio YouTube de oferecer um Analytics em tempo real para todas as métricas.)

É um gráfico muito divertido para acompanhar os acessos do lançamento de um vídeo no canal ou quais vídeos se destacam entre o lançamento de um vídeo e outro.

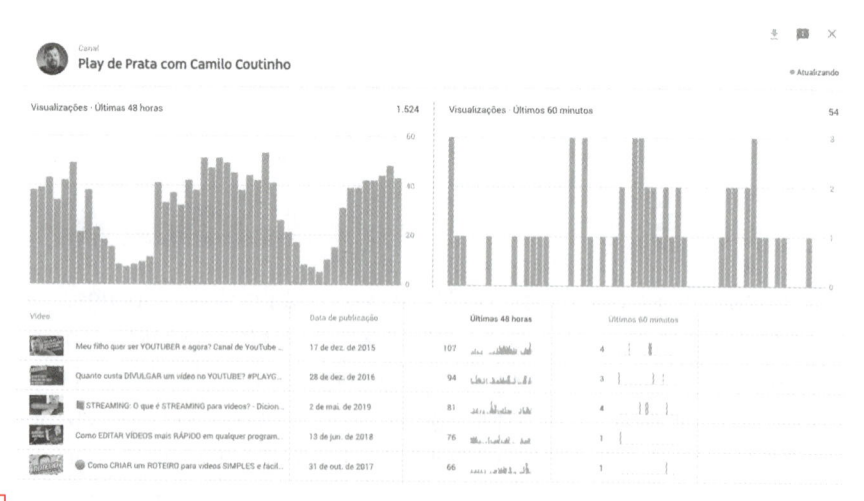

Minha recomendação é que você não dependa somente de um ponto de mensuração. Existem inúmeros aplicativos online que você pode conectar ao seu canal do YouTube e, dessa maneira, acompanhar os dados do seu conteúdo. Em alguns casos muito específicos, já vi donos de canais se juntarem a desenvolvedores de software para criar seus sites e aplicativos online de acompanhamento de dados.

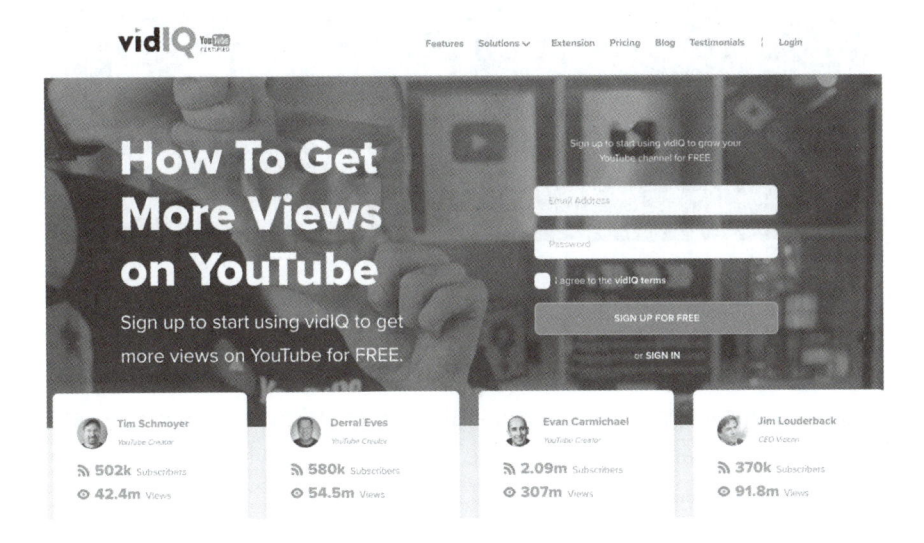

O **VidIQ** é uma dessas extensões que podem ajudá-lo na análise diária do canal. Ele é uma extensão e um aplicativo online ao mesmo tempo. Uma extensão compatível com o navegador Google Chrome, capaz de analisar dados como as tags de vídeos, por exemplo.

Além disso, o VidIQ também é um aplicativo online, que – por meio do seu site www.vidiq.com – analisa o seu canal e lhe recomenda algumas otimizações nos metadados, tanto para seu canal quanto para seus vídeos.

Outro aplicativo recomendável é o **TubeBuddy**, que também gerencia seu canal, porém com mais foco em produtividade: ferramentas de alteração de títulos, descrições e tags em lote, criação de padrões de anotações para que você ganhe tempo na configuração dos seus vídeos de um mesmo programa, e assim por diante.

Muitas pessoas ficam em dúvida entre o **VidIQ** e o **Tubebuddy**, pois realmente são muito parecidos; na maioria dos casos, não convém pagar a assinatura de dois aplicativos que fazem a mesma coisa.

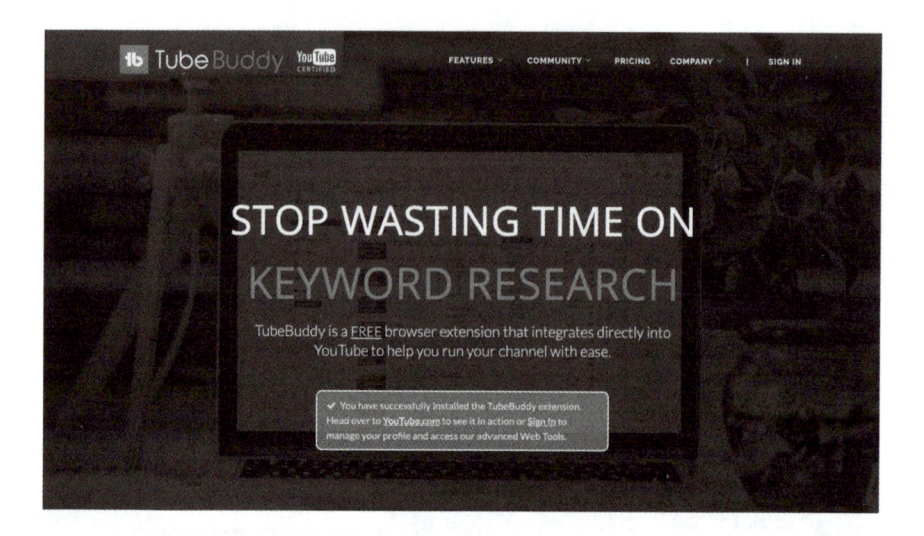

Na minha experiência com eles, eu diria que o **TubeBuddy** é para quem tem grande volume de vídeos e precisa focar na produtividade de alteração de links e ferramentas do YouTube, enquanto o **VidIQ** é para quem está mais aprofundado na estratégia de otimização dos vídeos, em identificar os horários de interação e demais assuntos ligados à localização do seu conteúdo.

No mais, as duas ferramentas têm funções bem similares, então faça um teste na versão gratuita das duas e veja qual delas mais se adequa ao seu fluxo de trabalho.

Como falei anteriormente, é preciso monitorar o máximo possível de pontos de contato com a sua audiência/clientes. Isso torna necessária e muito atrativa a ideia de um grande painel de controle no qual você mesmo possa adicionar as métricas e as plataformas que quiser acompanhar, criando, assim, um painel de controle exclusivo e mais relevante para o seu canal/negócio.

Já o **Cyfe** é um aplicativo online que permite que você conecte o Analytics do YouTube, o Google Analytics do seu site, o Facebook Insights da sua fanpage, o seu Instagram e diversos outros aplicativos que vão fazer você enxergar mais claramente os pontos de interação com o seu cliente e, dessa maneira, poder mudar ou melhorar a sua estratégia.

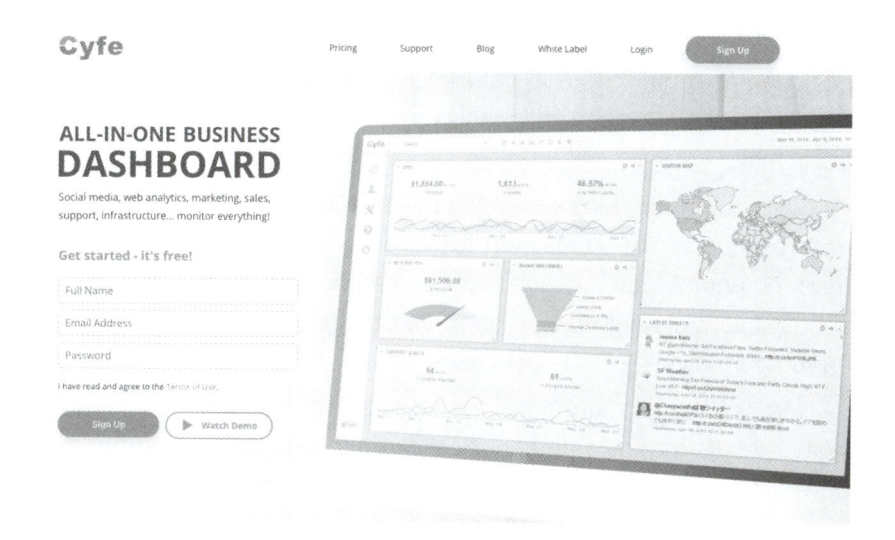

O que eu mais gosto do **Cyfe** é a possibilidade que ele permite de, com apenas uma tela, eu poder entender o que está acontecendo com as minhas redes sociais.

Claro que devem existir inúmeros outros aplicativos e soluções em dados analíticos pelo mundo, mas o mais importante é que você encontre um que lhe seja compreensível e com o qual possa tomar decisões rapidamente.

Estou sempre testando ferramentas novas para encontrar uma maior efetividade nas minhas análises, então minha sugestão é ficar de olho nas minhas publicações para ser informado antes de todo mundo.

Melhorias

Com as etapas anteriores finalizadas, você terá material suficiente para saber o que deu certo e o que não deu, o que o público gosta e o que simplesmente ignora, qual o tipo de vídeo que funciona, e qual não funciona de maneira alguma.

É nesse momento que você volta para o planejamento e redefine a sua rota, eliminando os erros de conteúdo e potencializando os acertos.

Se um programa no qual você investiu muito teve grande êxito no YouTube, que tal testá-lo em um dia com maior audiência no Facebook?

Se o outro programa não teve uma retenção muito grande no YouTube, por que não tentar postá-lo nativamente no IGTV? São essas decisões que farão com que você aplique as melhorias em seu conteúdo e cresça ainda mais.

Claro que existe também a otimização tática do conteúdo para buscadores, que são os títulos bem-feitos, descrições que convertem e tudo mais; no entanto, para essas técnicas não ficarem comprimidas em um subcapítulo, trato sobre essa parte de SEO para vídeos em um capítulo único sobre otimização de vídeos.

Não existe uma regra para potencializar melhorias na sua estratégia, seja de conteúdo, seja de anúncios. Procuro sempre pensar que o que deve ser feito é o que está alinhado aos meus valores, aos meus objetivos e, principalmente ao que consigo dar conta de entregar, o famoso "ter braço para fazer".

4

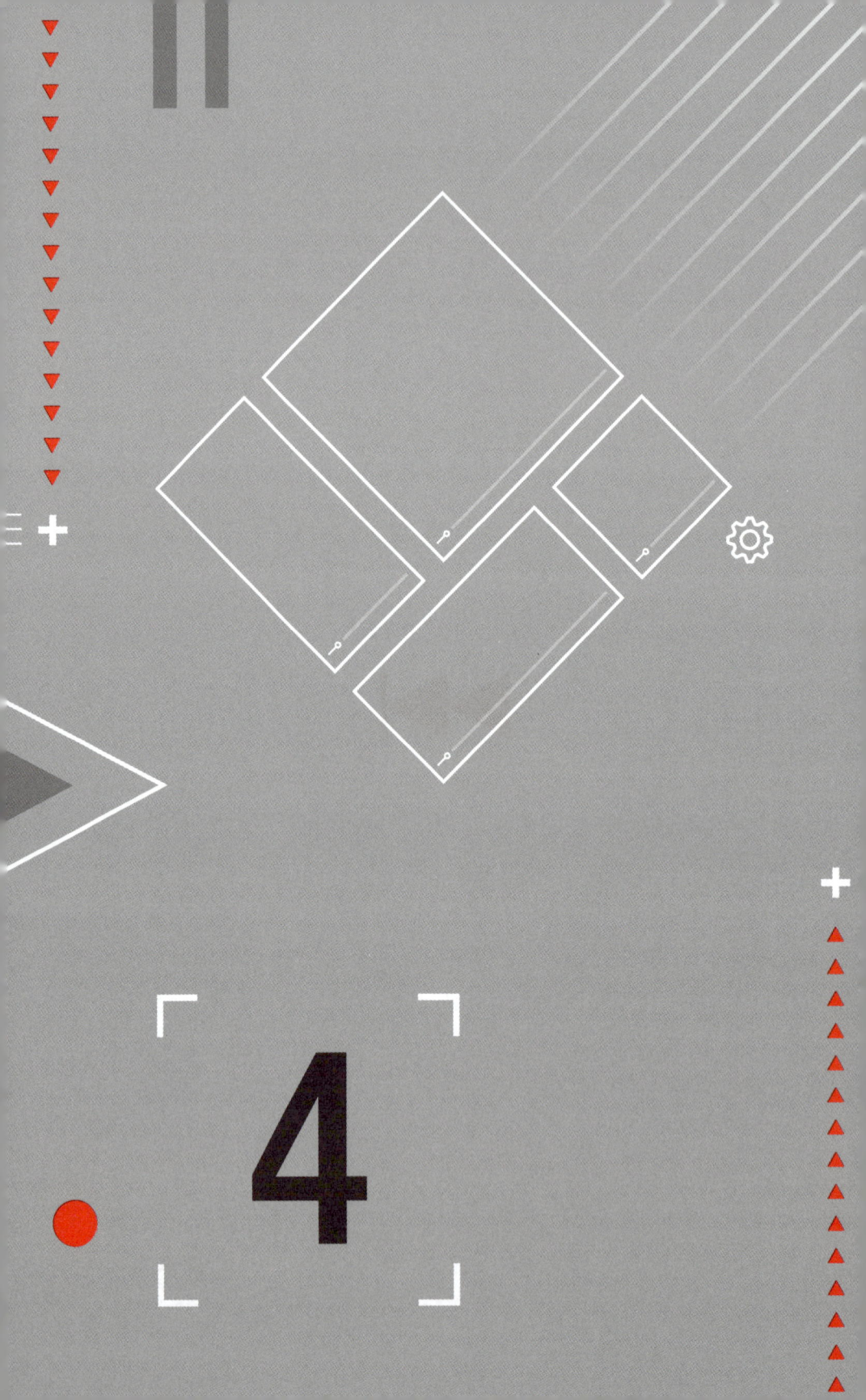

Sua identidade é única, então aproveite isso

"Faça sua mensagem ser tão única que as pessoas pagariam por isso."
Jay Baer

"Será que ainda existe espaço no YouTube?" é uma frase comum que escuto frequentemente. Minha resposta é direta: existe muito espaço ainda a ser preenchido na internet com conteúdo de qualidade. Para não só preencher esse espaço, mas fincar uma bandeira com conteúdo de qualidade, você precisa de uma identidade forte, um posicionamento.

Não adianta ser mais um canal de maquiagem, ou uma cópia daquele que abre brinquedos de criança, ou ainda mais um a fazer de esquetes de humor. Isso já deu! Você será conhecido como o canal que é igual àquele outro famosão ou que é cópia do canal do artista X.

O seu canal precisa de uma identidade única. Uma identidade que, ao mesmo tempo, informe para a sua audiência sobre o que você fala em seu canal, e também seja marcante o suficiente para que a audiência se lembre de como retornar a ele. Fuja ao máximo de nomes parecidos com os da concorrência ou de outros canais mais comuns.

Quando criei o Play de Prata, pesquisei para entender se esse seria um nome único e que não remetesse a nenhum outro. Quando ele começou a crescer, vi surgirem outros canais como: Play de Dicas, Play de Canais, Dicas de Prata, Vídeos de Prata, entre outros, mas que não conseguiram seguir, por não ter a própria identidade.

Eu entendo o conceito de inspiração, mas a inspiração precisa ser uma referência e se distanciar ao máximo da cópia ou do plágio, mesmo nos pequenos detalhes. Se você copia algo, isso não é referência, isso é cópia e ponto.

Se eu tivesse copiado de alguma maneira o nome de algum outro canal maior que o meu – por meio de alguma referência que fizesse conexão com este –, com o único objetivo de alcançar a mesma audiência, para tentar "crescer" mais rápido, com certeza eu ficaria dependente daquele canal em que me espelhei, sem ter meu próprio caminho, meu próprio aprendizado.

O teto de crescimento para quem se baseia ou copia a concorrência é justamente a concorrência. Não faça uma besteira dessas, por nenhum objetivo no mundo.

A importância de um nome único para o canal e de tornar isso compatível com seus objetivos é tão grande que, em muitos momentos, é comum ver alguns canais em ascensão mudarem de nome, estilo e conteúdo.

Tudo isso se deve porque o conteúdo que foi sendo criado foi se moldando a ponto de a versão anterior não ser mais compatível com o que os criadores tinham de ideias no primeiro momento. Isso é o que chamo de ajuste de rota de conteúdo.

Não existe nada de errado em trocar a sua identidade a qualquer momento do canal. O que vai acontecer é que, quanto maior e mais conhecido é o seu canal, mais difícil fica essa mudança dentro da cabeça da sua audiência. O que, muitas vezes, pode se tornar um imenso tiro no pé.

A identidade do canal em si se mistura com o que seria o posicionamento do canal. Sendo bem sincero, eu não poderia descrever tão bem o posicionamento de uma marca ou canal quanto Al Ries o fez em seu livro *Posicionamento: a batalha por sua mente* (coescrito por Jack Trout): "O posicionamento é aplicado em um produto, um serviço, uma empresa, uma instituição ou até mesmo em uma pessoa. Mas posicionamento não é o que você faz com um produto. Posicionamento é o que você faz com a mente de seu potencial cliente. Ou seja, você posiciona o produto na mente do potencial consumidor".

Ou seja, o posicionamento, falando de maneira bem superficial, é o que a sua audiência percebe sobre o seu conteúdo e suas publicações online, juntamente com o espaço que a sua marca/canal ocupa na mente das pessoas. Não é fácil encontrar um bom posicionamento, por isso recomendo fortemente que você estude a fundo a obra de Al Ries.

Um bom começo para ajudar nessa batalha pela mente da audiência é definir a identidade do seu canal. Abordar os pontos básicos, como um bom nome, um bom slogan, uma boa paleta de cores, pode fazer a diferença:

1. **Um bom nome:** pense muito nisso, escreva no papel, leia de frente para o espelho, grave um áudio e escute para ver se ficou sonoro, envie para os amigos, pergunte no trabalho, enfim, todas as táticas para um bom nome são extremamente essenciais e difíceis ao mesmo tempo.

   Tente criar um nome totalmente novo, e tenho certeza que serão algumas horas e boas folhas de papel rabiscadas com ideias. Se você fez o planejamento do capítulo anterior, já tem um bom exercício de criatividade para ajudá-lo na criação da identidade do canal.

   Vá riscando as possibilidades até que sobrem três nomes na sua lista. Aí é hora de perguntar para pessoas que não conhecem o projeto o que elas acham que esse nome significa, e qual o tipo de conteúdo esperariam encontrar no canal.

2. **Uma boa paleta de cores:** entrando já no design e na parte visual, as cores são corresponsáveis por criar a percepção da sua marca e também do seu vídeo. Uma marca de um canal de festas seria bacana com o máximo de cores alegres possíveis, assim como um canal com aulas de contabilidade usaria cores mais escuras e mais sérias, com o intuito de passar mais credibilidade.

   As cores falam por si só, daí a importância em se estudar a psicologia das cores e a forma como que elas podem ajudar você a direcionar a imagem da sua marca e canal.

Se está em dúvida, é só começar a reparar que marcas infantis são mais coloridas, marcas de bebês em geral trazem tons pastéis, marcas de varejo recorrem a cores gritantes para chamar a atenção, e assim por diante.

3. **Um bom logotipo:** é aqui que a sua audiência vai começar a se relacionar com sua "arte" e, assim, entender o que você faz. É claro que um bom logotipo deve ser legível e "contar" sobre o que é o canal, mas, para mim, um dos pontos essenciais para um bom logotipo de canal é a capacidade de aplicação nas mais diversas redes sociais.

O logo deve ficar legível em um cartão de visita, na capa do seu canal, na versão do canal para celular, no avatar do seu Facebook, em um e-mail marketing e, sobretudo, em produtos que futuramente o seu canal pode criar para monetizar o seu trabalho, como, por exemplo, canecas, camisetas, cadernos etc.

4. **Um bom bordão:** para mim, essa é a parte especificamente mais difícil para um criador de conteúdo. O bordão é aquela frase que, geralmente, é dita no começo dos vídeos como boas-vindas à sua audiência e que serve como uma marca da sua personalidade. Isso não só na internet.

Galvão Bueno usa "Bem amigos", o Jacaré Banguela tem o seu "Olá planeta Terra", Meninas de Maquiagem usam "Olá meninas, turupom?"; todos esses bordões penetram na cabeça da audiência, fazendo com que você ganhe um espaço na batalha do posicionamento. É como dizer que chegou a hora de começar o "seu" show!

5. **Um bom slogan:** o slogan é uma frase que representa o seu conteúdo. Ele é muito comum na publicidade, como por exemplo: "Bom Bril, mil e uma utilidades". O slogan da sua marca, no caso do seu canal, deve entregar seu conteúdo para a audiência em uma frase.

Um exercício que pode ajudá-lo a escolher um slogan para seu canal é fazer uma lista de todos os seus pontos fortes e diferenciais de conteúdo, e depois ir deixando somente alguns – em geral, sobram entre dois e três pontos, e é em cima disso que começamos a trabalhar frases, gracinhas, piadas e conteúdos que podem explicar, de uma maneira rápida, o que eu produzo em meu canal.

Como seria a minha lista:

Pontos fortes	Diferenciais
• Conteúdo exclusivo e testado	• Praticidade e sem enrolação
• Educação, inspiração e entretenimento	• Tenho uma empresa em que aplico tudo o que falo
• Acessos a cases reais do mercado	• Tenho resultado de inúmeros canais
• Facilidade em simplificar o conteúdo	• Sou um especialista falando

Agora é a sua vez:

Pontos fortes	Diferenciais
_____	_____
_____	_____
_____	_____
_____	_____

AVISO: Caso não queira riscar o seu livro, você pode baixar todos os exercícios deste livro em www.videosquevendemmais.com.br/exercicios

5

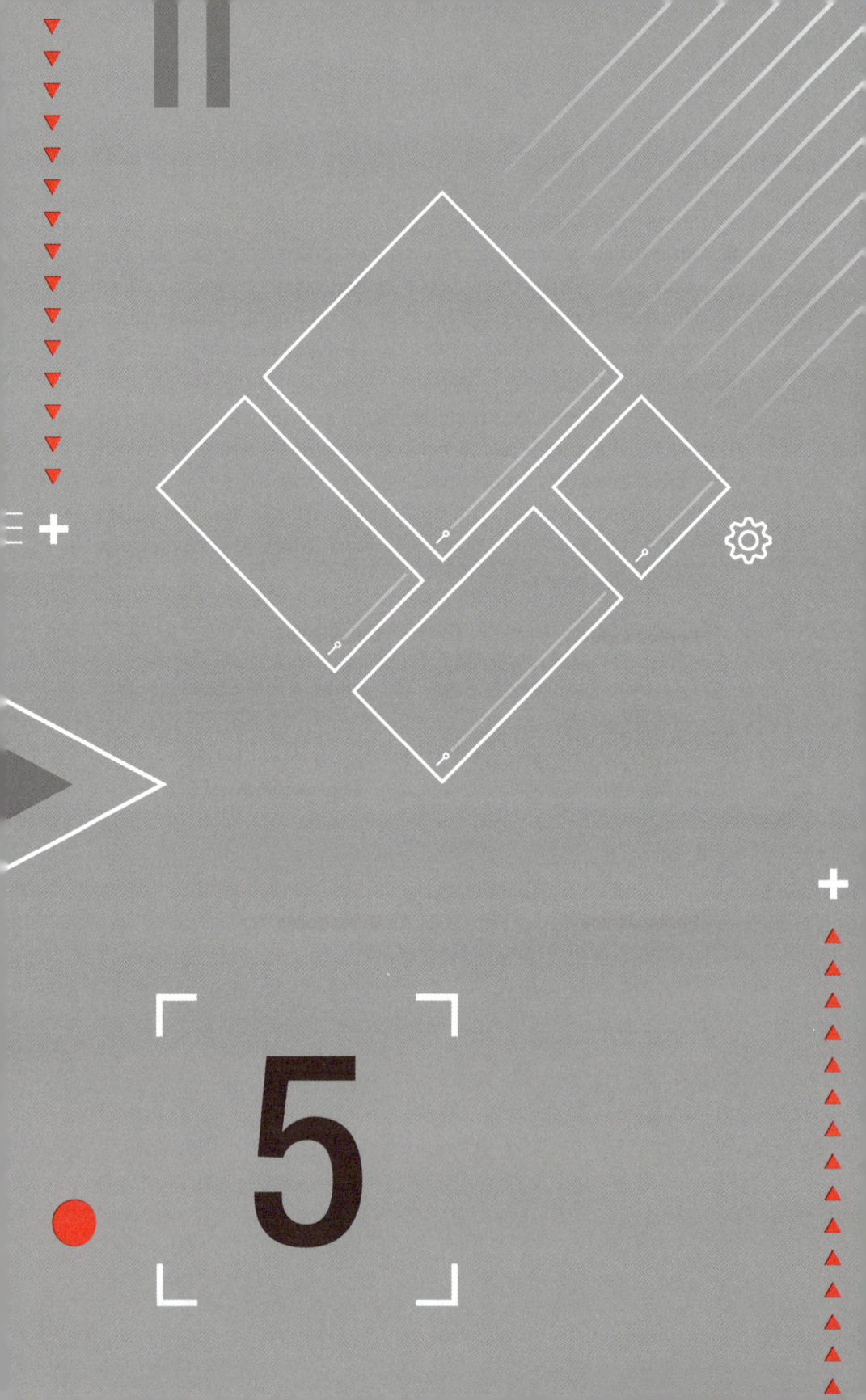

Tamanho não é documento, conteúdo sim

"Marketing não é mais sobre as coisas que você faz, mas sobre as histórias que você conta."
Seth Godin

Somos extremamente competitivos em nossas relações interpessoais. É comum em uma roda de amigos, quando alguém está contando um caso qualquer – como uma viagem ao exterior –, haver sempre um ou dois que gostam de contar vantagem em cima disso e dizem que já viajaram mais ou que fizeram mais coisas, ou que compraram mais, e assim por diante, pelo simples prazer de "ser mais". Em inglês, existe uma expressão, *One Upper*, que simboliza esse tipo de pessoa que precisa sempre ser a "mais mais".

Nesse mesmo caminho, não é raro ver criadores de conteúdo gerando mais vídeos por semana, por dia etc. Eu jamais questionaria a produção de conteúdo em si, pois é exatamente isso que fomento, mas, para mim, o problema está quando você para de criar soluções e experiências, apenas para produzir vídeos em quantidade absurda.

Quando a produção é falha, quando a pesquisa apresenta buracos na lógica, ou mesmo quando a história que quer contar não se conecta com a sua audiência, você acaba de fazer apenas um arquivo de vídeo e não um vídeo que vai entregar uma solução.

Entendo que a consistência, principalmente no YouTube, é um fator muito forte de ranqueamento e ganho de audiência. O que não é saudável para o seu conteúdo é fazer vídeos apenas pelo número de X vídeos por semana, vídeos diários ou mesmo mais de X vídeos por dia.

Na maioria dos casos, essa estratégia não se sustenta a longo prazo, pois você irá abrir seu conteúdo para tantos assuntos diferentes e modelos de conteúdo, que a sua audiência ficará confusa e começará a se perguntar: esse canal trata de quê?

Isso sem falar em como você dilui a sua energia de criação em diversos pontos diferentes do trabalho, perdendo a força que teria se tivesse com o foco em um ou dois pontos específicos de um único vídeo.

A estratégia mais comum para chegar aos 100 mil inscritos é ter vídeos diários durante três a quatro meses, conquistando a audiência com conteúdo de qualidade, focado e relevante para o tema que ela esteja buscando – exatamente o que a levou a procurá-lo. Faz sentido, não é mesmo?

Por isso que, no YouTube, tamanho do vídeo não é documento, mas, sim, **relevância** e **consistência**. Posso lhe provar isso de uma maneira muito simples. Pouco depois do meu canal Play de Prata completar "apenas" 5 mil inscritos e "meros" cem vídeos, eu recebi um convite do próprio YouTube para que – com tudo pago por eles – eu estivesse presente em uma conferência em San Bruno, Califórnia, dentro do quartel-general deles e falando diretamente com especialistas e engenheiros.

Com isso, quero que você perceba que o que vai levá-lo a um próximo nível com seu conteúdo em vídeo não são apenas números nem vídeos diários, e sim o quanto você contribui para a formação das pessoas e da sua comunidade.

Para dar certo, o vídeo não pode passar de 1 minuto (contém ironia!)

Esse é outro mito que gosto de derrubar. O YouTube implementa diversas ferramentas para que a audiência engaje com os criadores o máximo possível. As lives chegam a 8 horas de duração ininterruptas.

O Rafinha Bastos tem um vídeo publicado em seu canal com mais de 11 horas de conteúdo*. Show, eventos e palestras são transmitidos a todo o momento online. A Netflix cresce mais rápido que capim, tanto transmitindo conteúdo quanto produzindo séries e filmes originais. A propósito, o próprio YouTube já iniciou a sua produção de séries e filmes.

E você ainda acha que a internet só funciona para vídeos curtos? Faça-me o favor de abrir a cabeça!

A grande questão que precisamos entender é que o relacionamento com a sua audiência é igual a um relacionamento da vida real. Você não conhece um rapaz na rua e já pede para casar com ele, não é mesmo? No mundo online é a mesma coisa, você dificilmente vai fidelizar uma audiência com apenas um vídeo, ou vender o seu produto online sem ter um esforço de consistência na produção de conteúdo online. Tudo tem seu tempo de conquista.

Na Double Play Media – minha empresa de inteligência e otimização de vídeos –, dividimos os conteúdos de conquista da audiência em cinco grupos principais:

RAPIDINHAS	CURTOS	MÉDIOS	LONGOS	FORMAÇÃO
6 a 15 segundos	30 a 120 segundos	2 a 15 minutos	15 a 90 minutos	acima de 90 minutos
Apresentação ou chamada para conteúdo principal, na maioria das vezes aplicada em redes sociais	Conteúdo mais superficial de topo de funil e que visa conquistar o público depois da rapidinha	Conteúdo para afirmar a sua autoridade e conhecimento sobre o assunto do seu canal	Conteúdo mais aprofundado, com foco em uma audiência mais fidelizada	Gerar mais conexão com a audiência já engajada com outros conteúdos

Na prática, separamos os vídeos do tipo **rapidinhas** – entre 6 e 15 segundos – para uma chamada social e mais rápida, com sacadas gravadas especialmente para as redes sociais, e que serão publicados nativamente nas plataformas.

* https://www.youtube.com/watch?v=QQOYuVuG1WI

Os vídeos **curtos** – entre 30 e 120 segundos – ajudam você a pulverizar a sua mensagem e alcançar novas audiências. Digamos que seria a primeira troca de olhares, pela qual sua audiência vai notar você no canto do salão segurando um copo de conteúdo e tentando saber "quem é você".

Quando a sua audiência assiste a seu conteúdo de **rapidinhas** e vídeos **curtos**, ela passa a pesquisar mais e a se envolver; é quando entram, então, os vídeos **médios**, de 2 a 15 minutos, fornecendo mais conteúdo, mais experiências, e assim por diante. Se compararmos com um namoro, nesse ponto, você já pegou na mão, pagou o sorvete, e vivem os primeiros "minutos" desse novo affair.

Os vídeos **longos**, entre 15 e 90 minutos, são o começo do namoro entre sua audiência e seu conteúdo. É alguém que o segue, o espera, fica ansioso por seu conteúdo, e quando você atrasa a publicação dos vídeos, é um dos primeiros a perguntar o motivo no canal, no Facebook, no Twitter e em todas as outras redes.

Um ótimo exemplo disso é o canal do **Jovem Nerd**, com vídeos semanais que duram entre 40 e 50 minutos; o canal possui uma legião de fãs engajados e que gostam demais disso tudo.

Para finalizar este capítulo, gosto de enunciar os **conteúdos de formação**, que são workshops, aulas e palestras acima de 90 minutos – sem limite –, que têm o objetivo de ensinar algo por completo, mostrar uma ideia, fazer com que a pessoa saia inteirada sobre o conteúdo após assisti-los. Esse é o casamento da audiência com o seu conteúdo.

Uma pergunta comum que surge quando falo disso é se existe uma ordem para produzir esses vídeos. Não existe. Essa ordem quase nunca é seguida, porque não é você quem determina a sequência que a sua audiência vai seguir, e sim ela própria.

A sua audiência pode fazer uma pesquisa no Google, cair em um vídeo de 2 horas e se apaixonar pelo seu canal, assim como ela pode estar navegando no Facebook e ver seu vídeo nativo de 30 segundos, e não se interessar por esse conteúdo.

O desafio é se manter atrativo em todos os tempos e tamanhos de vídeo que você lançar, e mostrar para a sua audiência que você pensa num conteúdo específico para ela, para lhe solucionar os problemas, e não para encher linguiça.

Não convém você ficar preocupado com o tempo dos vídeos. Uma das respostas que guardo até hoje comigo sobre o assunto é do meu mentor, Tim Schmoyer, do canal Video Creators, que disse uma vez: *"O tempo ideal para o seu vídeo é exatamente o tempo para contar a sua informação, nem um segundo a mais"*. Se você enrolar no vídeo, as pessoas percebem. Se você não sabe o que tem no vídeo, as pessoas percebem. Se você tentar colocar três vídeos dentro de um, adivinhe?: as pessoas percebem.

Um erro muito comum é deixar conteúdo de fora do seu vídeo ou inserir conteúdo demais em um mesmo vídeo. Nos dois sentidos, a informação fica confusa; uma mistura de três conteúdos em um mesmo vídeo seria facilmente pulada pela sua audiência.

Sempre que estiver em dúvida sobre o conteúdo, significa que ele não capturou a sua atenção o suficiente; então, você deveria rever suas estratégias para tomar uma decisão:

Decisão 1: o seu vídeo tem muito conteúdo, então é hora de fatiar e separar esse conteúdo em mais vídeos, e assim ter mais potencial de ser encontrado junto àquela palavra-chave ou;

Decisão 2: o seu vídeo não tem conteúdo, e sua maior parte não passa de enrolação para o vídeo ultrapassar 10 minutos. Aqui, a solução é tirá-lo do ar assim que elaborar conteúdo para o próximo vídeo. A qualidade de conteúdo é muito fácil de ver por meio das câmeras.

Pense no tempo do seu vídeo muito mais como um momento de engajamento na jornada do que em um tempo exato cronometrado. Isso porque existem dois principais momentos de contato com o seu conteúdo em vídeo.

O primeiro deles é a **descoberta**, que, em geral, é feita por meio do vídeo vertical e/ou por dispositivos móveis, onde eu encontro o seu conteúdo no meio do dia, ou recebendo-o de algum amigo via Messenger ou WhatsApp.

O segundo momento é a **imersão**, em que eu já conheço o seu conteúdo e a sua autoridade e, então, quero consumir mais atentamente seu conteúdo, me aprofundar realmente no que você está me mostrando. Em geral, esse momento é um consumo de vídeo na horizontal, sentado ou deitado para isso.

Dentro desses dois momentos, eu ainda divido os vídeos em mais seis pontos de conexão. Eles funcionam como uma escada que você vai descendo e se aprofundando no relacionamento com a sua audiência.

De maneira simples, essas são as etapas de confiança no seu conteúdo, ou como eu gosto de chamar o **fluxo de contato do conteúdo**. Vamos adentrar cada um deles.

1. *First view* ou primeiro contato

Eu não o conheço e encontro o seu conteúdo sem saber que você existe.

Como o nome diz, esse é o vídeo pelo qual as pessoas fazem o primeiro contato com o seu conteúdo. São os vídeos criados para "paraquedistas" dos motores de pesquisa, ou seja, vídeos que são descobertos em função de uma tendência de pesquisa ou de uma indicação do algoritmo da plataforma.

Nessa etapa, o seu vídeo é muito dependente de otimização (video-SEO), anúncios ou comunidade.

2. *Share community* ou compartilhado curto

Meus amigos e grupos me apresentaram o seu conteúdo.

O começo de um vídeo altamente compartilhável é o compartilhamento no nicho em que ele foi criado. Esse é o que chamo de compartilhamento curto, em que o seu vídeo começa a ser enviado no grupo do trabalho, pelo amigo, por uma pessoa conhecida, como um vídeo de que ela "gostou muito". Os seus amigos lhe apresentam o conteúdo de um novo canal.

Você pode finalizar esse vídeo dizendo: "Compartilhe com aquela pessoa que você sabe que está precisando dessa dica!".

3. *Long queries* ou compartilhado longo

O seu conteúdo me auxilia na solução pontual de um problema.
Avançamos mais uma etapa e chegamos ao compartilhamento longo, em que o seu conteúdo vai alcançar esferas e pessoas que você não conhece, incluindo o compartilhamento em páginas de Facebook que podem – embora não devessem – usar o seu conteúdo sem os devidos créditos. Aqui a sua audiência já viu algum vídeo seu e aplicou o seu conteúdo, então ela sente o prazer de assistir, e tende também a querer compartilhá-lo.

Nessa etapa, deixe claro que as ações sociais de engajamento – like, comment, share – são muito importantes para ajudar o seu canal.

4. *Soft content* ou conteúdo relevante

Começo a criar uma confiança e quero conhecer mais do seu conteúdo, por conta da solução anterior que encontrei.
Nesta etapa, a pessoa já sabe seu nome, o nome do seu canal, e interage em seus vídeos. Comece com conteúdos mais longos do que os das etapas anteriores e seja muito relevante, pois um vídeo que não entrega o conteúdo almejado pode fazer a sua audiência desconfiar se faz sentido segui-lo. Você está no meio da jornada, e a partir do soft content, a sua audiência já começa a lembrar os links do seu canal e guardá-los.

5. *Hard content* ou conteúdo denso

Seu conteúdo é a autoridade em que eu confio, independentemente do tempo de vídeo.
São vídeos mais elaborados e que têm uma construção de confiança já estabelecida, não importando sua duração. Aqui também entram as lives/ao vivo/diretos que – na minha concepção – são vídeos gravados e

transmitidos em tempo real. O hard content é um conteúdo denso, com muitas camadas que podem ser consumidas por todos, mas ele será muito mais fácil de entender por quem já consome o seu conteúdo, por quem já conhece os seus jargões e suas expressões.

Essa é uma ótima etapa para criar webinários de captura de e-mails.

6. *Journey content* ou conteúdo de formação

Eu me conecto com você e quero trilhar o mesmo caminho de sucesso.

Agora chegamos ao topo do relacionamento do vídeo. A sua audiência já consumiu seus vídeos em todas as etapas e agora quer estar junto com você no desenvolvimento e nas descobertas de novos nichos, temas e, principalmente, novas maneiras de aprender mais. O conteúdo de formação não necessariamente é um conteúdo demasiado longo, mas, sim, um conteúdo que precisa de uma base maior para o aprendizado total. Em uma comparação simples, o conteúdo de formação é uma maratona tradicional, de 42 quilômetros, que antes de ser corrida por inteiro precisa de um aquecimento (*first view*), depois uma etapa de 5 quilômetros, a seguir uma de 10 quilômetros (*share comunity e long queries*); então, é preciso ser capaz de correr primeiro os percursos menores (*soft* e *hard content*) até se conseguir completar a distância de uma maratona.

A etapa da jornada também pode ser aplicada em um curso ou uma formação online, em que, por meio de 30 a 40 aulas, a sua audiência é treinada para um grande objetivo no final.

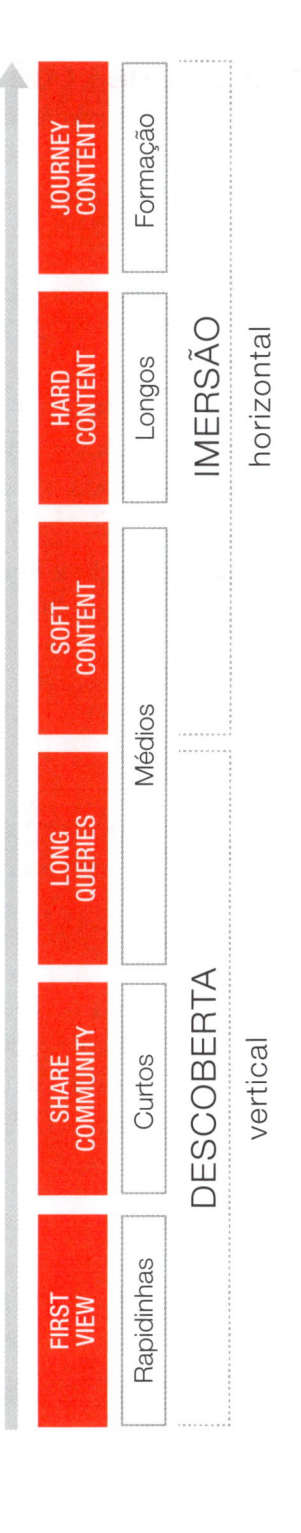

FIRST VIEW	SHARE COMMUNITY	LONG QUERIES	SOFT CONTENT	HARD CONTENT	JOURNEY CONTENT
Rapidinhas	Curtos	Médios		Longos	Formação

DESCOBERTA
vertical

IMERSÃO
horizontal

Alguns tipos de vídeo que você pode utilizar

Quando você reunir o seu conteúdo, é comum lhe ocorrer qual tipo de vídeo você deveria começar a produzir. Antes de tudo, precisamos separar tipos de vídeos de formatos de vídeos, que são duas coisas bem diferentes.

Os formatos de vídeos dizem respeito à proporção de tela do seu vídeo, ou seja, tecnicamente quantos pixels o seu vídeo tem de largura e altura (o que abordarei mais à frente).

Os tipos de vídeos são as formas de narrativa que você pode construir com o seu conteúdo – trailer do canal, clog, react –, independentemente do formato de tela que ele tenha. Eu divido os tipos de vídeo em quatro grandes grupos: relacionamento, social video, conteúdo e vendas.

Cada um desses grandes grupos se divide em diversos tipos de vídeo que você pode criar para o seu canal ou rede social. Vamos entrar em cada um.

1. RELACIONAMENTOS

Vídeos que devem estar no funil de relacionamento com o seu cliente e que irão aumentar o relacionamento e a conexão com a sua audiência.

1.1. Boas vindas/welcome

Pode ser um vídeo dentro do seu grupo do Facebook, dentro de uma área de membros de um curso, um vídeo enviado para os alunos de um curso, entre outras possibilidades. Esse vídeo tem o único objetivo de fazer com que a pessoa que assiste se sinta bem em chegar àquela página ou canal.

1.2. Trailer do canal

Esse tipo de vídeo é exclusivo dos canais do YouTube, criado para explicar sobre o que é o seu canal e o que a audiência irá encontrar ali. Em geral, esse vídeo não precisa ter mais do que 2 minutos, e eu recomendaria, aliás, que seja de até 1 minuto.

Se você conseguir apresentar o seu canal e o seu conteúdo em menos de 1 minuto, está claro que você sabe exatamente o que está ensinando e, principalmente, como o seu conteúdo está dividido para entregar a melhor solução.

1.3. E-mail video

Uma prática muito comum nos Estados Unidos – e que evoluiu para a resposta em vídeo – é o envio de vídeos por e-mail para o auxílio da compreensão do e-mail, para mostrar um upgrade no conteúdo ou mesmo para dar boas-vindas a um grupo ou abrir um curso (sim, aqui ele pode se misturar com o primeiro tipo).

1.4. Ao vivo/live/direto

Não existe melhor maneira de se relacionar com a sua audiência do que fazer um show ao vivo/live/direto. É com esse tipo de vídeo que a sua audiência começa a enxergar você como alguém mais próximo, sobretudo pelas possibilidades de interações da live, como comentários e likes em tempo real e a imensa possibilidade de você falar o nome dos seus seguidores durante a transmissão.

Cuidados na live: há dois pontos muito complicados que devem ser evitados. Refiro-me à live que nunca começa, pois o dono da live está sempre esperando "mais gente chegar". Isso é realmente horrível e desrespeitoso com quem já está lá esperando e o prestigiou, chegando no horário.

E, também, à live "beijoqueira", em que, a cada cinco minutos, o dono da live menciona alguém e interrompe o raciocínio lógico da abordagem. Nas pesquisas entre os meus alunos e mentorados, muitos deles responderam à nossa enquete dizendo que esse é o segundo motivo, só perdendo para a falta de conteúdo, para deixar de seguir alguém.

1.5. Resposta em vídeo

A conexão com a audiência, o olho no olho, é cada dia mais valorizada, e é por isso que esse novo tipo de vídeo vem com tamanha força. Vale lembrar que esse é um tipo bem complexo e que pode dar bastante trabalho para quem tem muita audiência engajada.

Consiste simplesmente em abortar as respostas em texto no seu inbox das redes sociais e começar a responder todo mundo em vídeo. Sim! É exatamente isso que você acabou de ler: responder o inbox do seu Instagram em vídeo em vez de fazê-lo por texto.

Aqui, cabe um **macete** que parece bobo, mas que faz toda a diferença. Tenha o rosto limpo, sorriso largo e, por favor, **mencione o nome das pessoas no vídeo**.

O nosso nome é a palavra mais doce que podemos ouvir, por isso, quando você grava um vídeo para alguém chamando-o pelo nome, você verá como ele ficará grato por esse gesto simples e extremamente poderoso.

2. SOCIAL VIDEOS

Vídeos curtos com alto potencial de compartilhamento pelas redes sociais, criados com conteúdo magnético para cliques, comentários e interações. Esse tipo de vídeo é específico para uma plataforma social.

Social videos, em sua maioria, não precisam de som, mas incluir legendas neles é praticamente obrigatório, já que, na maioria das plataformas sociais, 70% (ou mais) do conteúdo é assistido sem som, então invista em produzir essas legendas. Em geral, são vídeos mais curtos (1 a 2 minutos) e, para se manterem ativos, precisam ser muito fortes em atrair os olhares da audiência e "travar" a rolagem da timeline no celular.

2.1. Vídeo nativo

Quando você publica o arquivo do seu vídeo diretamente na plataforma – por exemplo: subir um arquivo .mp4 no Facebook ou no YouTube –, significa que você está publicando um vídeo nativo nela, ou seja, irá usar o player nativo da rede social para executar as visualizações.

Um vídeo nativo tem maior potencial de compartilhamento do que qualquer outro tipo de vídeo – como, por exemplo, compartilhar somente o link do seu vídeo de outra rede social.

Lembre-se de que as redes sociais têm algoritmos, e estes querem ler sobre o conteúdo do seu vídeo e para qual conteúdo ele é relevante; por isso, quando você sobe um arquivo nativo, é mais fácil para o algoritmo entender o que "tem dentro" do seu vídeo.

Evite cruzar vídeos entre plataformas e foque na produção de vídeo direto para cada plataforma social.

2.2. Stories

Vídeos verticais de 15 segundos que vieram do Snapchat e foram potencializados pelo Instagram; hoje, estão na maioria das redes sociais em celular (Facebook Stories, YouTube Stories etc.).

Em geral, são 15 segundos de vídeo que podem ter filtros ou não. Aumente o relacionamento desse conteúdo, criando blocos de conteúdo nos quais você possa contar uma história entre 5 e 10 sequências de 15 segundos. As pessoas amam acompanhar as histórias de bastidores e do dia a dia dos outros.

2.3. Vídeo quadrado/square video

São os tipos de vídeo mais encontrados nas timelines das redes sociais. São chamados de quadrados, pois, de fato, apresentam esse formato (em geral 1080 x 1080 pixels).

O conteúdo deles em geral é um recorte de melhores momentos de um vídeo maior que está em outra plataforma social, como YouTube, Vimeo ou mesmo uma fanpage do Facebook.

Esse tipo de vídeo tem algumas derivações e uma anatomia muito parecida. A anatomia de um social video quadrado é dividida em três faixas: a primeira, no topo, é o título, que, em geral, é uma chamada/headline para destacar o assunto; a segunda é o conteúdo em si – aqui você deve definir se o vídeo será recortado ou não; por último, a terceira faixa é posta no final do vídeo, trazendo um painel de controle com legenda e a barrinha da ansiedade.

ANATOMIA

```
┌─────────────────────────────────┐
│   HEADLINE OU TÍTULO DE TOPO    │
│       QUE CHAME A ATENÇÃO       │
├─────────────────────────────────┤
│                                 │
│                                 │
│          ÁREA DO VÍDEO          │
│                                 │
│                                 │
│  BARRA DA ANSIEDADE >>>         │
├─────────────────────────────────┤
│         ÁREA DA LEGENDA         │
└─────────────────────────────────┘
```

VÍDEO REAL

A barrinha da ansiedade (assim apelidada carinhosamente por nós aqui na Double Play) é uma animação que corre de um lado para o outro do vídeo, no transcorrer do vídeo, com o objetivo de "marcar" o tempo de duração do conteúdo e, assim, diminuir a ansiedade da audiência de não saber "quanto falta para acabar".

Só de dispor da barrinha de um lado para o outro, o seu vídeo já será espetacular. Mas como meu negócio é lhe entregar conteúdo, quero mostrar algumas barrinhas que fazemos com meus vídeos que dão uma força maior na conexão da audiência com o conteúdo.

2.4. GIF animado

Por mais que muitos achem que este não é um tipo de vídeo, ele é, sim, já que o conceito de vídeo são imagens em movimento, e é exatamente isso que é o GIF animado, certo? Esse tipo de vídeo é utilizado em páginas de internet, em envio de e-mails e recentemente, como GIF para Stories no Instagram.

Você pode cadastrar os seus GIFs em um dos sites aceitos pelo Instagram e, assim, ter todas as "figurinhas", suas ou da sua marca, para a audiência utilizar em seus vídeos dos Stories do Instagram.

Um site que você pode utilizar é o Giphy.com, no qual é possível criar uma conta, subir um vídeo ou um GIF e disponibilizá-los nos Stories.

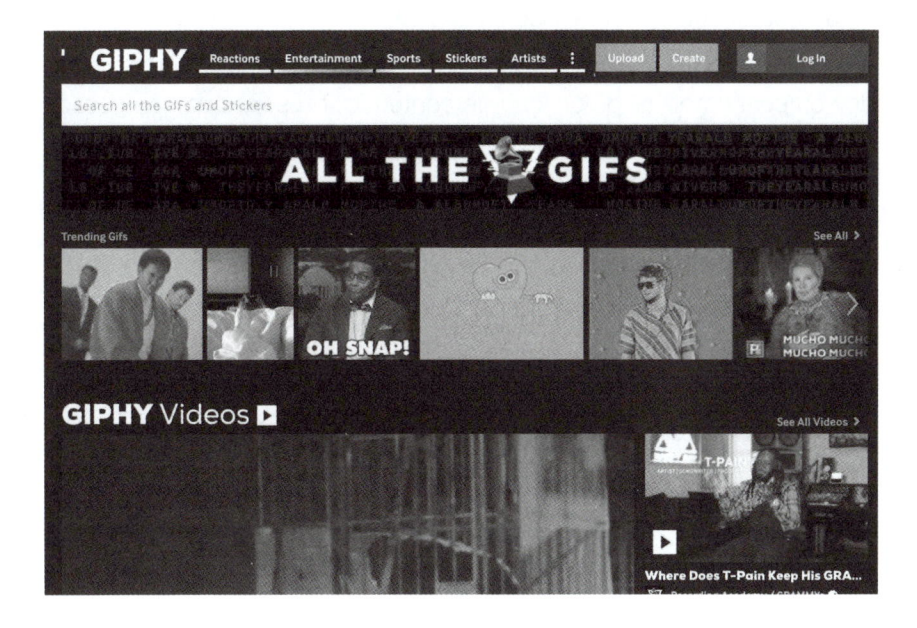

2.5. Bastidores (behind the scenes/BTS)

O show é bom, mas os bastidores do que acontece antes do show, ou mesmo por trás das câmeras, são extremamente interessantes para sua audiência.

Use isso a seu favor e crie vídeos sobre os bastidores de gravação, a sua preparação do tema, a sua organização pré-gravação, e até mesmo – por que não? – para debater com os seguidores da marca qual o melhor tema para o próximo vídeo.

2.6. UGC – User Generated Content

User Generated Content, ou Conteúdo Gerado pelo Usuário, foi um termo criado para designar qualquer tipo de conteúdo – não somente em vídeo –, utilizado por clientes, usuários e fãs de um produto ou serviço.

Quando o seu cliente posta uma foto no Instagram dele dizendo que amou o produto, isso é UGC. Quando ele grava um Story usando o produto e o marca, isso é UGC. Quando fãs de um filme criam um podcast para debater sobre o filme, isso é UGC.

Todo conteúdo criado em torno do seu conteúdo e que não faz parte do seu cenário oficial de criação de conteúdo, ou seja, que não passou pelo crivo do seu marketing ou de sua equipe de criação, é UGC.

O segredo está em como usar esse tipo de conteúdo a seu favor e fazer com que mais e mais pessoas possam consumir esse conteúdo. Nesse caso, a republicação de um conteúdo – o chamado repost – é uma das melhores maneiras de ter essa união entre clientes satisfeitos recebendo o conteúdo e a marca recebendo o engajamento mesmo com conteúdos que não foram produzidos por ela, mas, sim pelo UGC.

Um exemplo clássico, de que eu gosto muito, são os filmes da franquia de *Star Wars*, que faziam sua estreia todo final de ano, ou seja: em outubro, novembro e dezembro promoviam pré-estreias, bem como eventos envolvendo conteúdo de bastidores e divulgação massiva sobre o lançamento.

Mas o que fazer nos outros nove meses em que não existia um lançamento? Simples! Eles apoiavam a comunidade e até oficializavam alguns dos conteúdos criados por fãs.

Claro que não estou comparando o tamanho do conteúdo, mas você pode facilmente trabalhar o seu UGC repostando vídeos de clientes com autorização, comentando seus Stories, criando vídeos a partir de comentários de redes sociais, e assim por diante. Se existe um cliente consumindo e criando conteúdo sobre o seu produto ou serviço, então você tem a oportunidade de incentivar o UGC.

3. CONTEÚDO TRADICIONAL

São os vídeos mais comuns encontrados nas plataformas e a que muito provavelmente você já assistiu, e talvez já tenha até gravado algum do tipo.

3.1. Vlog

A palavra vlog é a versão em vídeo do blog, que é a contração de *web-log*, que, em uma livre tradução, é a documentação diária na internet. O vlog segue a mesma linha e vem do registro em vídeo do seu dia a dia.

Muitas pessoas começam com esse tipo de vídeo, pois aparentemente é mais fácil, mas, sendo um tipo de vídeo que vai documentar o seu dia, você precisa manter o seu conteúdo atrativo durante toda a gravação.

3.2. How to/Como fazer/Tutoriais

O tipo de vídeo mais procurado de toda internet são vídeos de como fazer (how to), que são um enorme sucesso e a melhor saída para praticamente todos os tipos de produtos e serviços.

Os vídeos de how to também são conhecidos como tutoriais em alguns casos, já que eles mostram passo a passo como executar alguma ação em um produto ou serviço.

3.3. DIY/Faça você mesmo

Apesar de muito parecido com os vídeos de how to, os vídeos de DIY (do it yourself, ou faça você mesmo) são aqueles em que não existe um produto pronto, mas, sim, um como produto é construído.

Enquanto nos vídeos de how to se faz a demonstração de um produto ou serviço, nos vídeos de DIY se constrói ou se ensina algo criado por você.

Um exemplo de DIY: *como construir um apoio para violão usando madeira reciclada.*

Um exemplo de how to: *como instalar as cordas do seu violão e mantê-las afinadas.*

3.4. Slidecast/Screencast

Muitas pessoas não gostam de aparecer no vídeo. E, em caso de navegação de sistemas, é muito mais efetivo que se mostre como entrar no sistema e cada um dos botões que deve ser pressionado para que o sistema funcione.

É aqui que os vídeos de slidecast ou screencast entram com muito mais força, pois são vídeos feitos gravando a tela do seu computador. Essa gravação pode ser feita para mostrar a navegabilidade de um site, de um sistema, uma apresentação de slides ou mesmo um jogo online.

3.5. Unboxing

Quem nunca teve a curiosidade de saber exatamente o que iria chegar dentro da caixa de um produto que comprou? É exatamente isso que os vídeos de unboxing devem fazer: mostrar tudo o que vem dentro da caixa.

Em sua maioria, os vídeos de unboxing ou desembalagem – sim, eu sei que em português soa horrível – começam com a câmera filmando o processo de abertura da caixa do produto desde a sua chegada via entregadores.

É um ótimo tipo de vídeo para quem utiliza marketing de afiliados para vender produtos de terceiros como uma forma de receita do conteúdo em vídeo.

3.6. React/Reação

Como o próprio nome diz, esse tipo de vídeo consiste em gravar a sua reação sobre vídeos antigos, sobre trailers, sobre produtos ou sobre praticamente qualquer coisa que possa criar um estímulo interessante de ser filmado.

3.7. FAQ/SAC

Aqui começa uma boa estratégia para quem tem e-commerce ou um grande número de chamadas de SAC. A gravação de vídeos para FAQ – perguntas frequentes – ou de SAC – serviço de atendimento ao consumidor – pode ser uma grande sacada na estratégia de dominar os resultados de pesquisas do seu produto.

Esses vídeos em geral são curtos e respondem apenas a uma única pergunta. Têm, em geral, de 30 a 90 segundos e são incorporados na página de ajuda do site ou no próprio FAQ para que mais clientes possam aprender/entender melhor a dúvida abordada, para reduzir o número de atendimentos simples no SAC.

Minha recomendação é que você comece com pelo menos trinta dúvidas para responder em vídeo e depois vá ampliando em mais dez por mês, no mínimo, para, dessa maneira, conseguir dominar uma área maior das pesquisas.

Uma ótima alternativa é criar um catálogo desses vídeos como se fosse uma wiki interna.

3.8. Listas

As pessoas amam listas em vídeo. Isso porque elas parecem muito mais previsíveis e fáceis de acompanhar. Você pode criar listas de benefícios do seu produto, listas de aplicações, listas de tipos de receitas etc. As possibilidades são infinitas.

3.9. VoD

O VoD, ou Video on Demand, é uma solução de tecnologia que consiste em uma área web fechada, cujo assinante pode assistir a qualquer tipo de vídeo disponível, que é enviado *sob demanda* para o dispositivo em que o estiver acessando.

O VoD praticamente permite que você tenha o seu próprio canal de televisão: seus conteúdos são todos postos nessa plataforma que os entrega de acordo com o pedido. Caso da Netflix, por exemplo.

Hoje, é muito comum que empresas de comunicação apostem em seus próprios VoD, como é o caso da Disney e o Disney+, o SBT e o SBT Videos, a Rede Globo e o Globo Play, e assim por diante.

3.10. EAD

Seguindo a linha do VoD, temos o EAD, que é o ensino a distância, por meio de conteúdos e formações online. Essa é uma vertente que está em franco crescimento no Brasil, tendência que deve se manter pelos próximos anos.

A diferença de um VoD e um EAD é que o segundo tem um plano de conteúdo preparado para que a audiência – no caso, um aluno – o assimile na sequência.

Esse conteúdo de EAD pode ser gravado ou – como grande parte das faculdades atuais faz – realizado ao vivo em uma live nos estúdios da faculdade.

3.11. 360 graus

Vídeos filmados com uma tecnologia específica e que permitem capturar imagem em 360 graus, ou seja, para todos os lados. É um formato mais imersivo, e o seu cliente pode navegar dentro do vídeo, seja pelo celular, seja através de óculos especiais.

É um ótimo tipo de vídeo para agências de viagens venderem seus destinos, imobiliárias mostrarem seus imóveis e escolas revelarem as instalações de sua infraestrutura para os pais dos alunos.

3.12. Vídeo 3D

Vídeos muito específicos, que requerem não somente uma câmera dupla e especial para sua gravação, mas também óculos especiais para que a audiência possa capturar toda a essência da gravação. Não é nada barato, mas, quem sabe, pode ser uma solução para você.

4. VENDAS

Aqui os vídeos têm um único foco, que é conversão. Se esses vídeos não venderem nada em nenhum desses tipos, então você os planejou de maneira equivocada e eles deveriam estar em conteúdo, e não na parte de vendas.

4.1. Vídeos de vendas

O vídeo de vendas, também citado no Brasil como a carta de vendas do seu produto, é a porta de entrada para comercializá-lo e estabelecer conexão com o seu cliente online. No capítulo de roteiro, explico alguns tipos de roteiro e lhe mostro um modelo completo de vídeo de vendas para você começar a utilizar agora mesmo.

    O vídeo de vendas tem um único papel, que é vender o produto. Ele não precisa de likes, comentários etc. Ele precisa gerar vendas. Se as pessoas se mostram em dúvida sobre o produto e não o compram, a culpa é do seu vídeo de vendas que não deixou isso claro.

    Um bom vídeo de vendas conta uma verdadeira história, com começo, meio e fim, para engajar os seus futuros clientes a comprarem seus produtos.

4.2. Vídeo de produto

Esse é o seu vendedor perpétuo. É o tipo de vídeo que vai fazer o produto ser comprado 24 horas por dia, sete dias por semana, pois ele está na sua rede social, indexado à sua melhor palavra-chave e incorporado à página do seu produto.

Poucas lojas virtuais no Brasil utilizam vídeos para potencializar suas vendas ou para mostrar mais detalhes do produto. É comum você ver nos e-commerces uma série de fotos que simulam um produto virando 360 graus, como se você o estivesse pegando da vitrine, mas, mesmo, com esse truque, a grande maioria dos e-commerces utiliza uma única imagem.

Com um vídeo desses, além de poder exemplificar melhor os benefícios do produto e quebrar todas as objeções do seu cliente, você também lhe transmite maior confiança para a decisão de compra, pois ele praticamente está "com o seu produto em mãos" graças ao vídeo de produto, que é seu vendedor perpétuo.

4.3. Depoimentos/testemunhais

Quando a primeira objeção sobre o seu produto surgir na cabeça do seu futuro cliente, ele vai com toda a certeza pesquisar mais sobre quem usou e quem obteve resultados efetivos com esse produto.

É aqui que entram os testemunhais de ex-clientes ou clientes atuais que já usam e têm experiência com o seu produto ou serviço, contando a real experiência que tiveram.

Não force os bons depoimentos. Peça os depoimentos de coração aberto. Caso alguma opinião que chegue a você não seja do seu agrado, simplesmente não a publique, mas se comprometa e arrumar esse erro apontado pelo cliente o quanto antes.

Testemunhais convencem tanto que eu tenho certeza que você é capaz de se lembrar do último produto que comprou baseado na indicação de um amigo. Pessoas confiam em pessoas, use isso a seu favor.

4.4. Página de agradecimentos

O vídeo que eu mais indico para meus alunos e mentorados é o primeiro a ser ignorado. A hora que você entender que um vídeo na página de agradecimentos pode ajudá-lo a fidelizar o cliente, a fazer mais vendas e/ou a estimulá-lo a divulgar em suas redes sociais a sua empresa de maneira espontânea (e gratuita), aí sim você dará atenção a esse tipo de vídeo.

Esse vídeo entra na página de agradecimentos após a efetivação da compra do seu produto, quando você se mostra grato pela confiança e mostra ao cliente outros produtos, ou o direciona para as próximas ações que ele deverá fazer.

4.5. Vídeo de upsell/order bump

Como o vídeo da página de agradecimentos é um vídeo com o carrinho de compras sendo finalizado, você pode utilizar uma técnica para aumentar o ticket médio da compra feita no seu site. O que você precisa é de um vídeo de upsell ou downsell antes do fechamento do carrinho.

Explicando melhor, o upsell é quando você vai vender um produto mais caro do que a última compra feita, enquanto um downsell é quando o produto oferecido é mais barato.

Imagine que você está comprando um sabonete na minha loja online e, antes de finalizar a operação, eu lhe abro uma página com um vídeo oferecendo uma saboneteira com 80% de desconto. Você já comprou o sabonete, por qual razão não aproveitar a saboneteira com um valor que nunca encontrou antes? Esse é o pensamento que quero lhe instigar.

Da mesma maneira funciona o downsell. Caso o cliente – durante o fechamento da compra atual – não queira aumentar a compra com um produto mais caro que você ofereça, é possível inverter a estratégia e disponibilizar um vídeo de downsell oferecendo um produto adicional para "entrar no carrinho".

Nas plataformas de venda de produtos e infoprodutos, essa tecnologia que faz aparecer mais um ou dois itens na hora que você está cadastrando o seu cartão de crédito para finalizar a compra é chamada de order bump – colisão de pedidos – ou order taking – tiragem de produtos.

Claro que esses são alguns dos tipos principais e eu tenho certeza que, no decorrer deste livro e de suas pesquisas, você vai encontrar mais opções e/ou a opção que mais se adequa ao seu tipo de conteúdo.

6

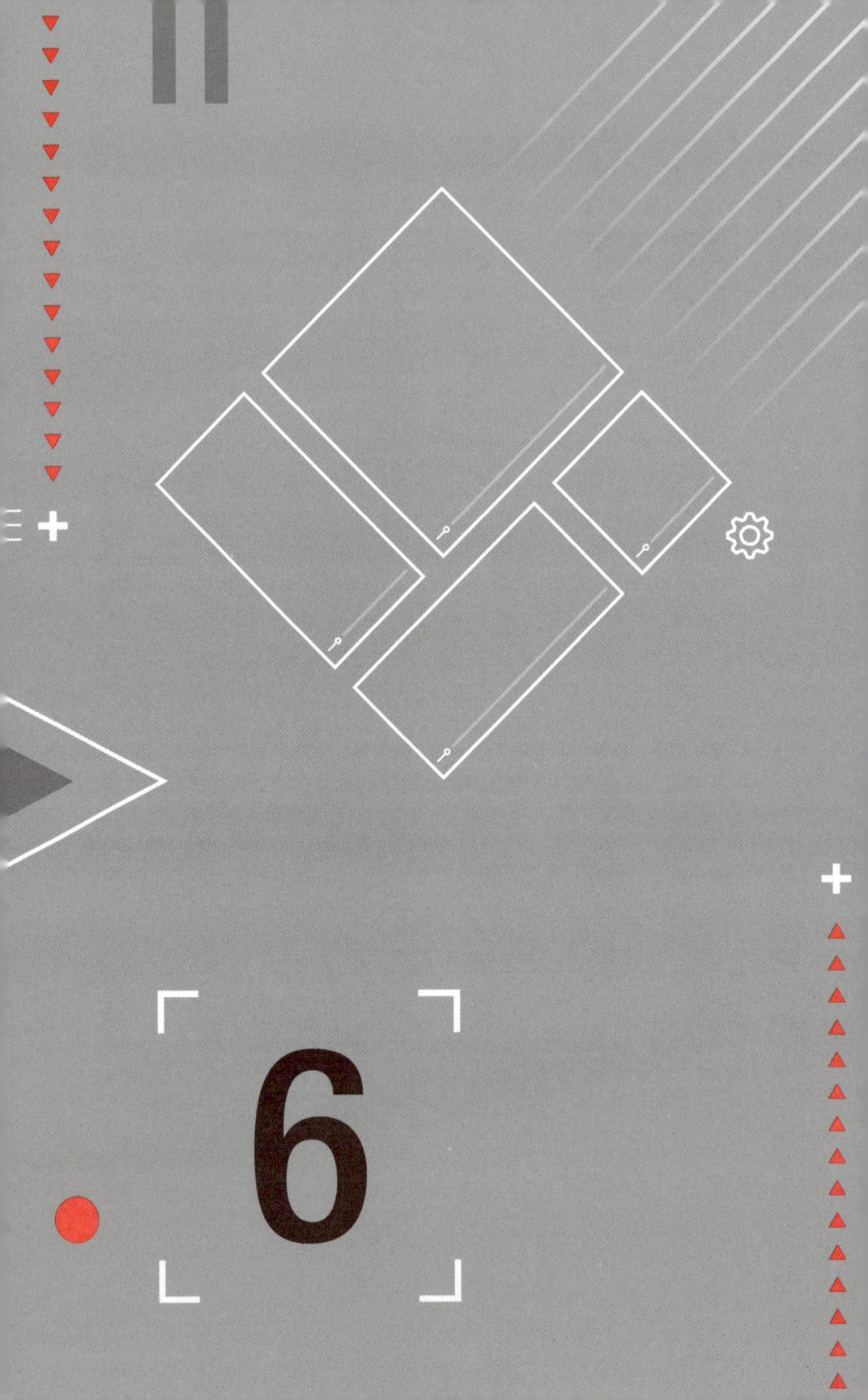

Você precisa de um roteiro, acredite!

"Você pode não pode vender alguma coisa se não puder contar alguma coisa."
Beth Comstock

Eu sei que você domina o seu assunto. Que, provavelmente, nasceu respirando o seu assunto e entende tudo sobre ele. Isso é ótimo! O principal ponto para produzir conteúdo de qualidade é ser um especialista, um entusiasta e uma pessoa apaixonadíssima pelo tipo de conteúdo que pretende abordar nos vídeos.

Afinal, o fator principal de conquista da sua audiência é a autoridade na sua categoria e o brilho no olhar que você transmite ao falar sobre o assunto. Você vivenciou e agora tem tudo isso dentro de você, somente precisando direcionar o foco do conteúdo para as ações.

Eu comparo isso exatamente com as 10 mil horas que Josh Kaufman fala em palestra (se quiser relembrar, abordei o modelo de 20 horas do Josh no Capítulo 2).

O roteiro é o grande responsável pela organização do material que você vai gravar. É comum você achar que está perdendo tempo escrevendo em vez de gravar vídeos. Esse é um pensamento errado, mas totalmente comum.

É papel do roteiro listar e definir um objetivo de comunicação na imensidão de possibilidades do seu conteúdo, criando uma linha de raciocínio que possa guiar o seu espectador do começo ao final do vídeo, com o foco em entender por completo a sua mensagem.

A parte mais importante dentro do seu roteiro – por mais clichê que isso possa parecer – é que ele faça sentido para o seu espectador, seja ele um expert no assunto querendo aprender mais, seja um mero curioso que acabou de conhecer seu conteúdo.

A principal consequência de não se fazer um roteiro é perder tempo, não conseguir conectar as ideias do conteúdo, e ficar devaneando sobre diferentes nichos dentro da sua categoria.

Imagine alguém pedindo informação sobre onde fica o Museu do Ipiranga para fazer um passeio. Você sabe que ele fica a algumas quadras dali, mas você se põe a falar da importância do museu na história, das facilidades de estacionar perto, de locais do entorno onde almoçar, entre outras coisas, para só no fim dizer: "Siga em frente por quatro quadras, depois vire à direita e, em três quadras, você verá o museu à sua esquerda".

Esse é um exemplo que parece bobo, mas é o mais comum de acontecer no momento em que você for gravar sem ter um roteiro. A organização e a sequência do seu roteiro vão permitir que todo o seu conteúdo tenha um objetivo, evitando dar mais voltas desnecessárias nesse momento.

A falta de roteiro pode, inclusive, traí-lo na hora da gravação quanto ao tempo. Muitas vezes, não ter roteiro é se estender por horas sobre um conteúdo que não passaria de minutos, ou mesmo falar tudo muito rápido e se esquecer de conexões básicas de um tópico ao outro dentro da gravação. O nervosismo na hora de gravar é comum, e é exatamente aqui que o roteiro pode lhe dar uma base para pôr para fora todo esse conteúdo.

Há uma frase atribuída a Albert Einstein:

"Se você não consegue explicar algo para uma criança de 6 anos, é porque você também não entendeu"

Não quero dizer com isso que você precisa escrever um roteiro infantil ou raso. Mas apenas se valer de um modo simples de explicar o conteúdo, com começo, meio e fim. A finalidade é conduzir a sua audiência para o seu objetivo dentro do tema do vídeo, seja vender as funcionalidades de um produto, seja mostrar os encantos e segredos da viagem que fez a Curaçao.

Muitos dos conteúdos a que eu assisto na internet me chamam a atenção por dois aspectos: ou são vídeos que não fecham o ciclo de começo, meio e fim, deixando a audiência perdida, sem saber o que fazer (o que, tecnicamente, faz você perder conversões por falta de *call to action*); ou são vídeos com conteúdo tão diversificado que, da mesma forma, também levam **a audiência a sair deles sentindo-se perdida**.

A estrutura do roteiro que converte pode seguir diversos pontos, mas eu particularmente gosto muito de dividi-lo em etapas práticas de aplicação, como mostro no gráfico a seguir.

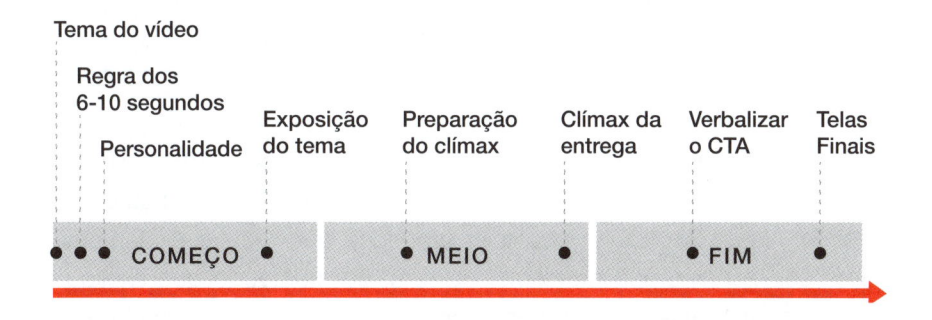

Tema do vídeo

COMEÇO	MEIO	FIM
Regra dos 6-10 segundos / Personalidade / Exposição do tema	Preparação do clímax / Clímax da entrega	Verbalizar o CTA / Telas Finais

Começamos com o tema, por meio do qual você vai deixar claro sobre o que é esse vídeo. Não enrole e tente ser o mais direto possível, pois, na maioria das plataformas audiovisuais, você tem de 6 a 10 segundos para capturar a atenção da audiência antes que ela fuja.

Ainda no começo, mostre a sua personalidade. Isso fará a conexão entre você e a sua audiência aumentar, mas lembre-se: seja você mesmo e não tente copiar ninguém (isso pode ser um imenso fiasco).

No meio do vídeo, você precisa começar a expor o tema; o seu conteúdo deve ser tão prático que qualquer pessoa que assista entenda sobre o que você está falando. A partir desse momento, você começa a entregar o conteúdo mais forte e a fazer a preparação para a entrega principal, que deve ser exatamente o que foi prometido no título do vídeo.

Conteúdo pronto? Ótimo! É hora de direcionar o vídeo para seu desfecho, o que não significa simplesmente encerrá-lo. É um ótimo momento para induzir à próxima ação de sua audiência: fazê-la ir a outro vídeo, levá-la a clicar no botão de compra, fazê-la escrever um comentário ou qualquer coisa do tipo.

Essa indicação é o que vai ajudá-lo a construir o conteúdo episódico – que explico mais adiante – e manter a sua audiência assistindo a mais vídeos do seu canal.

Para vídeos do YouTube, você pode usar a funcionalidade de telas finais, nas quais irá direcionar o vídeo certeiro que deseja que a sua audiência continue assistindo na sequência daquele que está se encerrando.

Todo esse roteiro precisa ser muito bem criado para que a sua audiência tenha a solução de que precisa com o conteúdo que você apresentou. Um roteiro bem escrito entrega valor, soluciona um problema e ainda fideliza a audiência.

Imagine agora que você está no meio de uma longa estrada, com sinal de internet bem fraco, seu pneu furou e você não tem ideia de como trocá-lo. Nessa situação, você quer um vídeo que mostre exatamente como solucionar o seu problema, ou seja: um conteúdo que explique **como trocar o pneu do seu carro rápido e fácil** fará mais sentido para você do que aquele que aborde **8 maneiras de cuidar dos pneus do seu carro**. O problema não é seu conteúdo, mas como você o direciona para a sua audiência.

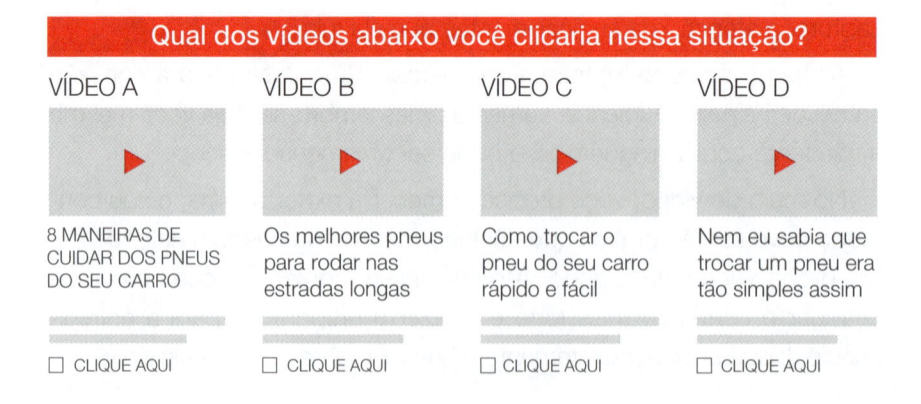

Qual dos vídeos abaixo você clicaria nessa situação?

VÍDEO A	VÍDEO B	VÍDEO C	VÍDEO D
▶	▶	▶	▶
8 MANEIRAS DE CUIDAR DOS PNEUS DO SEU CARRO	Os melhores pneus para rodar nas estradas longas	Como trocar o pneu do seu carro rápido e fácil	Nem eu sabia que trocar um pneu era tão simples assim
☐ CLIQUE AQUI	☐ CLIQUE AQUI	☐ CLIQUE AQUI	☐ CLIQUE AQUI

Agora que já lhe mostrei que um bom roteiro vai levar o seu espectador do lado A para o lado B por meio do seu direcionamento, é hora de pôr a mão na massa para entender como organizar isso.

A primeira etapa é escolher uma forma de roteiro que melhor se adapte ao seu estilo de conteúdo. Existem diversas técnicas e modelos de preparar o seu roteiro, e eu o incentivo muito a estudar esse tema para que possa escrever melhor.

Como minha intenção é ser bem prático neste livro, quero lhe mostrar os principais modelos que uso no meu dia a dia para escrever roteiros de maneira rápida e prática. Vale ressaltar que esses modelos não eliminam a necessidade de estudar mais sobre roteiros e redação publicitária, mas são uma grande mão na roda para quem quer começar de bate-pronto.

1. Roteiro em listas

Aqui o processo é simples: LISTAGEM! Escreva todo o conteúdo sobre o qual quer falar no seu vídeo, em uma lista de tópicos simples. Com a lista pronta, agrupe os conteúdos que fazem mais sentido e identifique como eles se enquadram no ciclo da história – começo, meio e fim. Sem dó alguma, exclua todo o conteúdo que não fizer sentido, ou que não tiver conexão com os grupos. Muito provavelmente, esse conteúdo que não serve agora pode ser um bom tópico para um próximo vídeo.

Modelo de roteiro em listas
TEMA
Como fazer para renovar sem dificuldade o passaporte brasileiro

TÓPICOS
- *A importância de estar com o passaporte em dia*
- *Sem passaporte você não viaja para lugar nenhum*
- ~~*O novo modelo de passaporte brasileiro*~~ [novo vídeo]
- *Os documentos de que você precisa para renovar o passaporte*
- *Como encontrar os postos da Polícia Federal*

- ~~Como se arrumar para a sua foto do passaporte~~ [novo vídeo]
- Quanto custa para tirar o passaporte
- Todos os tipos de pagamento para tirar o passaporte
- ~~Quem não é autorizado a renovar o passaporte~~
  [informação pequena para um vídeo inteiramente novo, incluir como informação de outro]
- ~~Posso renovar o passaporte se eu tiver perdido o meu antigo~~
  [novo vídeo]
- O passaporte é entregue na minha casa ou tenho de ir buscá-lo?

CICLO DA HISTÓRIA
- **COMEÇO:** Sem passaporte, você não viaja para lugar nenhum
- **MEIO:** A importância de estar com o passaporte em dia
- Os documentos de que você precisa para renovar o passaporte
- Como encontrar os postos da Polícia Federal
- Quanto custa para tirar o passaporte
- Todos os tipos de pagamento para tirar o passaporte
- **FIM:** O passaporte é entregue na minha casa ou tenho de ir buscá-lo?

PRÓXIMOS VÍDEOS
- Posso renovar o passaporte se eu tiver perdido o meu antigo
- Como se arrumar para a sua foto do passaporte
- O novo modelo de passaporte brasileiro

Organizando a lista em tópicos de começo, meio e fim, você tem um roteiro em listas pronto para gravar. Já vi algumas pessoas que, além da lista, escrevem um breve resumo ou uma frase embaixo dos tópicos para ajudar a lembrar, na hora da gravação, o que o tópico significa, como um subtópico.

Essa é uma maneira muito boa também para você não se alongar além do necessário em cada tópico, pois é muito fácil ler "cachorro no verão" e imaginar quinze assuntos diferentes; a partir daí, o que era para ser um tópico de 3 minutos de gravação se se estende para 20 minutos, matando o assunto principal do vídeo.

Quando você usa o subtópico, como por exemplo "cachorro no verão: a importância de não sair com os animais sob o sol do meio-dia", você sabe exatamente o que precisa falar para a câmera e consegue ser mais objetivo, claro, sem desperdiçar um tempo desnecessário que só faria sua audiência se dispersar.

2. Roteiro-transcrição

Esse modelo é o mais conhecido e utilizado em televisão, cinema e telejornais. Nele, escreve-se palavra por palavra: tudo o que você irá dizer no seu vídeo está nele. Você pode começar com o roteiro em listas e, depois, ir "completando" com o texto que irá falar em cada tópico. Muitas pessoas preferem esse roteiro, principalmente em temas muito técnicos, em que nomes, datas, fórmulas ou números não podem ser esquecidos ou trocados.

Esse tipo de roteiro pode parecer mais complicado, mas, na verdade, ele é mais trabalhoso apenas antes da gravação, pois você precisa planejar todas as ações, falas e cenas que irão entrar no roteiro.

Por outro lado, ele o ajuda em termos de produtividade para gravação, já que você sabe exatamente o que precisa falar. A grande maioria das gravações que têm um roteiro transcrito completo utiliza um equipamento chamado teleprompter. O teleprompter é um jogo de espelhos que fica na frente da câmera e, sem que o espectador perceba, projeta o texto na frente da câmera para que o apresentador possa ler o roteiro na íntegra.

Em algumas gravações, como novelas, comerciais etc, os atores e atrizes são obrigados decorar suas falam da forma como o autor escreveu no roteiro (ou script, como se costuma falar também), pois a interpretação precisa ser mais forte, e olhar para o teleprompter pode não transmitir a intenção necessária à cena.

3. Roteiro gavetas de conteúdo

Em 2015, comecei a dar palestras nos maiores eventos de marketing digital do país, e com frequência algumas pessoas me perguntavam como escrever um roteiro de verdade. Elas também queriam saber se existia um modelo simples com o qual não fosse necessário se perder horas no computador a cada novo roteiro.

Então, passei a pensar em como criar um modelo de roteiro com algumas etapas simples para vídeos online, que fosse aplicável a 90% do conteúdo que eu produzia para os meus vídeos e dos meus clientes.

Estudei uma grande quantidade de vídeos e percebi que a maioria seguia uma lógica de conteúdo que possibilita apenas trocar partes deste para criar um novo vídeo. É como se eu tivesse uma grande estante com gavetas de conteúdo, que podem ser trocadas a qualquer instante. Eureca!

Era isso que eu precisava testar: **gavetas de conteúdo que se adaptem ao ciclo de começo**, meio e fim, inserindo um **call to action no final do vídeos**, pois, desse modo, eu iria gerar a curiosidade da audiência para outros vídeos.

O primeiro modelo eu apliquei em meu próprio canal, pouco tempo depois para os clientes, e, quando vi, já estava utilizando este modelo para a grande maioria dos nossos projetos.

E como funciona este roteiro com "gavetas de conteúdo"? Simples! Você vai dividir seu conteúdo em seis gavetas principais. Veja o exemplo a seguir.

	GAVETA	AÇÃO	EXEMPLO PARA INICIAR
1	ABERTURA	Provocação da audiência/ Pergunta	Você nunca mais vai deixar de fazer (principal problema ou ambição da sua audiência) com essa nova técnica que vou lhe ensinar.
2	VINHETA	Animação de entrada do programa	(Obs.: não use uma vinheta tão longa a ponto de levar as pessoas a sair do vídeo.)

3	APRESENTAÇÃO	Estabelecer toda audiência no mesmo momento de aprendizado	*Olá, eu sou Camilo Coutinho e seja bem-vindo a esse canal que vai ajudá-lo a ter mais...*
4	MIOLO DE CONTEÚDO	Explicação do conteúdo e entrega da solução	*São 8 etapas para que você possa fazer...*
5	CONCLUSÃO	A sua opinião sobre o tema do vídeo	*E, no meu caso, eu aplico essas técnicas começando com...*
6	CALL TO ACTION	Direcionamento pós-conteúdo	*Se quiser se aprofundar mais nesse assunto, é só clicar neste próximo vídeo...*

Preciso esclarecer que não sou roteirista, nem estudei cinema na faculdade. Esses foram roteiros com pontos práticos que eu utilizei e utilizo na maioria dos meus vídeos, e apresento aqui justamente para você parar de dar a desculpa de que não sabe fazer um roteiro e comece a fazer, mas recomendo muito a leitura do livro de Robert McKee, *Story: substância, estrutura, estilo e os princípios da escrita de roteiro*, bem como de outras fontes, que já indiquei, para se aperfeiçoar cada vez mais nisso.

Existem bons canais de vídeo que abordam esse assunto, como é o caso da **Luisa Clasen**, do canal **Lully de Verdade**, que aborda, com excelência, a arte do cinema, roteiros e tudo mais. Busquem conhecimento.

4. Roteiro-chicote

Mais um estilo de roteiro que você pode aplicar para qualquer coisa; este tipo de roteiro, especialmente, tem uma história engraçada, da qual até hoje eu dou risada, mas, na época, não foi bem assim.

Eu havia recebido um e-mail de um **leilão de esperma de gado premiado** que, por ter ouvido a respeito dos meus serviços por meio de outros clientes, pretendia me contratar para fazer o planejamento de conteúdo em vídeo do canal deles.

Só que havia um grande problema: eu não sou veterinário. Na verdade, eu não sabia sequer que esperma de gado premiado era vendido, muito menos me interessava saber como era extraído. Resumindo, eu não entendia nada desse assunto.

Senti-me provocado pelo desafio de ter sido convocado por um mercado que me era desconhecido, mas, ao mesmo tempo, como iria criar um roteiro sem entender absolutamente NADA do assunto? Como a necessidade é a mãe da criatividade, comecei a quebrar a cabeça para pensar em maneiras de captar conteúdo para criar os roteiros necessários.

Varredura de palavras-chave, escaneamento de textos, pesquisa sobre quais consultas eram feitas; pensei em tudo o que era possível para reunir o máximo de conteúdo, mas tudo resultava em algo muito comum, repetitivo e pouco efetivo.

Estava criando um retalho de conteúdo com outros textos, e isso não fazia sentido, nem me agradava em nada, pois estava em uma linha muito tênue entre a referência e o plágio.

Então, estudando o mix de marketing de **Philip Kotler**, seu conceito dos 4 P's do marketing – preço, praça, produto e promoção –, me veio o estalo: **eu não estava fazendo o roteiro certo por não fazer as perguntas certas**.

O roteiro-chicote nasceu para resolver essa encruzilhada e ser uma ferramenta para se poder criar um roteiro sobre qualquer coisa no mundo, respondendo a apenas seis perguntas sobre o assunto, e, a partir das respostas, montar o fluxo do roteiro com começo, meio e fim (sim, mais uma vez bato na tecla do começo, meio e fim).

Esse modelo é uma evolução do tipo gavetas de conteúdo, e de tanto aplicá-lo, logo eu estava no palco das minhas palestras, fazendo roteiros-chicote ao vivo, com um voluntário da plateia, apenas recorrendo às seis perguntas a fim de capturar todo o conteúdo necessário para aprender sobre o tema.

Já fiz esse tipo de roteiro-chicote para os mais diversos temas, como por exemplo: fecundação de gado, brindes personalizados em madeira, software de proteção de dados, culinária canina, tudo o que você pode imaginar.

Confesso que virou um desafio trazer, em cada palestra, alguém no palco comigo e testar se o meu roteiro-chicote funcionava mesmo. E até o momento de finalizar este livro, já são quatro anos, mais de cem palestras, sem nunca ter errado um único roteiro, ou seja: funciona.

As perguntas para o roteiro-chicote são aplicadas tanto para produtos quanto para serviços. Eu gosto da sequência padrão das perguntas, mas elas podem ser puladas ou mudadas de posição, desde que todas sejam respondidas. Essa é a única regra imutável.

PERGUNTAS DO ROTEIRO-CHICOTE	
PARA PRODUTOS	**PARA SERVIÇOS**
1. O que eu vou ensinar?	1. O que eu vou ensinar?
2. O que ele faz?	2. Como aplicar?
3. Quem compra?	3. Quem aprende?
4. Quando compra?	4. Quando aprende?
5. Qual o diferencial do produto?	5. Qual o diferencial do serviço?
6. O que acontece caso eu não compre?	6. O que acontece caso eu não aprenda?

Para tornar o aprendizado desse tipo de roteiro mais prático, vou usar como exemplo uma pessoa de recursos humanos que quer fazer um canal e que vai começar mostrando como escrever um currículo usando a metodologia que ela desenvolveu.

1. O que vou ensinar? (produtos/serviços)
O que as pessoas vão aprender ao assistir ao seu vídeo?
Qual é o aprendizado que terei após assistir ao seu vídeo?

Seja muito específico nesta etapa, pois é ela que vai guiar o conteúdo do seu vídeo. Se você tiver feito o trabalho de planejamento de conteúdo corretamente, então é bem capaz que tenha uma boa listagem de conteúdo para trabalhar.

> **Exemplo de vídeo para o canal de recursos humanos**
> *3 passos para escrever um currículo mais forte e ser chamado para entrevistas*

2. O que ele faz? (produtos) / **Como aplicar?** (serviços)
Agora você vai começar a desmembrar cada uma das etapas e possibilidades da resposta anterior, ou seja, listar qual é o conteúdo que vai ensinar.

Esclareça, de forma bem simples e prática de entender, o que você vai ensinar ou o que o seu produto faz. Quanto mais prático for, melhor para a sua audiência assimilar sua proposta. Todo cuidado é pouco aqui, pois você precisa ter em mente que o conteúdo deve ser simples de entender, o que não significa um conteúdo raso.

> **Exemplo de vídeo para o canal de recursos humanos**
> **Dica 1:** *faça uma lista de seus pontos fortes e projetos que já desenvolveu, incluindo os resultados que você alcançou;*
> **Dica 2:** *baixe o seu histórico do Linkedin;*
> **Dica 3:** *estude a empresa à qual você vai mandar seu currículo e escreva o descritivo de acordo com o objetivo.*

3. Quem compra? (produtos) / **Quem aprende?** (serviços)
Toda mensagem tem seu público-alvo. Pesquise para saber quem é o melhor receptor para essa mensagem e, principalmente, quais as características atuais dessa pessoa quando encontrar o seu conteúdo em vídeo (em casa, no escritório, no ônibus, no dentista etc.).

Quem é? O que faz? Quais são suas características? Qual o momento de consumo do conteúdo? Quanto mais específico você for, melhor para você entender como deve aprofundar-se – ou não muito – no conteúdo do seu vídeo.

> **Exemplo de vídeo para o canal de recursos humanos**
>
> *Homens e mulheres, entre 22 e 25 anos, que estão procurando uma nova oportunidade de emprego – seja para reiniciar a carreira, seja por ter ficado desempregado(a) ou por querer deixar o emprego atual –, mas que têm uma grande dificuldade de montar um currículo, já que não passaram por muitas empresas.*

4. Quando compro? (produtos) / **Quando aprende?** (serviços)
O momento da compra é muito importante, mas aqui você precisa atentar-se à etapa anterior, a fase em que a audiência vai pesquisar o seu conteúdo. Qual é o gatilho que se dispara para que a pessoa faça a pesquisa para chegar ao seu conteúdo?

Digamos que você acabou de saber que vai ter um filho ou filha (parabéns! É a melhor coisa do mundo). Antes de receber essa notícia, provavelmente você não pesquisava conteúdo sobre maternidade, paternidade ou sobre o mundo dos bebês.

Então, todo o conteúdo anterior a essa maravilhosa notícia não faz mais sentido para o seu momento atual. A partir de agora, o conteúdo mais relevante e que você vai começar a procurar é sobre... bebês!

É exatamente isso que você precisa entender para escrever o seu roteiro. Não sobre bebês, mas, sim, sobre o momento em que a audiência o procura para resolver o problema ou a ambição que ela tem.

As indicações "Quando compro?" ou "Quando aprende?" remetem exatamente ao momento de pesquisa de vídeos e do consumo deles.

Eu só compro um carrinho de bebê se tiver um bebê a caminho, e só aprendo a consertar uma coisa em minha casa quando quero modificá-la ou se ela quebrou. Esse é o momento em que o seu vídeo deve aparecer nos resultados de pesquisa.

> **Exemplo de vídeo para o canal de recursos humanos**
>
> *Procuro esse tipo de conteúdo quando quero me preparar para uma entrevista ou vaga de emprego, estando desempregado ou querendo mudar de emprego.*
>
> *Já tentei fazer alguns currículos, mas, como não tive sucesso nos modelos anteriores que fiz, resolvi procurar ajuda para isso. Não aguento mais o emprego em que estou ou ficar em casa desempregado.*

5. Diferencial (produtos/serviços)

Em todos esses anos, essa etapa do roteiro-chicote é a que mais assusta. Em geral, é a mais demorada de ser respondida pelos empresários que atendo. Isso porque, em um primeiro momento, acredita-se que o diferencial é um bom atendimento, um bom produto. Um bom atendimento não deve ser um diferencial, mas, sim, uma regra na sua empresa e no mercado.

Pense que uma pessoa está indo almoçar em uma praça de alimentação com diversos restaurantes, um ao lado do outro. Todos têm uma boa apresentação e um bom atendimento, já na recepção ao cliente.

Com essa cena na cabeça, me responda: o que fará o cliente optar pelo hambúrguer da empresa A ou o hambúrguer da empresa B? Com certeza, não será o atendimento. O diferencial precisa ser sólido e oferecer informações para sanar as dúvidas dele, a respeito de o estabelecimento ser ou não capaz de solucionar os problemas e ambições que ele tem ao pesquisar seu vídeo.

Para ajudar, dividi essa etapa em três grandes grupos que você precisa ter em mente, para que a sua audiência entenda a razão de assistir ao seu canal e não ao do seu concorrente.

- **Diferencial de volume:** faça a somatória das suas horas de atendimento, do volume de produtos vendidos ou de qualquer número vultoso que chame a atenção. Indique para as pessoas um sinal de que você tem VOLUME de atendimento, de modo a evidenciar uma experiência profissional suficiente para entregar o melhor conteúdo para elas. É interessante também mencionar prêmios recebidos ou publicações e livros de sua autoria. Aqui é sua primeira validação de experiência com a audiência. Encare como um Hall da Fama das suas conquistas nesta categoria.

- **Diferencial técnico:** algumas áreas de atuação têm formação e estudos como um diferencial de qualidade no conteúdo. Insira suas credenciais de estudo aqui, não para ser uma espécie de "carteirada", mas para que possa comprovar a sua capacidade técnica sobre o assunto. Certificados, diplomas, MBA, intercâmbio, se fez algum treinamento para se desenvolver, e que seja relevante para sua audiência, tudo isso pode ser mencionado sem medo (não, o seu curso de datilografia não conta mais tanto assim).

- **Diferencial emocional:** a conexão com a sua audiência é feita neste ponto, em que você diz diretamente qual a conexão do seu trabalho com a solução que a sua audiência está procurando. Cuidado para não ser muito subjetivo, indicando, por exemplo, *tornar o mundo melhor*, e assim fazer com que o objetivo principal do vídeo se perca. Faz mais sentido encontrar uma frase simples e que revele a sua parte tática. Você pode acrescentar algumas ações que faz, como *produzir semanalmente* ou *atender profissionais online no mundo todo*.

Exemplo de vídeo para o canal de recursos humanos

Diferencial de volume: aprenda comigo, pois estou há vinte anos no mercado de recrutamento, tendo contratado mais de 10 mil pessoas ao longo desse tempo de carreira.

Diferencial técnico: sou formado em administração pela FGV, com pós-graduação e MBA no CEAG para gestão de equipes de alta performance.

Diferencial emocional: desde 2010, crio semanalmente conteúdo sobre gestão de RH, para ajudar pessoas como você a saírem da faixa do desemprego ou do desconforto no mercado de trabalho e alcançarem o emprego dos seus sonhos.

6. Não comprar (produtos) / **Não aprender** (serviços)
Aqui você deve deixar claro tudo o que a pessoa irá perder ou deixar de aprender se não assistir ao seu conteúdo e não aplicá-lo.

Não acredito que seja necessário assustar, tampouco contar inverdades sobre o seu vídeo (mentir no vídeo é o primeiro passo para entrar em um ciclo sem fim de promessas que não entregam), mas é preciso que a mensagem seja assertiva, para que o senso de urgência no consumo do seu vídeo fique acentuado.

Exemplo de vídeo para o canal de recursos humanos

Perder esse conteúdo fará com que você continue a errar em seu currículo, caindo num ciclo de tentativas frustradas de estruturação de currículos sem entender o fluxo correto, sem conseguir identificar os fatores que mais o desclassificam das melhores entrevistas do mercado.

Roteiro final

Com todas essas etapas feitas e as respostas reunidas, agora vamos conectar tudo isso e escrever o roteiro. Este ponto pode parecer difícil, mas é muito mais uma questão de prática e repetição do que de "mágica" da criatividade. Como diz minha amiga **Rafa Cappai**, "a criatividade pode e deve ser desenvolvida em todas as áreas da vida", por isso eu incentivo você a criar o roteiro-chicote constantemente – o máximo de vezes possível – para que, com a prática e a bagagem de conteúdo, possa construir roteiros cada vez melhores e com mais rapidez.

Vamos ao resultado do nosso canal de recursos humanos. Reuni as respostas das perguntas anteriores e fui organizando-as em cada etapa de elaboração. Repare que nem todo o conteúdo das seis perguntas entrou no roteiro.

Roteiro-chicote para o canal de recursos humanos

Título do vídeo
3 passos para escrever um currículo mais forte e ser chamado para entrevistas

Roteiro
Você pode ter o currículo mais forte entre os candidatos, mas será que ele é o ideal para aquela vaga? Afinal, com um currículo desses, por que você ainda não foi chamado por aquela empresa que tanto admira?

-- VINHETA --

Olá, eu sou Camilo Coutinho e, neste vídeo, tenho um objetivo claro que é lhe mostrar três passos para transformar o seu currículo atual em um currículo que o seu próximo chefe quer ler hoje.

Para começar, você tem que entender que, mesmo com a história da sua carreira e todas as empresas pelas quais já passou, nem sempre é a quantidade de empregos anteriores que faz brilhar os olhos do pessoal do RH.

Depois de atender mais de 10 mil profissionais que buscavam melhorar seus salários e conquistar um emprego desejado, tenho certeza que a preparação para a entrevista começa bem antes, na preparação do currículo.

A primeira etapa é olhar para o seu Linkedin e baixar o histórico que você tem lá para pesquisar os melhores resultados e locais em que trabalhou.

A segunda é fazer a seleção das empresas em que você já trabalhou e, em vez de dar ênfase a suas funções, destacar os projetos nos quais esteve à frente e os resultados que obteve como responsável por eles.

> Por fim, estude a empresa em que quer entrar e o mercado no qual ela atua, para que você possa descrever no currículo os seus pontos fortes mais interessantes. Quando você faz isso, o recrutador entende que você usou as suas habilidades para se preparar ao máximo para a vaga e se encaixar nela. Ponto para você!
>
> Se você não aguenta mais enviar currículo e não ser chamado, escreva ESTOU PRONTO nos comentários deste vídeo, assim eu vou saber que você se interessa pelo tema de currículos e preparação para entrevistas.
>
> Talvez o problema esteja só em organizar as informações e apertar alguns parafusos, então, mãos à obra!
>
> Que bom que você chegou até aqui, este é o canal Supercurrículo, que ajuda você a se preparar e se desenvolver para as melhores vagas do mercado.
>
> Eu sou Camilo Coutinho, e aqui o call back dá lugar para o call now.
>
> Até o próximo vídeo!

Espero que você tenha entendido que o roteiro-chicote não é um bicho de sete cabeças, mas, sim, um método para você entender e criar, de maneira mais prática e rápida, roteiros sobre qualquer coisa no mundo.

Quanto mais você o fizer, melhor vai ficar. Hoje levo, em média, de 6 a 7 minutos para fazer todo o processo com uma pessoa ou marca aleatória. É o tempo que me demanda no palco dos eventos com as pessoas, ou seja: se consigo fazer isso com a pressão de milhares de pessoas olhando para mim, então você consegue fazer no conforto do seu escritório ou na sala de casa.

5. Roteiro de vendas

Talvez você tenha comprado este livro justamente porque quer aprender como fazer vídeos que vendem (óbvio, Camilo!), mas não tem a mínima ideia de qual caminho seguir, ou, pior: tem medo e vergonha de se vender, ou vender seus produtos e serviços.

A primeira coisa que devo dizer sobre isso é que medo de vender pode ser falta de confiança na solução que o seu produto ou serviço entrega. **O melhor vídeo do mundo não vai vender um produto ruim**, por mais pirotecnia e garotos-propaganda superfamosos que você possa colocar na sua filmagem.

> *"Produto forte, vídeo forte.*
> *Produto ruim, vídeo duvidoso."*

Isso acontece porque, em um vídeo – de venda, principalmente –, você precisa ressaltar as propriedades e soluções do que está oferecendo, e quando isso é forçado, fica muito claro e perceptível.

Um vídeo de vendas tem como objetivo principal aumentar as conversões, e isso ocorre com a quebra das objeções que o cliente tem sobre seu produto ou serviço.

Existem inúmeras estratégias e modelos de vídeo de vendas, mas a grande maioria segue uma sequência próxima do que vou lhe mostrar. Se você quiser ir além e procurar maiores referências, recomendo muito que sigam os gigantes do mercado de redação publicitária ou copywriting: Paulo Maccedo (que, inclusive também tem seus livros publicados pela DVS Editora); Rafael Albertoni, da SBCopy; o Super André Cia; João Bogado; Rocky Vega, do The Big Black Book; Beto Altenhofen, da Empiricus; Henrique Carvalho, do Viver de Blog; e Ícaro de Carvalho. Se ficar de olho no que esses profissionais escrevem, você com certeza irá aprender muito.

Tenho uma tendência a tornar o vídeo de vendas mais forte para produtos, devido ao meu começo de carreira no Shoptime, que é um canal de infomerciais (ou infomercials), que são comerciais com informações do produto (jura?).

A meta era uma só: vender, vender, vender! Lá tive o melhor professor para isso, o maior vendedor do país, Ciro Bottini, que se tornou a cara do Shoptime e o maior nome de vendas pela televisão do país. É praticamente impossível você não parar para escutar o Ciro vendendo, pois, para mim, ele não fazia vendas, mas verdadeiras performances.

Depois dessas referências, vamos ao que interessa, que é a estrutura que eu utilizo em alguns dos vídeos de vendas para clientes e mentorados. Essa é uma estrutura prática e direta de roteiro para vídeo de vendas, que você pode aplicar para seu produto ou serviço.

Roteiro para vídeo de vendas

1. Provocação
2. Problemas
3. Proximidade
4. Solução/Método
5. Benefícios
6. Especificações
7. Ancoragem de preço
8. Bônus
9. Testemunhais/Depoimentos
10. Call to action (CTA)
11. Surpresa
12. Legitimidade
13. Garantia
14. Fechamento

Vamos decupar isso passo a passo.

1. Provocação

Chegar vendendo logo nos primeiros segundos do vídeo pode ser uma estratégia um pouco arriscada, pois existem grandes chances de gerar um alto poder de rejeição com a sua audiência, que pode pular o vídeo achando que a intenção dele é "apenas" vender algo que ela não está precisando.

A provocação no começo do roteiro é justamente um chamariz, uma afronta ao estado de inércia no qual a pessoa possa se encontrar, a ponto de fazer com que ela pare e pense: "Opa, mas o que é isso? Parece interessante!".

Nesse momento, se você conseguisse ver a reação da sua audiência, iria perceber que a pessoa até se ajeita na cadeira para prestar mais atenção a seu vídeo.

Essa é a primeira etapa do vídeo, a provocação – outros autores também a chamam de hook ou isca –, e pode ser feita de diversas maneiras diferentes, como:

- uma pergunta específica sobre o vídeo;
- uma frase importante do vídeo que desperte a curiosidade;
- um resultado que as pessoas esperam com o vídeo.

A única ação proibida e amaldiçoada pelos deuses do roteiro é começar o seu vídeo com: "Para, para, para... não pule este vídeo que eu vou lhe mostrar...". Meu deus! Antes de você terminar a frase, a pessoa do outro lado já revirou os olhos e debandou.

2. Problemas

Aqui você deve elencar os problemas pelos quais os possíveis compradores do seu produto estão passando, que os levam a precisar do seu produto. Mas vá com calma, primeiro liste só os problemas, ainda não é o momento de falarmos da venda, seja do produto, seja do serviço.

Faça uma lista com:

- Os cinco principais problemas da audiência hoje no seu nicho;
- Os três obstáculos técnicos que travam as pessoas;
- Os mitos que existem no seu mercado hoje;
- Os problemas que seu produto ou serviço resolvem.

3. Proximidade

O posicionamento da autoridade sobre a sua categoria de produto ou serviço é o que vai aproximá-lo de quem o acompanha. A pessoa que está lhe assistindo se sente mais próxima de você quando identifica pontos de conexão em comum com a sua jornada, a sua vida, o seu dia a dia.

Aqui você deve levantar a bandeira de que "estamos na mesma luta" e de quem sabe como é ter esses problemas em comum. Mostre que você já passou por isso, ou que tem algo que se conecta com o momento de quem lhe assiste.

- Trabalhe isso forte na etapa 2 dos problemas
- Deixe claro a promessa que está fazendo, e os sonhos que está perseguindo

"Você tem um imenso desafio para alcançar a meta dos seus sonhos, mas eu posso te ajudar porque eu..."

- Conte mais sobre:
  Como cheguei até aqui..
  Como alcancei meu objetivo...
  A minha pesquisa para aprender mais...

4. Solução/Método

Mostre que você encontrou a solução e transformou-a em um método. Não é um método de fórmula mágica! É uma organização da informação geral em processos para que haja mais clareza nos pontos que serão abordados.

Pense que, nesse momento, a sua audiência está com um problema que precisa ser resolvido, e também está confusa com tanta informação de como pôr isso em prática. É aqui que o seu método entra.

Um exemplo do que eu utilizo é o **método CEQC** (leia-se: "sexy"), que é o que passa por quatro etapas: C de conteúdo, E de estratégia, Q de qualidade e C de consistência. Dentro do vídeo, vou exemplificando cada uma das etapas para que o cliente sinta a real necessidade de comprar o produto.

5. Benefícios

A melhor maneira de começar a amarrar os itens acima é fazer uma lista dos benefícios que o seu produto/serviço oferece para quem o compra. Como eu disse no início, esse é um modelo e não uma regra; já vi alguns vídeos de vendas que, nesse momento, incluíram alguns trechos de testemunhais para reforçar os benefícios.

Eu gosto mais de pôr em lista na tela para que a audiência comece agora a pensar em como está fazendo um ótimo negócio ao adquirir esse produto/serviço com tantos benefícios.

Nesse momento, também começamos a estimular na audiência o pensamento sobre o preço do produto. "Nossa, mas com tudo isso, esse produto deve ser bem caro. Quanto ele custa?" É uma questão que já deve estar rodando na cabeça dela.

6. Especificações

Antes de abrir o preço, essa é a hora de listar as especificações técnicas do produto/serviço. Descreva tudo o que será entregue por ele, quais os resultados esperados, a forma como será entregue ou disponibilizado.

No caso de produto físico, é uma alternativa, inclusive, fazer um mini unboxing dele, mostrando todos acessórios e manuais que o acompanham.

7. Ancoragem de preço

Com a percepção do preço que a audiência já começou a formar na cabeça dela a partir dos itens anteriores, é hora de você fazer os cálculos de quanto tudo o que você está oferecendo custa se fosse comprado em separado.

Some tudo em separado e, de preferência, indique isso na tela, seja escrevendo em uma lousa de fundo do seu vídeo, seja na formatação de slides. A grande maioria das pessoas tem um entendimento melhor ao ver os números escritos.

Mas, calma, ainda não abra o preço aqui: vamos agora adicionar uma maior percepção de valor com os bônus do seu produto.

8. Bônus

Os bônus podem ser desde aulas extras, ao vivo, com autoridades do mercado, um maior tempo de teste da ferramenta para quem adquiri-lo agora, no lançamento, ou o que você tiver para oferecer à audiência, que represente a ela uma grande vantagem em adquirir o seu produto nesse momento. Isso mesmo, aqui vamos acionar o gatilho de escassez: se a pessoa quiser todos esses bônus, tem de comprar agora ou nunca mais irá consegui-los.

Ao final, produza uma megalista com toda a especificação do produto, como fizemos nos itens 6 e 7, adicione a lista dos bônus e faça a conta geral, inserindo o valor total, e finalmente, revelando ao lado o preço.

Exemplo: separadamente, todos os 8 módulos + o bônus do curso 1 + a live com o expert 2 + 1 ano de acesso ao grupo exclusivo custariam R$ 10 mil; mas, nesse lançamento, o combo é disponibilizado por R$ 997.

9. Testemunhais

"Mas quem já fez isso?" ou "Isso realmente dá resultado?" são as principais perguntas a que os seus testemunhais/depoimentos devem responder. Grave os ex-alunos e clientes que já tiveram resultados com os seus treinamentos/produtos.

Cuidado para não inserir testemunhais em excesso e perder a atenção da sua audiência. Minha recomendação são de três a cinco testemunhais que se conectem entre si e que não sejam repetitivos. Não adianta optar por três testemunhais que falam "sim é muito bom", e acabou. Use a edição a seu favor e faça com que os testemunhais "conversem entre si".

Exemplo: Diana começa falando do momento em que se encontrava quando comprou o seu produto/serviço, depois entra o Fabiano explicando a facilidade de implementar o conteúdo em seu negócio e, por último, a Renata, que trata dos resultados que obteve fazendo tudo certinho. Dessa maneira, você consegue construir uma sequência de testemunhais que prendem muito mais a atenção da audiência.

10. CTA (call to action)

Com tudo na mesa: chamada à ação! Você já exemplificou tudo e explicou como as coisas devem funcionar, o valor do seu produto/serviço, o que a pessoa ganha ao adquiri-lo; mostrou, inclusive, pessoas que já tiveram resultados com ele, então é hora de revelar como a pessoa efetivamente realiza a aquisição.

Você pode "ir para o computador" e mostrar o passo a passo na tela de compra, ensinar como ela deve entrar com os dados e como irá acessar/receber o produto.

O importante é que você seja incisivo na chamada para a ação: COMPRE AGORA! Não tenha medo de mostrar o botão de compra no vídeo e indicar onde e como clicar. Considere que é a primeira vez que a pessoa entra em contato com a sua página de vendas, e, dependendo do nicho em que atua, pode ser o primeiro produto/curso online que ela pessoa está adquirindo.

Quanto mais didático no processo de compra e persuasivo nos benefícios do seu produto/serviço você for, melhor.

11. Surpresa

Esta é uma etapa que nem sempre é necessária, mas é a que chamo de a "última carta da manga". Se existe alguma pergunta em aberto para a compra, alguma dúvida de resultados esperados ou se o preço ainda é um fator que tem um peso grande na decisão final, é aqui que você vai acabar com todas as objeções.

Você vai abrir uma condição irrecusável para que a pessoa tome a decisão naquele momento. Essa condição pode ser:

- desconto no valor final do curso;
- bônus extra com um alto valor percebido;
- contato direto com um expert/autoridade;
- análise individual do processo;
- dobrar o tempo de acesso ao conteúdo;
- acesso a um grupo vip de alunos;
- uma live exclusiva;
- qualquer outra coisa que você consiga cumprir e que gere no potencial comprador uma percepção de "estou fazendo um bom negócio".

O mais importante aqui é que você possa cumprir o prometido, sem que isso interfira no seu produto principal. Essa é uma surpresa para aumentar o valor, mas não deveria ser maior que seu produto/serviço individual.

12. Legitimidade

Sua autoridade na categoria em que está é reforçada pelos seus resultados. Tudo o que você faz e os resultados que alcança vão mostrar que o que você vende é legítimo, que realmente você sabe do que está falando (e vendendo).

Legitimidade é um dos pontos de confiança mais fortes, sobretudo se você tiver uma comunidade de seguidores que já valida as suas dicas, os seus produtos ou os seus treinamentos.

Mencione claramente suas redes sociais e, caso ainda existam objeções ao final do vídeo por parte do potencial comprador, faça com que ele saiba que pode assistir a seus resultados na rede X ou Y.

IMPORTANTE: lembre para a audiência, que caso ela saia desse vídeo, talvez não volte a encontrar, em outro momento, a mesma condição de valor ou a mesma quantidade de bônus na eventual aquisição do seu produto/serviço.

13. Garantia

No mercado digital, é comum conceder uma garantia para que a pessoa possa devolver um produto se ela achar que ele não fez sentido para ela. Eu sei que, em um primeiro momento, isso pode assustá-lo, o medo de "todo mundo" comprar e devolver, mas o que acontece é exatamente o contrário.

Quando você dá uma garantia do seu produto, você comunica à sua audiência que tem tanta confiança na qualidade do seu produto que, se houver qualquer problema, você está pronto para escutar a reclamação e "receber o produto" de volta.

De acordo com a lei brasileira, os produtos comprados têm até 7 dias para devolução na loja, o que se tornou também um hábito no mercado online. Mas a grande maioria das plataformas permite que você possa aumentar a garantia de 7 para 14, 21 e até 30 dias.

Deixe claro no roteiro do vídeo de vendas que você se compromete com qualquer possível problema e que, se a audiência achar que aquele produto não serve para ela, basta lhe mandar um e-mail dizendo o motivo e você devolverá todo o valor investido.

É importante você pedir o motivo da devolução do produto ou serviço para que possa estudar as melhorias de que precisará para aumentar a qualidade do que está oferecendo hoje.

14. Fechamento

Se tudo ocorreu como o esperado, nesse momento a pessoa que assistiu ao vídeo já está procurando o cartão de crédito ou fazendo as últimas contas para finalizar a compra. É o fechamento simples e rápido de tudo o que falamos, mas você também pode incluir mais testemunhais para que a história de sucesso de outros alunos inspire os novos a se engajarem agora mesmo.

Uma técnica visual muito efetiva é você finalizar o conteúdo do vídeo fazendo a transição, de mais alguns minutos, para uma tela com uma flecha apontada para o botão de comprar, de modo a direcionar estrategicamente o olhar do seu possível cliente.

Otimização de roteiros

Tenho um capítulo inteiro somente sobre Video SEO (um dos meus pontos fortes como estrategista digital), em que, inclusive, explico todo o processo para otimizar um vídeo, mas acho importante dizer que não basta começar as ações no momento em que você leva um vídeo ao ar, mas, sim, já na hora em que lhe ocorre fazer um vídeo.

> Otimização de vídeos é o conjunto de estratégias e táticas que são aplicadas em um vídeo online para que ele alcance maiores audiências por meio da entrega das plataformas e do seu posicionamento no resultado de pesquisa.

Otimizar o vídeo somente quando ele já está pronto na plataforma é um imenso erro, por isso resolvi trazer este subcapítulo, lá do capítulo de otimização, para cá, neste momento em que você está começando a escrever os seus primeiros roteiros.

Otimizar um roteiro é poder escrevê-lo de forma que mantenha a audiência o maior tempo possível assistindo ao vídeo. Chamamos isso de retenção, ou seja o quanto o seu vídeo é capaz de reter a atenção das pessoas, seja em porcentagem do quanto foi assistido, seja em minutos assistidos.

Um vídeo de 5 minutos com 80% de retenção significa que teve 4 minutos assistidos. Logo, o pensamento é: o que foi falado no último minuto que fez as pessoas desistirem de continuar vendo? Qual foi a cena ou a informação que faltou? Será que você já estava enrolando, que se tratava de um conteúdo adequado para 4 minutos e não 5?

Esse é o trabalho de um analista de otimização de conteúdo: analisar os gráficos de retenção de um vídeo para entender em quais momentos as pessoas se dispersam e o abandonam.

Escrever um roteiro pensando em otimização não é simplesmente ficar repetindo palavras para o vídeo ficar mais bem posicionado nas plataformas. Primeiro que, no início de 2020, quando este livro está sendo editado, isso ainda não é um fator de ranqueamento. Não passa de um mito do YouTube. Segundo, você já conversou com alguém que fala dessa maneira:

> *Oi Camilo, eu sei que procura **passagens aéreas baratas** para a sua viagem, e eu tenho **passagens aéreas baratas** para você aproveitar ainda mais a sua viagem, já que, agora, você pagou **passagens aéreas baratas**, ao invés de gastar dinheiro com **passagens aéreas caras**. As melhores dicas de **passagens aéreas baratas** estão aqui nesta superlista de **passagens aéreas baratas**...*

Assim como é superdesconfortável ler isso, imagine como os algoritmos ficam ou vão ficar na "leitura" desse tipo de conteúdo. Com a experiência que eu tenho com os programas e diretrizes das plataformas, a minha aposta é que esse tipo de vídeo seria banido por spam ou por excesso de palavras-chave nitidamente com o foco de manipular os resultados de pesquisa.

Na otimização, tudo o que você precisa pensar é em como entregar, da melhor forma, o seu conteúdo para a sua audiência, e não para os robôs de pesquisa. Primeiro o conteúdo para as pessoas, depois os robôs de conteúdo.

Palavras de parada e palavras magnéticas

Agora o jogo de escrever o roteiro começa a ficar ainda mais interessante, porque, além de todo o conteúdo, de como estruturá-lo, quero lhe apresentar o conceito de palavras de parada e de palavras magnéticas. O conceito é tão intuitivo quanto os nomes.

Palavras de parada são termos que, quando a sua audiência escuta, tem a percepção de que o conteúdo já acabou e, por isso, tende a sair do vídeo ou mesmo fechar a aba do navegador, sem precisar esperar até os últimos segundos.

O que acontece é que, muitas vezes, o vídeo ainda não acabou. Seja por conta de vício de linguagem, seja por nervosismo, ou mesmo por falta de roteiro, essas palavras de parada podem surgir no meio da gravação, ou, em casos de nervosismo extremo, até no começo.

O seu trabalho na hora de escrever o roteiro deve ser evitar ao máximo essa previsibilidade de a audiência saber que o conteúdo está acabando. Você precisa segurar a sua audiência o quanto conseguir dentro do vídeo, para que a sua taxa de retenção – a porcentagem do tempo do arquivo dividido por quanto ele foi assistido – seja a mais alta possível.

A seguir, listo algumas das palavras de parada mais comuns e que eu mais "cortei" dos meus roteiros e edições de vídeos.

Lista de palavras de PARADA

- Então é isso
- Finalizando
- Recapitulando
- Resumindo
- Ok?
- Certo?
- Relembrando..
- Tá?/Né?
- Enfim..
- Hum...
- De novo
- Novamente

As palavras de parada podem se desenvolver e virar frases de parada, que, quando ditas, automaticamente a sua audiência tem a percepção de que o vídeo acabou e, assim, trata de fechá-lo.

Algumas dessas falas são comuns, como: "voltando ao começo", "vou explicar de novo", "vamos mais uma vez", "espero que tenha gostado do vídeo", "neste vídeo você aprendeu mais sobre...", e assim por diante.

Tome cuidado com essas expressões, pois elas são responsáveis pela queda da retenção do seu vídeo. Muitas vezes, elas estão tão presentes no nosso cotidiano que nem sequer nos damos conta de que as falamos. Só as percebemos quando o vídeo está no ar ou na ilha de edição, ou seja, quando já não dá para corrigir.

Do outro lado, temos também o superpoder das palavras magnéticas, que, ao contrário das de parada, são responsáveis por manter as pessoas em seus vídeos. Esse recurso deve ser utilizado com parcimônia, também para não parecer um roteiro forçado. A seguir, apresento uma pequena lista dessas palavras magnéticas.

Lista de palavras MAGNÉTICAS
- Você
- Sua empresa
- Sua família
- Seu canal
- Seus vídeos
- Resultados
- Rápido
- Fácil
- Prático
- Em 5 etapas (listas)
- Como nunca visto
- Sem segredos
- Exemplos
- Como fazer
- Ainda este mês/ano

Perceba que a lista das palavras magnéticas tem total relação com a percepção do conteúdo, o desempenho dos resultados que você faz nos seus vídeos. Se um vídeo tem de ser a combinação de audiência + conteúdo, então com as palavras magnéticas você deixa isso muito mais claro para o espectador.

Claro que essas listas aqui não são regras escritas na pedra, mas podem dar uma força muito maior aos roteiros dos seus vídeos.

Com toda a informação que você teve neste capítulo, o que você precisa fazer agora realmente é pôr a mão na massa e tratar de escrever o seu primeiro capítulo!

▶▶▶

7

Quantos milhões em equipamento?

"Ter filhos não nos transforma automaticamente em pais, tal como ter um piano não nos transforma em pianistas."
Michael Levine

Uma das maiores dúvidas para quem quer começar um canal ou mesmo começar a fazer vídeos é: QUAL A MELHOR CÂMERA?

Para ser prático, já lhe digo que essa é uma pergunta sem resposta, pois, para cada tipo de vídeo ou ideia de conteúdo, há modelos que melhor se adaptam à sua ideia. Isso não quer dizer que seja obrigatório você ter muitas câmeras para gravar seus vídeos, ou mesmo milhares de lentes para captar todos os ângulos e enquadramentos possíveis.

O ideal é que você tenha um ótimo *setup*, que é um conjunto de equipamentos para a sua gravação. É muito fácil achar vídeos e mais vídeos pela internet de criadores e filmmakers mostrando o setup com que gravaram determinado vídeo ou mesmo o setup que usam no dia a dia do canal.

No meu ponto de vista, um setup básico deve incluir:

- uma boa câmera;
- uma bateria para câmera e uma bateria extra;
- cartões para vídeo e áudio;
- duas lentes diferentes;
- um bom microfone (de lapela ou de mão, você que vai definir);

- um gravador de áudio para ligar o microfone;
- um tripé para a câmera e a iluminação que você desejar (que pode ser desde uma dupla de soft box até simplesmente ficar próximo da janela para pegar a iluminação natural).

Já deu para entender que isso faz com que as variações de setup sejam infinitas, e que o valor de grande parte da montagem do setup pode variar entre R$ 10 mil e mais de R$ 100 mil reais, não?

Este não é um livro sobre equipamentos, mas, como meu primeiro livro, me sinto na obrigação de compartilhar o que penso sobre essa lista de equipamentos que acabei de citar.

1. Câmera

A melhor câmera é a que você tem hoje. Seja o seu smartphone, seja uma DSLR, você deveria primeiro dominar todo o potencial dessa câmera atual (com certeza, ao menos um smartphone com câmera você tem.).

Existem inúmeros canais que, inclusive, filmam seus conteúdos com smartphone. Isso não é uma regra, mas você precisa saber que é possível. Falando em câmeras, você pode começar com um modelo básico, até mesmo um seminovo.

Você vai aprender. Não precisa de uma câmera de ponta, nem precisa trocar de câmera todos os anos. Isso não é filtro de água ou mesmo o freio do seu carro. A câmera que eu uso no meu canal tem, pelo menos, uns cinco anos de uso frequente. Mesmo assim, depois de cinco anos, o que eu fiz foi comprar lente para poder ter imagens com estilos diferentes.

Só comprei depois outra câmera para usar como uma segunda câmera em cena, pois a minha t4i era um pouco desproporcional para eu poder levar nas viagens ou mesmo para fazer um vídeo rápido em um evento.

A maioria dos estúdios que frequento – para visitar ou trabalhar – tem equipamentos fixos muito bons, e quando existe necessidade de alguma câmera específica – para filmar embaixo d'água, para superslow motion etc. –, eles alugam a câmera "de ponta" ou mais nova, porque compensa mais. Isso não quer dizer que as deles têm menos qualidade. É apenas um exemplo de que você não precisa comprar uma câmera à prova d'água se só vai filmar dentro de casa os seus tutoriais de origami.

São inúmeras possibilidades, versões, tipos e preços de câmeras no mercado, e devo confessar que, quando vejo aqueles testes de novas câmeras, também fico muito animado em comprar a nova versão G7X ou a Sony Alpha.

O que eu faço é me perguntar o quanto essa câmera vai me agregar no próximo ano de trabalho. Exatamente! Quanto eu vou poder cobrar mais caro pelo trabalho ou quantos trabalhos a mais eu vou captar por conta dessa nova câmera.

Com isso, fica um pouco mais fácil entender se essa câmera é uma ferramenta de trabalho para melhorar meus vídeos e o meu canal, ou se apenas materializaria o meu descontrole em ter o "brinquedo" mais tecnológico do momento.

Isso sem contar os diversos tipos que existem como: câmera do celular, câmeras de ação (action cams), câmeras compactas (point and shoots), câmeras DSLR, câmeras mirrorless, câmeras gravadoras (camcorders), câmeras 360 graus, e muitas outras.

Para mim, os itens principais na escolha de uma nova câmera devem ser:

- **Resolução:** qual a qualidade da imagem que ela capta;
- **ISO:** qual a taxa de sensibilidade com a luz;
- **Lentes intercambiáveis:** possibilidade de trocar de lentes para que você tenha novos ângulos, encaixes e expressões;
- **Bateria:** quanto tempo ela dura no modo que você mais vai filmar (em geral, é importantíssimo ter, no mínimo, uma bateria extra além daquela que vem com a câmera);
- **Entrada para cartões:** algumas câmeras têm entrada para dois cartões ao mesmo tempo, o que permite mais mobilidade de gravação.

Claro que esses são apenas alguns pontos para você ter um caminho a seguir, mas você não pode se esquecer de perguntar: eu realmente preciso dessa câmera? Ela vai efetivamente mudar meus vídeos para melhor? Vai me dar mais agilidade para trabalhar e, assim, economizar tempo? Para o que eu filmo ou pretendo filmar, essa câmera se adequa?

2. Tripé

Talvez você estranhe haver um tópico para falar sobre tripés, mas a principal razão disso é que a maioria dos criadores nem dá bola para o assunto. Imagino que, agora, lhe ocorreu aquele grande criador que nem usa tripé e apoia a câmera em cima de livros.

Acredito e muito que o tipo de conteúdo é, sim, mais importante do que qualquer produto técnico, mas se você está começando a gravar, ou buscando melhorias para suas gravações, por que não pensar em fazer da maneira que lhe traga o melhor resultado final possível?

Existem diversos tipos de tripés, que se adaptam tanto à câmera quanto ao bolso. Tripés de mesa, pequenininhos, em geral com um palmo de altura; tripés simples, nos quais o corpo e a cabeça são uma coisa só; e, também tripés mais profissionais, que têm a cabeça e os pés vendidos separadamente. Meu primeiro tripé comprei com R$ 40 reais, com dor no coração, afinal, eu pensava que "era só para deixar a câmera altinha". Não entendia do assunto, nem me conformava com a ideia de um tripé custar mais de R$ 1 mil, mesmo com o meu de R$ 40 balançando um pouco quando ficava na altura máxima e um caminhão passava na rua.

Tudo isso caiu por terra depois que passei a usar um tripé profissional. Que diferença espetacular! Os movimentos de câmera eram muito mais suaves, as chaves prendiam bem o equipamento e o ângulo exato de que eu precisava, sem falar que podia acontecer o que fosse – trinta caminhões passando ao mesmo tempo na rua – e o tripé não balançava. Por isso, eu digo: invista em um bom tripé, é bem provável que ele dure por muito tempo direcionando suas cenas. (O meu segundo me acompanha há mais de quatro anos.)

Finalizando essa história, existem mais dois tipos de apoio de câmera que eu também gosto bastante. O primeiro deles é o monopé, um primo do tripé que, em vez de três pernas – adivinhe? –, tem uma só. Serve para filmar com um pouco mais de estabilidade do que com a câmera solta na mão, e alguns modelos têm até um apoio para se equilibrar sozinhos.

O outro tipo de apoio é conhecido como GorilaPod, que é um tripé com pernas flexíveis que podem ser facilmente dobradas para envolver canos, galhos e outras estruturas e, assim, se conseguir pendurar a câmera em ângulos externos diferentes do convencional. Vale a pena ter também um tripé desse tipo, principalmente se você vai filmar vlogs ou viagens.

3. Áudio

Gravadores de áudio e microfones. A câmera de vídeo tem um microfone interno que, em geral, não é satisfatório, daí a necessidade de você captar o som externo com outro aparelho. Esse outro aparelho é um gravador de som, que funciona exatamente como a câmera de vídeo, mas capturando áudio. Sim, câmera de vídeo captura vídeo e gravador de áudio captura áudio.

"Mas onde entra o microfone agora?" Existem duas maneiras de usar o microfone. A primeira é conectá-lo direto na câmera, se ela tiver a mesma entrada de microfone. Essa é uma boa alternativa, pois gera um único arquivo com vídeo e áudio de qualidade. Só fique de olho na configuração do microfone na câmera para que ele não tenha problemas de ruído; também não vá deixar de gravar porque o seu microfone usa baterias e você esqueceu de carregá-las.

A segunda opção – mais utilizada em produções médias e grandes – é conectar o microfone no gravador de áudio externo para ter a melhor qualidade possível. O gravador externo também precisa ser configurado, e demanda ainda um cartão de memória para gravar esses arquivos de áudio gravados.

Nesta opção, são gerados dois arquivos diferentes, o arquivo de vídeo e o arquivo de áudio, que, posteriormente, serão unificados em um software de edição.

4. Luz

Eu comecei filmando meus vídeos pessoais somente no período da manhã, perto da janela ou no escritório, em uma mesa que ficava junto a uma luz muito forte. Tudo isso para que eu pudesse ter a melhor imagem dos meus vídeos, já que a luz faz uma diferença enorme no resultado.

Existem milhares de modelos, formatos e especificações de lâmpadas e jogos de luzes, mas, hoje em dia, uma boa opção são os painéis de led, em que você pode controlar a temperatura de cor das luzes – mais amareladas ou mais azuladas – e, assim, mudar totalmente a sensação da imagem captada, indo de uma fria manhã de inverno nas montanhas, com uma luz superazulada, até uma tarde de verão na praia, com o pôr de sol alaranjado.

O que você vai precisar depende diretamente do que quer passar com a imagem filmada. Se a sua câmera tem uma ótima imagem em baixas luzes, talvez você não precise investir muito em iluminação. Costumo dizer que, de uma luminária de mesa aos painéis de led, tudo se transforma com o seu olhar na câmera. Canso de ver alguns criadores que usam luzinhas de natal no fundo do cenário, outros que compram luzes redondas para simular uma *ring light*, e são capazes de produzir vídeos espetaculares com o que têm em mãos

5. Cartões de memória

Eles são os responsáveis por armazenar tudo o que você gravou. Podem ser de diversos tamanhos e padrões diferentes, por isso é importante você verificar qual cartão a sua câmera e seu gravador de áudio aceitam.

Invista em bons cartões, de qualidade e de procedência. Eu sei que talvez você tenha visto cartões superbaratos em sites de anúncios, mas será que são originais? Será que você está disposto a correr o risco de perder um dia inteiro de trabalho por conta do cartão que "deu pau", "travou" ou simplesmente derreteu dentro da câmera?

Os cartões de memória têm um item muito importante de tecnologia, que é a velocidade para armazenar o que é gravado. A tecnologia dos primeiros cartões não ajudava muito para a gravação de longas cenas. Era possível você sentir o cartão muito quente na câmera, o que poderia até mesmo causar erros nos arquivos. Os cartões foram se desenvolvendo e, com isso, criaram-se símbolos para ficar mais fácil identificar a velocidade de gravação de cada tipo de cartão.

Essas velocidades são definidas em classes que descrevem a velocidade de gravação, ou seja, quantos megas por segundos (mb/s) podem ser gravados no cartão e também o tamanho da imagem gravada (FullHD, 4k, 8k).

CLASSE	VELOCIDADE
C2	2mb/s vídeos em SD 720 x 480 pixels
C4	4 mb/s vídeos em HD 1280 x 720 pixels
C6	6 mb/s FullHD 1920 x 1080 pixels com cenas mais longas
C10	10 mb/s FullHD 1920 x 1080 pixels com cenas mais longas e menos compressão
U1	10 mb/s FullHD 1920 x 1080 pixels ultra velocidade
U3	30 mb/s vídeos 4k 3840 x 2160 pixels

É muito comum que você queira comprar o maior cartão com maior velocidade, mas pense que isso tem um valor maior também. Se você vai filmar em qualidade 4k, faz sentido você comprar um cartão classe 10 U3, mas se a sua câmera não demanda muito, e você vai usar tamanhos menores, por que não pensar em um cartão proporcionalmente menor, que já entregue a qualidade de que precisa? Fique de olho nisso na hora de comprar o seu cartão, para não optar por um mais lento ou menor, e pagar mais caro por isso.

E, um último alerta de quem já perdeu muitos cartões por danos de calor ou baixa qualidade: sempre desconfie de cartões baratos demais.

8

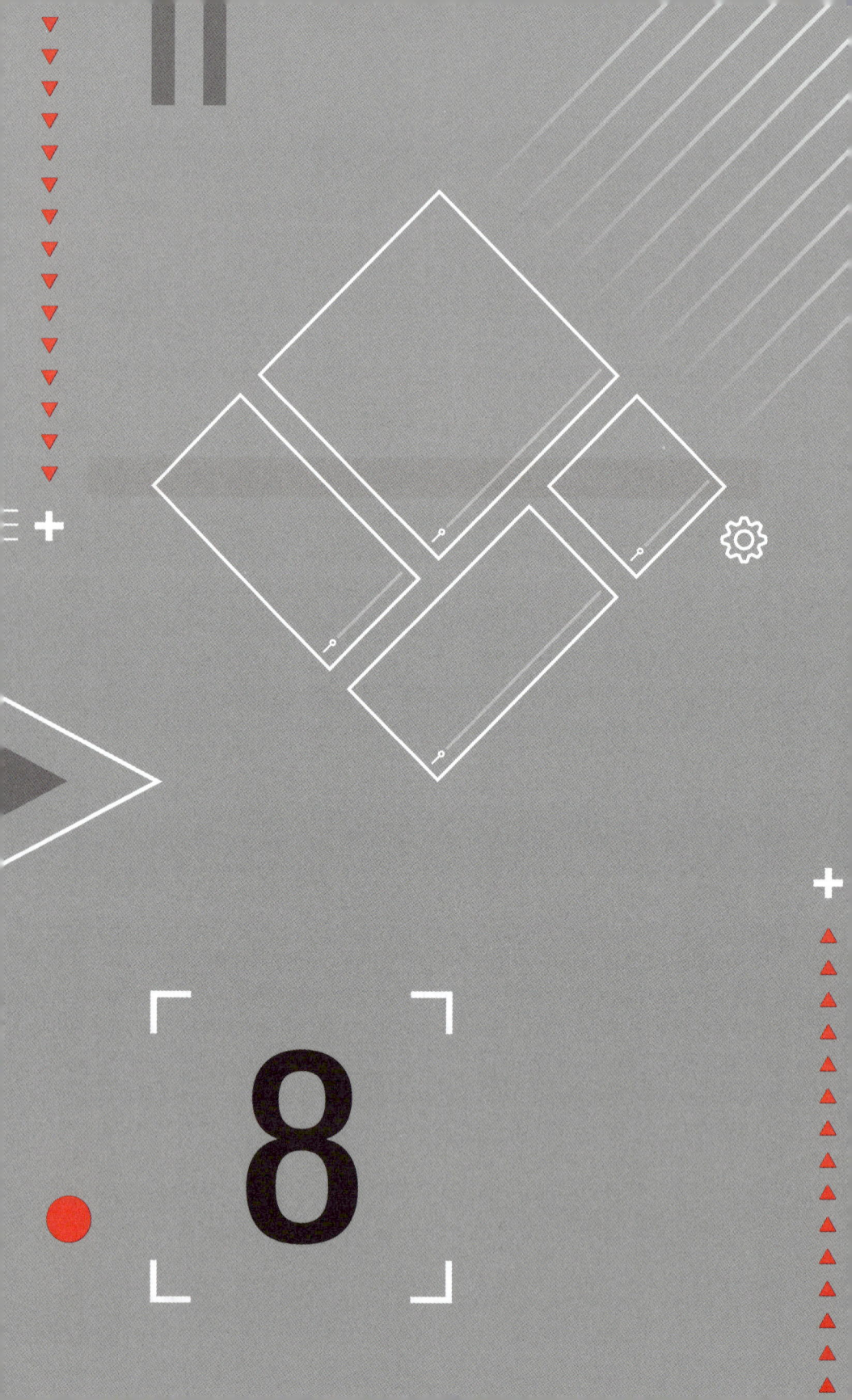

Iluminação é 100% da imagem

*"Até que o sol se vá,
eu ainda tenho uma luz"*
Kurt Cobain

A iluminação é uma das etapas mais importantes do seu vídeo, porque, com a luz, você pode transformar não só a parte visual da cena, mas também o que quer dizer com essa cena gravada.

Provavelmente você já percebeu que, ao filmar uma imagem em uma sala comercial com aquelas lâmpadas fosforescentes, as imagens tendem a ficar mais esverdeadas, da mesma forma que, quando você filma a luz de velas, a sua imagem tende a ficar mais alaranjada. Isso é o que chamamos de temperatura de cor.

Essa temperatura de cor é medida em Kelvin (K), uma homenagem a William Thomson, o primeiro barão Kelvin (conhecido também como Lorde Kelvin), que foi um líder nas ciências físicas e matemáticas do século XIX, criador da escala Kelvin.

A temperatura de cor, ou escala Kelvin, auxilia em diversos pontos, mas, em particular, na "afinação" de luzes de uma gravação.

Essa afinação de luz é o trabalho feito, em geral, pelo diretor de fotografia, que vai desenhar a cena com a iluminação. Por exemplo: uma luz mais baixa para cenas mais intimistas, uma luz mais amarelada para passar a ideia de calor no local da filmagem, etc.

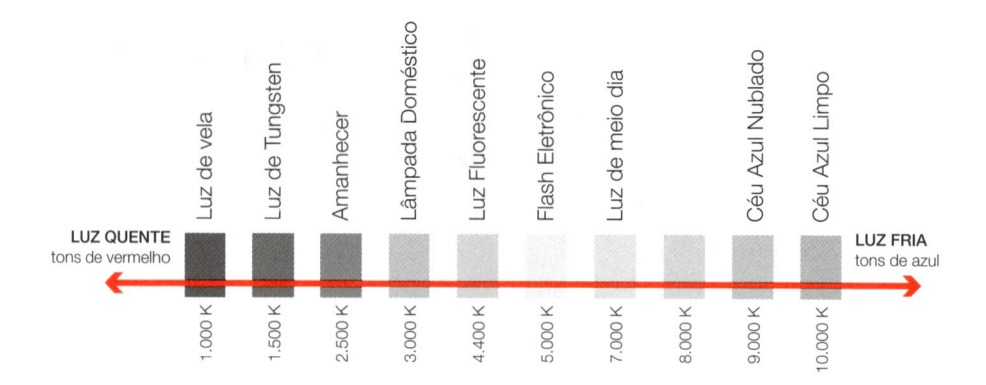

LUZ QUENTE tons de vermelho	Luz de vela	Luz de Tungsten	Amanhecer	Lâmpada Doméstico	Luz Fluorescente	Flash Eletrônico	Luz de meio dia	Céu Azul Nublado	Céu Azul Limpo	**LUZ FRIA** tons de azul
	1.000 K	1.500 K	2.500 K	3.000 K	4.400 K	5.000 K	7.000 K	8.000 K	9.000 K	10.000 K

Hoje em dia, é muito comum encontrar lâmpadas ou painéis de led com uma regulagem (dimmer) de temperatura de cor, para acertar as condições adequadas para uma cena mais azulada ou amarelada.

Em alguns casos, você pode usar lâmpadas coloridas ou gelatinas de cor para mudar a percepção de luz do ambiente para a sua audiência. Exemplo: uma luz mais azulada quando é um filme em um submarino, uma luz mais amarelada para os filmes de Velho Oeste, uma luz mais esverdeada para filmes futuristas, e assim por diante. A indústria de Hollywood é mestre em criar projetos de iluminação para ressaltar ou apagar determinado assunto.

NOTA: procure sobre *teal and orange* e veja como a grande maioria dos filmes a que você assiste usa o contraste do azul e do laranja para contar a história que querem.

Como certamente o seu foco não é – em um primeiro momento – fazer grandes filmes em Hollywood, mas apenas vídeos para o seu canal ou da sua empresa, a ideia deste capítulo é lhe mostrar pontos práticos e rápidos para que possa aplicar no seu conteúdo. Para isso, vamos entender alguns tipos de luzes podem ser utilizados no dia a dia.

1. Luz natural

É a luz do sol. Em geral, a primeira iluminação que a grande maioria das pessoas utiliza é a natural, do sol, ou, como costumo chamar, o *soft god*, uma brincadeira com o softbox – outro estilo de iluminação.

A luz natural do dia é o tipo de iluminação mais barato, mas também o que se deve tomar mais cuidado, já que não existe um controle de intensidade; uma cena que foi filmada em um dia de sol não tem a mesma iluminação de uma cena feita em um dia nublado.

Outro problema também são os dias de sol com nuvens, pois as nuvens que tapam o sol irão trazer um instabilidade da luz; assim, você verá a luz ficando forte e fraca em um mesmo take, simplesmente pela passagem de uma nuvem.

Outro fator de preocupação é o horário em que ela está disponível. Como você percebe a luz das 8 da manhã é diferente da do meio-dia, que é diferente da luz das 16 horas, e é por isso que você precisa ter a disciplina de organizar o horário de gravação, para não ter uma luz em excesso (a do meio-dia) ou uma que comprometa a gravação (a posterior à das 16 horas).

2. Lâmpadas simples

Eu comecei os meus primeiros vídeos caseiros com lâmpadas simples da sala que eu trabalhava para fazer aquilo que, hoje, seriam as lives. Você pode começar com lâmpadas simples de uma luminária.

O mais importante é tomar cuidado para a lâmpada não ficar tão perto do seu rosto a ponto de você ter de "apertar" os olhos. Uma saída é apontar a luz para uma parede branca e deixar que apenas o rebatimento dela ilumine o personagem principal.

3. Softbox

A luz direta é o que chamamos de luz dura, e aqui temos os softboxes, que são luzes consideradas difusas, ou seja, não causam uma sombra muito escura como as luzes duras.

Os softboxes são equipamentos de iluminação, caixas de tecido que podem ser quadrados ou octavados, e têm um jogo de lâmpadas interno que é "filtrado" por uma tela leitosa que irá "difundir" a luz para que ela não seja tão dura – forte – nem crie sombras muito escuras.

Hoje já existem softboxes que utilizam luzes de led, deixando o ambiente menos quente e com um melhor controle da intensidade de luz e também da temperatura de cor (mais azul ou mais amarelo).

4. Rebatedores

Os rebatedores não são uma fonte de luz, mas têm um papel fundamental no desenho de luz da sua cena. Pode parecer uma palavra nova ou coisa de outro mundo, mas com certeza você já viu rebatedores de luz em ensaios fotográficos por aí.

Os rebatedores profissionais são aquelas pranchas redondas dobráveis que parecem uma parede de uma barraca de acampamento. Na maioria das vezes, esse rebatedor tem quatro tipos de revestimento: prata, para refletir a luz azulada; dourado, para refletir a cor amarelada; branco-translúcido, para amenizar a luz mais forte/dura; e blackout, para "cortar" o reflexo de alguma luz em cena que não deve passar ou ser refletido por ele.

Como desenhar uma luz simples

Este não é um livro de técnicas de filmagem, mas, com os tipos de luz listados, agora você já tem o necessário para começar a fazer um desenho de luz, não importa onde for gravar.

Atente-se para sempre posicionar a luz acima da linha dos olhos das pessoas que está filmando, para que conseguir uma expressão natural delas (a não ser que a intenção seja criar um outro tipo de rosto com a luz, como é usado em filmes de terror).

Perceba que, no seu dia a dia, todas as luzes comuns estão acima da linha dos olhos das pessoas, ou seja, você já está acostumado com a feição delas com a luz vindo de cima e as sombras projetadas para baixo.

Agora vamos entrar em um famoso modelo de iluminação, chamado de iluminação de 3 pontos, em que combinamos a luz principal (*key light*), a luz de preenchimento (*fill light*) e uma contraluz (*backlight*). Coloquei os termos em inglês porque existem inúmeras maneiras de se fazer esse tipo de iluminação, e as pesquisas em inglês trazem mais resultados.

ILUMINAÇÃO DE 3 PONTOS

contra-luz / luz de recorte

luz de preenchimento 60°

luz principal 45°

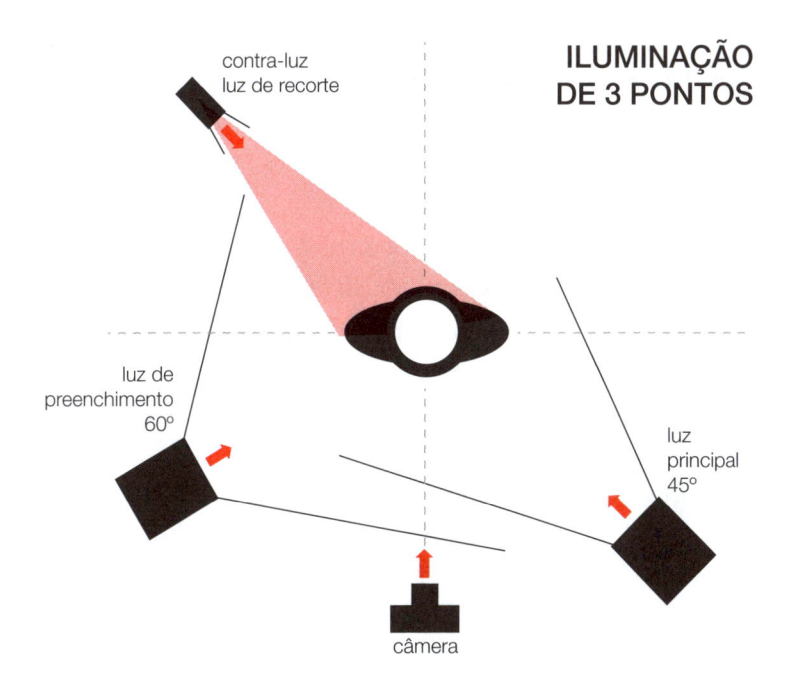

câmera

A primeira etapa para nossa iluminação de 3 pontos é entender que a câmera e o objeto (a pessoa) que será filmado precisam estar frente a frente.

Logo depois, começamos a incluir a primeira lâmpada, que é a *key light*, ou luz principal. Essa lâmpada deve ser colocada do melhor lado do objeto a ser filmado, em um ângulo de 45 graus da câmera a partir do objeto.

Tanto faz se vai para a direita ou a esquerda, mas aqui vamos tomar como exemplo a esquerda. Se o seu melhor lado for o direito, é só inverter o desenho.

A altura da luz principal deve ser bem acima da cabeça, e com ela apontada em 45 graus para baixo, para o rosto/corpo da pessoa.

Agora, vamos montar do outro lado da câmera a luz de preenchimento – ou a *fill light*. Ela deve estar a 60 graus à direita da câmera, tendo a pessoa como ponto central. Essa lâmpada também deve estar apontando 45 graus para baixo, mas a sua intensidade deve ser 50% menor que a da *key light*.

Com os dois lados ajustados, ou, como dizemos em iluminação, "afinados", agora é hora de instalar a *backlight* ou contraluz, que é a luz que ficará iluminando as costas da pessoa que vai apresentar.

Essa lâmpada deve ser instalada, de preferência, no teto do estúdio, ou com um tripé bem alto, do lado contrário à luz principal, ou seja, atrás da pessoa gravada. O ângulo da contraluz é menor, de 30 a 40 graus, apontando para o topo da cabeça e ombros do apresentador.

Esse ângulo tem o objetivo de produzir uma iluminação que crie um recorte do apresentador ou do objeto filmado e o fundo, por isso, em muitos casos, é chamado de luz de recorte, porque recorta o apresentador da cena.

Existem milhões de outros modelos de iluminação, mas, com certeza, esse é o mais utilizado e vai salvá-lo em muitas ocasiões e gravações. Teste e aprenda o máximo da iluminação de 3 pontos, depois faça com 2 pontos, com luzes coloridas, e assim por diante.

Estou lhe mostrando a base, agora você pode inovar e ir além.

9

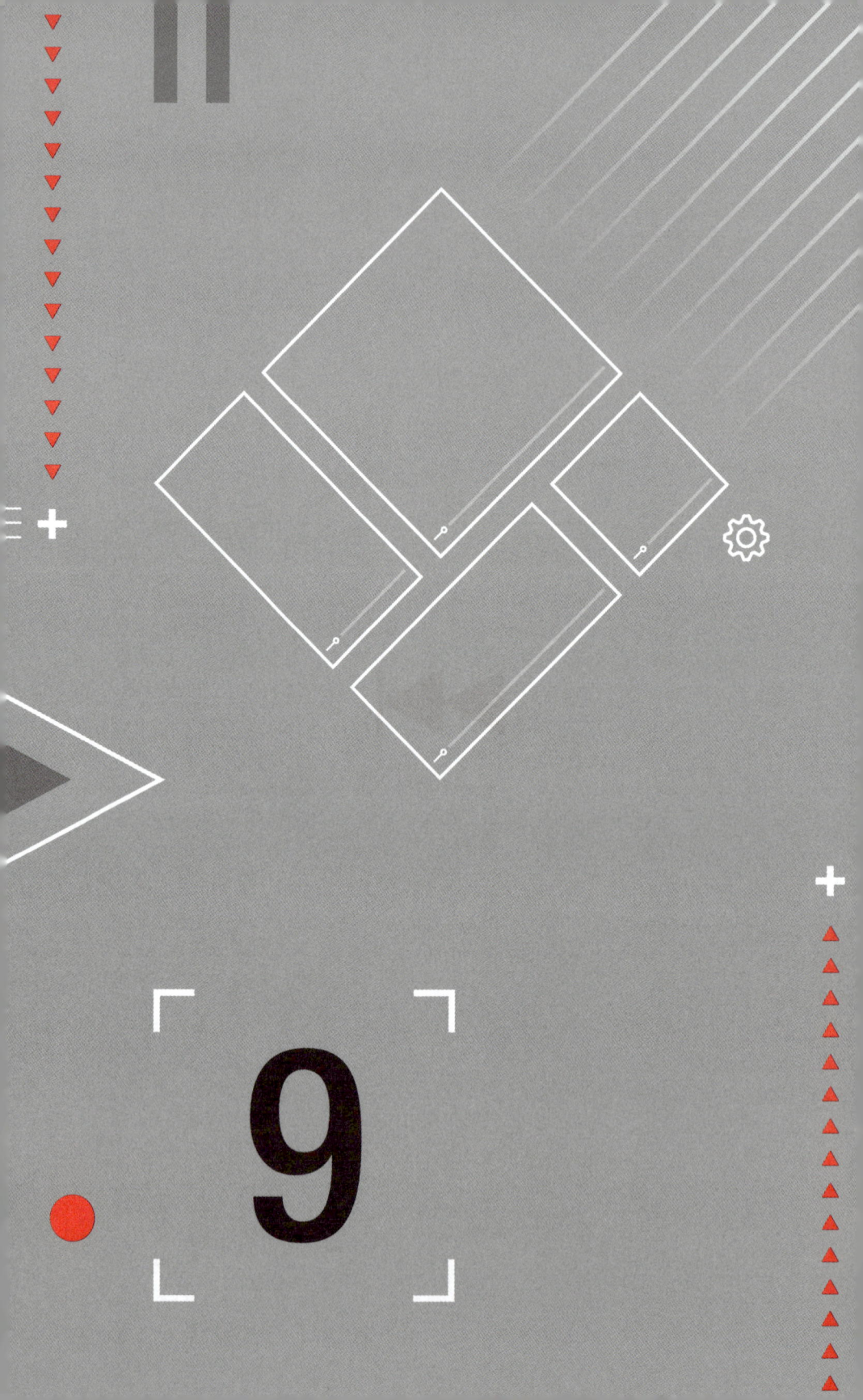

Qualidade de vídeo também é estratégia

"Você nunca tem uma segunda chance de causar uma primeira impressão."
Aaron Burns

Quando comecei no universo dos vídeos, as imagens eram captadas por grandes câmeras e em fitas Betacam, ou algo do tipo, que hoje em dia são itens de museu. Eram praticamente dez quilos de equipamento para gravar uma ou duas horas.

Hoje, praticamente todas as captações são digitais em cartões de memória, que gravam, facilmente, cem vezes mais do que as primeiras fitas magnéticas (e com muito menos peso nas câmeras). Além da quantidade de "espaço" para ser gravado, a qualidade de imagem também aumentou – e segue aumentando.

A imagem, antes quadrada, se tornou wide. Deixou de ser granulada e passou a ser incrivelmente nítida. Aumentou a quantidade de frames, de 24 a 29, para 50, 60, 120 até 10 mil em captações para vídeos em slow motion.

A mudança de proporção de tela (aspect ratio) e na qualidade (dpi) da imagem é impressionante e faz uma enorme diferença no resultado final do vídeo. Aqui não tem discussão, é como diz um ditado famoso do mundo dos vídeos: *shit in, shit out* – traduzindo: gravou merda, vai sair merda.

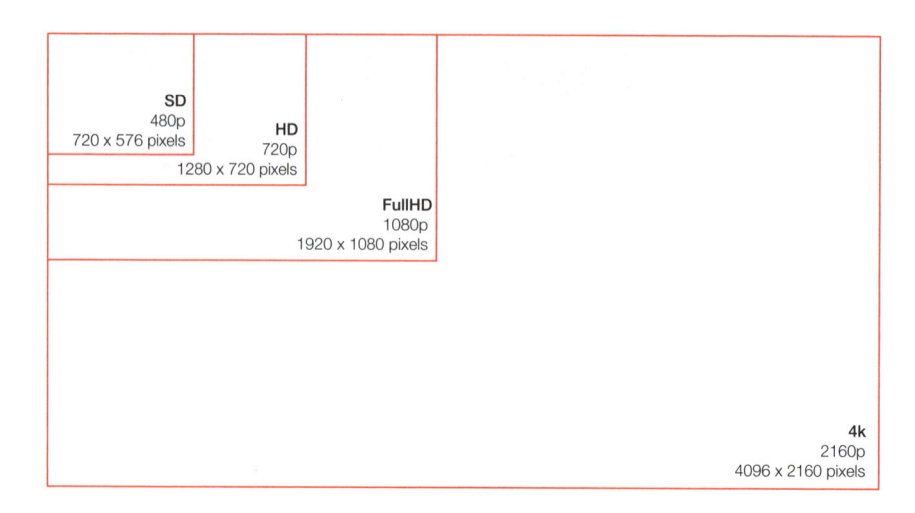

```
SD
480p
720 x 576 pixels

HD
720p
1280 x 720 pixels

FullHD
1080p
1920 x 1080 pixels

4k
2160p
4096 x 2160 pixels
```

O requisito mínimo para uma boa gravação de vídeo é o famoso formato FullHD, sendo 1920 pixels de largura por 1080 pixels de altura na proporção 16:9. Sem dúvida, esse é o formato mínimo para você começar um bom trabalho hoje em dia.

A grande maioria dos smartphones e câmeras já faz esse formato de captura de imagem, o que torna mais fácil o seu trabalho.

Depois de encontrar a resolução do vídeo, é preciso atentar-se à quantidade de frames por segundo, ou seja, a quantidade de imagens estáticas que passam em um segundo na tela para fazer com que a ilusão da animação apareça, já que um vídeo são imagens em movimento. É aquela velha brincadeira de fazer um desenho em cada folha de um bloco de papel e, depois, passar as folhas rapidamente para dar a ilusão de movimento.

No cinema, convencionou-se utilizar 24 frames por segundo, enquanto na internet, em geral, são usados 29.9 frames por segundo. O que acontece é que, com uma melhora na tecnologia, hoje podemos capturar imagens de 60, 120 e até 240 frames por segundo – este último caso utilizado, geralmente, para imagens em câmera lenta.

Se quiser estudar mais sobre a arte do cinema, eu recomendo muito Henri Cartier-Bresson, o mestre das composições fotográficas; Georges Méliès, um ilusionista francês que tem papel fundamental na história do cinema; e os irmãos Lumière, os inventores do cinematógrafo. Esse é um belo quarteto para abrir sua cabeça em relação às imagens em movimento.

Trazendo um pouco da história do cinema para a sua/nossa realidade prática, quero lhe mostrar dois passos essenciais para se obter melhores imagens nos vídeos e rápida evolução quanto à qualidade da comunicação.

Eles consistem em um aprendizado contínuo, que pode render possibilidades praticamente infinitas. Isso acontece porque são aspectos frequentes que estão no seu dia a dia de filmagem: o poder do **enquadramento** e a **filmagem como um editor**.

Embora simples, se você estudar esses passos como uma base da sua estratégia, pode ter certeza que serão o trampolim para fazer vídeos cada vez melhores.

Enquadramento: como colocar tudo em cena

Basicamente, o enquadramento diz respeito a como colocar tudo o que é importante na cena "dentro da tela". Grosso modo, é a posição e a distância da câmera do objeto filmado, para que você conte exatamente o que quer com seu vídeo.

O enquadramento, na prática, é o responsável – por exemplo – em revelar que o vídeo está sendo feito em uma biblioteca ou em uma praça.

Debrucemo-nos no exemplo de uma praça. Se quero começar a minha história "dizendo" que estou numa praça qualquer, posso enquadrar primeiramente toda a praça. Esse é o enquadramento chamado **plano geral (PG)**.

Conforme vou aproximando a minha câmera, o plano vai fechando e posso ter uma pessoa sentada no banco da praça, mas ainda mostrando a praça. Este é o chamado **plano-conjunto (PC)**, pelo qual identifico minha localização e algumas pessoas.

Na cena seguinte, alguém se aproxima para conversar com a pessoa que está no banco e a câmera filma esta do joelho para cima. Este é o famoso **plano americano (PA)**, nascido e criado nos filmes de Velho Oeste, para poder filmar as armas na cintura.

A garota sentada se levanta, e a câmera faz o enquadramento nela da cintura para cima. Este é o **plano médio (PM)**.

A conversa fica mais íntima e eu quero dar essa ênfase, então filmo a pessoa que chegou da linha do tórax para cima, enquadrando a cabeça. Este é o **primeiro plano (PP)**, muito utilizado para vídeo-aulas e vídeo de vendas com uma linguagem visual mais próxima, simulando uma conversa olho no olho.

A pessoa que estava sentada olha com carinho para o rosto da outra e a câmera enquadra somente o rosto da pessoa na tela. Este é o **plano fechado (PF)** ou o famoso **close**.

No meio da conversa, uma delas entrega uma chave para a outra, e eu quero deixar isso bem registrado em cena, então a câmera filma somente a chave na palma da mão. Este é o **plano-detalhe (PD),** muito usado para dar um contexto.

Plano Geral (PG)

Primeiro Plano (PP)

Plano Americano (PA)

Plano Fechado (PF)

Plano Médio (PM)

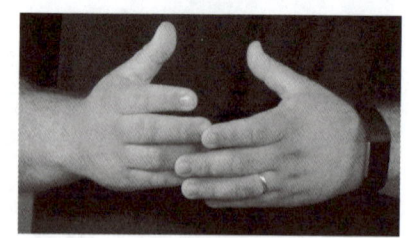

Plano-Detalhe (PD)

Ângulos de câmera

Com os principais pontos de enquadramento da cena, você precisa também saber sobre os ângulos em que irá colocar a sua câmera. Você não deve usar a sua câmera como uma arma simplesmente apontando-a para a pessoa que será filmada.

Com ou sem tripé, você pode usar os ângulos para tornar a sua cena mais interessante e, assim, fazer com que a audiência permaneça por mais tempo assistindo (aumentando a sua retenção).

Comece testando a câmera na altura dos olhos da pessoa que será filmada, este é o **ângulo plano**, usado na maioria dos vídeos. Se você descer um pouco a câmera na altura do nariz – centralizando o rosto –, temos o **ângulo frontal**, que é ótimo para depoimentos.

Os famosos vídeos de "mãozinhas" – aqueles de receitas que são filmados de cima para baixo –, têm a câmera instalada em um plano alto, filmando para baixo. Este é o ângulo zenital, que, se invertido, ou seja, filmando de baixo para cima, vira o **ângulo contrazenital**.

O ângulo zenital serve bem para vídeos de desenho feito à mão, para artesanato, DIY, origami, e todos os modelos de vídeos em que você deseja mostrar uma mesa com uma pessoa operando ou criando algo.

O **ângulo lateral** ou **ângulo de perfil** é quando você filma a pessoa de lado – esquerdo ou direito –, podendo ser um perfil absoluto (90 graus) ou meio perfil (45 graus) do objeto filmado.

No cinema, ainda se utilizam dois tipos de ângulo. Um deles é o **ângulo alto** ou **plongée**, quando a câmera está acima da pessoa e a filma de baixo. Este ângulo deixa a pessoa em cena com a aparência um pouco mais baixa e diminuída. No cinema, ele é usado para mostrar como se um gigante estivesse olhando para as pessoas pequeninas a seus pés.

O outro é o **ângulo baixo** ou **contraplongée**, exatamente o contrário do plongée, enquadrando a pessoa de baixo para cima, fazendo com que ela cresça, como alguém filmando um prédio de baixo para cima.

No cinema, o rei do contraplongée é o diretor Quentin Tarantino, que o utiliza sempre em cenas em que alguém está dentro do porta-malas de um carro olhando para fora aqueles que o puseram lá.

Regra dos terços de uma vez por todas

Com as bases de enquadramento e ângulo de câmera, é hora de usar a regra mais falada e primordial para a filmagem: a regra dos terços! A regra dos terços nasceu com a fotografia. (Entendeu por que eu lhe indiquei Bresson?)

A regra dos terços foi criada para em vista de uma composição de imagem melhor para a cena. O profissional que, em geral, cuida dessa composição é o diretor de fotografia.

Na origem, a regra dos terços foi pensada para as artes plásticas, para que os alunos de pintura pudessem balancear as suas composições de tela antes de começar a pintar seus quadros.

O seu uso principal se dava no sentido de balancear as luzes claras e escuras das tintas, evitando que o horizonte dos quadros fosse um divisor visual e os tornasse monótonos e muito similares. Essa regra foi transportada para a fotografia – estude muito Cartier-Bresson – e, depois, para o vídeo.

A regra dos terços consiste basicamente em dividir a tela/cena em três terços horizontais e três terços verticais, criando, assim, nove quadros dividindo a tela. O segredo para utilizar a regra dos terços é, sempre que possível, tirar o objeto principal do centro para dar mais ênfase ao cenário ao redor.

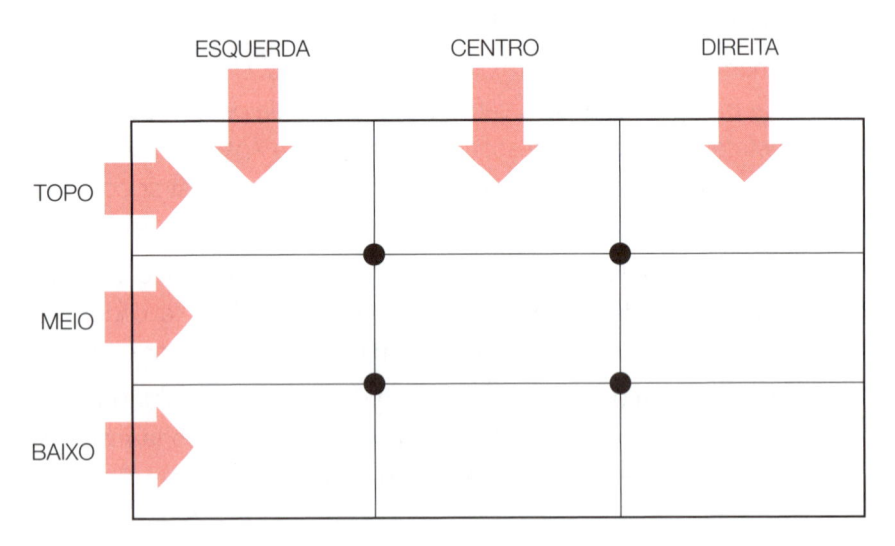

Vamos nomear aqui os terços para que os nossos exemplos fiquem mais práticos. Chamaremos as três linhas horizontais de topo, meio e baixo, e as três linhas verticais, de direita, centro e esquerda.

Perceba que, entre uma faixa e outra, existe um encontro das linhas que dividem os terços. Esses encontros são chamados de **golden points**, ou **pontos dourados**, ou **pontos de ouro**, porque é ali que – segundo os estudos da regra dos terços – os objetos em cena têm um maior nível de atenção.

Então, tecnicamente, o seu trabalho no enquadramento é entender o plano, ajustar o ângulo e, agora, compor a cena com a regra dos terços, evitando que a pessoa filmada ou o objeto em cena seja mais atrativo, longe do centro da cena.

Basicamente, ao dispor os objetos de cena dentro da regra dos terços, você vai criar pontos de interesse na imagem e, assim, fazer com que os vídeos sejam mais interessantes. Se o seu caso é filmar pessoas, posicione-as na linha de uma das faixas verticais. Se irá filmar uma paisagem, alinhe com a horizontal.

É muito bom você treinar e conhecer a fundo a regra dos terços, que, aliás, vai fazer parte da sua vida agora, pois seu olhar estará mais atento para isso (sim, vai passar a ver terços em tudo). Recomendo que você comece a fazer essa brincadeira com os filmes e séries a que irá assistir daqui para frente: tente identificar como o diretor de fotografia posicionou o cenário e os atores dentro da regra dos terços.

Isso não quer dizer que você não pode quebrar a regra dos terços. É uma regra, não uma lei, e a única lei que você deve seguir é de produzir cenas cada vez mais interessantes.

Filme como um editor, repita como uma bailarina

A célebre e famosa frase **"Filme como um editor"** quer dizer uma única coisa: não comece a gravar de qualquer jeito. Como vimos, é extremamente importante ter um roteiro para os vídeos antes de eles serem gravados, pois é dessa maneira que se pode pensar, de forma mais produtiva, nos takes, nas cenas que se quer filmar.

Ter uma câmera na mão é extremamente tentador, prazeroso e um verdadeiro convite à procrastinação. Digo isso porque é comum se gastar muito tempo usando os efeitos e funcionalidades da câmera, ou mesmo gravando takes desnecessários.

Com um roteiro do vídeo em mãos, você já tem uma sequência de cenas que precisa filmar e pode se preparar para cada uma delas.

No momento em que você estiver lendo – ou criando – o roteiro do seu vídeo, é importante imaginar como ele estaria se estivesse finalizado. Que tipo de enquadramento você vai fazer no seu escritório? Terá uma lousa de fundo? Será gravado em um parque? E as árvores? E o sol? Tudo o que for aparecer no vídeo precisa ser gravado, e é para isso, sobretudo, que o roteiro serve.

Quando você filma como um editor, já começa a imaginar como o detalhe do vento na árvore pode ser interessante para começar o vídeo ou qual a sequência de imagens dos palestrantes que precisa fazer para criar o vídeo do seu evento.

A segunda parte da frase, "repita como uma bailarina", é minha, pois a repetição leva à perfeição, e não há exemplo melhor de dedicação à perfeição da arte: as bailarinas ensaiam todos os dias, o máximo possível, e não importa se estão com a melhor sapatilha ou com uma unha encravada; se precisam melhorar, elas estão lá, ensaiando.

Um filmmaker precisa ter exatamente esse espírito para conseguir os melhores takes/cenas/captações de imagens. Só se aprende a andar de bicicleta andando, então "ande" com a sua câmera.

Faça testes com a câmera, filme pequenos trechos para compor a cena do seu vídeo. Esses trechos que aparecem na gravação, e que não são o vídeo principal, são chamados de **b-roll** ou **imagem de cobertura**.

Um *b-roll* ou imagem de cobertura tem o papel de sobrepor a imagem principal do vídeo. Quando você está gravando um vídeo sobre seu negócio e sua voz continua no vídeo, mas aparece a cena do prédio da empresa, isso é uma imagem de cobertura. Quando você está fazendo uma receita e aparece uma imagem do fogão, isso é uma imagem de cobertura.

Para entender de uma vez por todas, o *b-roll* é simples. *B-roll*, em inglês, quer dizer rolo B, e faz a ligação com o tempo em que a edição de vídeos era analógica, ou seja, feita ainda em fita. A imagem principal ficava no rolo A e a imagem de cobertura no rolo B.

Se no rolo A estava sendo rodada uma entrevista, no rolo B poderia estar passando um plano-detalhe das mãos do entrevistado, e de tempos em tempos – de acordo com o editor –, a edição alternava entre os rolos A e B. O rolo B cobria a imagem do rolo A. Simples assim!

A escolha da cena do editor poderia seguir o roteiro ou o direcionamento que o diretor (ou você) gostaria de dar ao vídeo, por isso eu sempre digo para quem vai editar vídeos: não tenha dó de cortar alguma cena ou informação, se estas forem atrapalhar o entendimento do conteúdo.

A audiência não sente falta do que ela nunca viu. Então, não tenha medo de editar ou descartar aquela história que não conecta, a piada que não faz sentido, e assim por diante. O foco sempre deve ser no conteúdo.

Justamente por isso, eu também recomendo que você repita algumas cenas várias vezes, com entonações diferentes, para que, se for necessária a mudança de direcionamento do conteúdo, você tenha material pronto para editar.

Acredite, é muito melhor passar uma hora (ou duas) filmando do que ter de voltar a montar todo o equipamento – ou alugar novamente o estúdio – apenas para fazer um take final.

O único cuidado que vale alertar sobre gravação é o tempo de uma diária de gravação. Eu sei que, muitas vezes, queremos ser super-heróis e finalizar todas as gravações em um único dia. Ou para economizar horas de estúdio, ou para acelerar a produção e lançamento do seu curso, vídeo, canal do YouTube etc.

Não faça isso. Uma diária de estúdio, em geral, é de seis a oito horas, mas, depois de cinco horas ininterruptas gravando direto, você terá uma queda de rendimento brutal. Você pode dizer que não, mas, mesmo se for o maior expert da sua área, o seu corpo começa a dar sinais de cansaço.

Eu já gravei milhares de pessoas na minha trajetória, e é sempre a mesma coisa. O olho começa a ficar seco por conta do ar-condicionado, a perna, a doer por se ficar tanto tempo em pé na mesma posição, um dos ombros, a vacilar, e então... O seu vídeo já está comprometido.

No momento da gravação, você pode até não perceber, mas quando for editar a primeira e a última cenas que gravou, vai ver nitidamente como sua imagem está desgastada e cansada, e isso é péssimo para sua audiência.

Como eu disse no começo deste capítulo: *shit in, shit out*!

Não negocie com a mediocridade em troca de algumas horas a menos de gravação ou edição. A qualidade deve estar acima de tudo, pois, ao contrário do que se ouve por aí, não dá para consertar na edição, combinado?

Pronto! Agora você pode usar este capítulo como um guia para melhorar a sua captação, mas não esqueça de que o estudo deve ser contínuo nessa área.

10

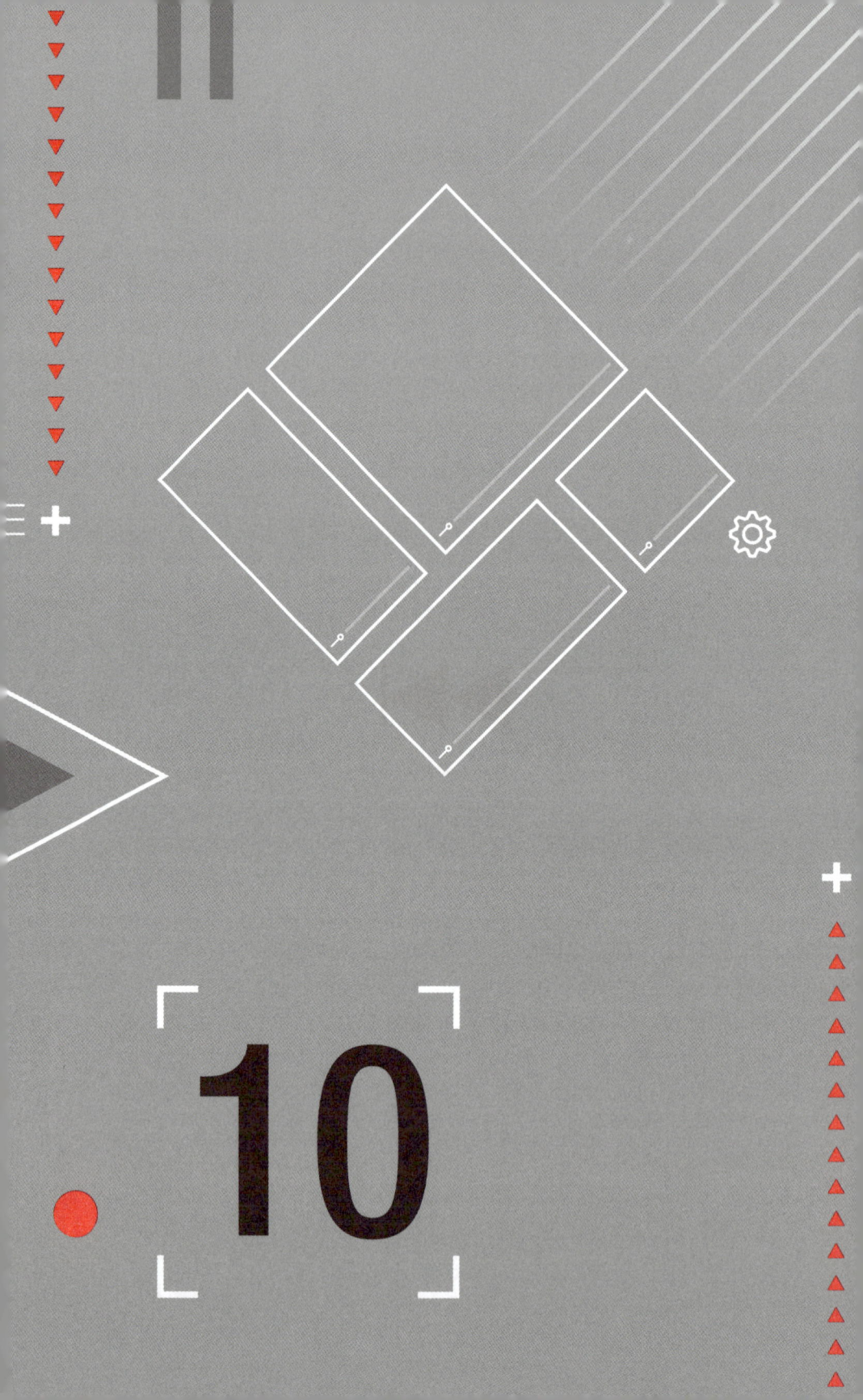

Um toque de design de vídeo

"Design é função, não forma."
Steve Jobs

As imagens são muito importantes para o vídeo, mas não somente aquelas captadas pela câmera, também as animações que servem como guia do conteúdo. Estou falando da direção de arte, da animação ou das *motion arts* que poderão estar em seu vídeo.

As animações são responsáveis por direcionar ou facilitar o entendimento do conteúdo, principalmente de conteúdos informativos. Vinhetas, cartelas e telas finais podem mudar totalmente o sentido ou a percepção de qualidade do vídeo.

A própria história da vinheta em vídeos online é focada em melhorar essa percepção de vídeo com maior qualidade. A vinheta é uma apresentação do programa que será exibido, cuja concepção se origina de programas de rádio e que servia para fazer a abertura da programação.

Com a criação da televisão, a vinheta foi transportada também para essa nova mídia, como uma maneira de apresentar a atração que irá começar, sempre com muitos desenhos, fotos, animações e, em alguns casos, créditos.

A vinheta de TV também era responsável pelo alinhamento do sinal analógico das redes afiliadas de cidades mais afastadas com o sinal da sede. Como, em geral, a sede da emissora de televisão ficava em capitais, o sinal era transmitido por longos cabos ou por tecnologias mais antigas que criavam um pequeno atraso (*delay*) durante a transmissão.

No Brasil, essa vinheta de alinhamento mais conhecida foi, por muitos anos, a do *Jornal Nacional*, da Rede Globo, que fazia a contagem de cinco segundos antes de entrar no ar, para que as emissoras afiliadas em outras cidades pudessem fazer essa correção de atraso na transmissão.

Analisando os fatos da história, podemos dizer que não faz sentido algum ter vinhetas longas nos vídeos online, pois não precisamos "realinhar" nenhum sinal. As vinhetas nos vídeos para internet ganharam grande atenção, não por especificações técnicas, mas por fazer com que os vídeos tivessem um aspecto mais profissional, mais "cara de televisão".

Vinheta

Definição: trecho curto de vídeo ou animação que apresenta o programa que está começando ou que acabou de terminar.

Vinheta tem a função principal de determinar que um programa ou um conteúdo irá começar, seja em vídeo, seja em áudio. É muito comum ver um canal que está começando incluir vinhetas mais longas, exatamente pelo motivo mencionado, de parecer mais profissional.

Como a nossa principal referência de conteúdo em vídeo vem com a televisão, é comum que muitos canais tenham começado com vinhetas similares às de programas de TV, como as de novelas.

Ao longo dos anos, as vinhetas mais longas começaram a levar a audiência a avançar o vídeo ou, em casos mais graves, a abandoná-lo simplesmente, pela impaciência de não se querer "perder" 20 segundos com elas.

Grandes players de VoD já assimilaram esse movimento da diminuição da vinheta e tomaram a decisão de diminuir a duração dela ou incluir um botão para que a audiência possa ir direto ao conteúdo, pulando a vinheta, como é o caso da Netflix.

Uma vinheta de 3 a 4 segundos já é suficiente para passar o contexto do conteúdo, que é o principal.

Uma versão da vinheta muito utilizada em vídeos curtos para redes sociais é a *vinheta-carimbo*, ou *vinheta-selo*. É um tipo de vinheta de 1 a 2 segundos que não cobre a tela toda, mas deixa uma marca sobre o que é o programa.

Um ótimo exemplo desse tipo de vinheta pode ser visto nos vídeos de Gary Vaynerchuk – um dos maiores profissionais de marketing do mundo –, que começam com uma chamada bem provocativa e cuja vinheta é o seu nome ou a sua já conhecida assinatura.

As setas apontam as vinhetas-carimbo que o Gary Vee (instagram.com/garyvee) utiliza em seus vídeos para redes sociais.

Lower third/GC

Definição: identificação de pessoa ou acontecimento feita em letras no terço horizontal inferior da tela. Também conhecido como GC, pelo equipamento que era feito em televisão, o gerador de caracteres

Com certeza você já entrou em um vídeo e viu que, assim que o apresentador começou a falar, o nome dele apareceu na tela. Isso é um *lower third*, ou GC, que, na maioria das vezes, é animado e serve para identificar uma pessoa, ou um local, ou alguma outra coisa que esteja sendo exibida. Sua função é totalmente informativa no vídeo.

Cartela/*Insert*

Definição: conjunto de informações inserido no vídeo em texto ou imagem, que tem o objetivo de tornar mais compreensivo o aprendizado do tema do vídeo. Pode existir no modelo tela cheia ou particionado, o que fizer mais sentido para o conteúdo.

Quando o *lower third* tem pouco espaço para incluir toda a informação necessária, ou quando vamos incluir uma imagem específica ou mesmo informações mais detalhadas, então é recomendado que você inclua um *insert*, ou uma cartela.

A nomenclatura pode variar de acordo com a região de onde você é, mas, em resumo, a cartela é uma área maior de conteúdo que pode ter uma inserção somente lateral ou ocupar a tela toda do vídeo.

Em geral, quando vamos explicar algo mais técnico, uma construção de conta ou um gráfico detalhado, é comum que se use uma cartela lateral para que a pessoa filmada não saia da tela e não se perca a conexão com quem está assistindo. Telejornais utilizam muito essa técnica.

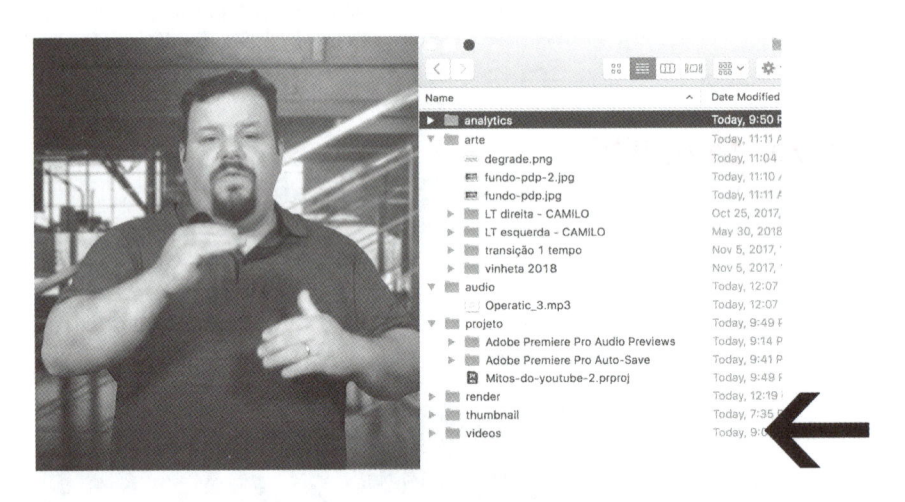

Exemplo de cartela lateral direita

Transições de cena

Definição: animação curtíssima ou corte de imagem entre uma cena e outra de um vídeo.

Quando estamos editando um vídeo, é comum haver mudanças de uma cena para outra, e é aqui que entram as transições, que irão ajudar nos cortes do vídeo. A transição de cena mais simples é o *dissolve*, quando a cena 1 vai ficando transparente, ao mesmo tempo que a cena 2 começa a aparecer.

A transição de cena também pode ser uma animação com o logo do canal ou do programa, que aparece entre uma cena e outra para pontuar que irá começar um outro tema ou uma outra resposta dentro do vídeo.

A maioria dos softwares de edição já tem embutidas algumas transições padrão que ajudam na edição dos vídeos.

Animações

Definição: tudo aquilo que é desenhado no seu vídeo e apresenta movimento, com o objetivo principal de melhorar a compreensão ou direcionar o olhar da audiência.

Tudo que não é o vídeo, praticamente, é animação. A vinheta, as transições, o logo entrando de um lado para o outro, e assim por diante. As animações podem ser mais simples, como apenas o seu logo entrando e saindo de cena em uma cartela, ou mais, elaboradas com um mascote em 3D na vinheta.

As animações, em geral, são feitas por um *motion designer*. Há muita demanda no mercado de vídeos por esse profissional, por isso, se você comprou este livro para entrar na área, recomendo estudar mais sobre o trabalho que o *motion designer* desenvolve.

Sendo bem prático, você pode ter diversas animações no seu vídeo online, como a vinheta, as cartelas e os inserts, mas existem algumas que são essenciais para se conseguir produzir um bom vídeo na internet.

Micro interactions

• Animação: Toque o sininho

No YouTube, a entrega dos seus vídeos está condicionada a uma série de fatores, um deles, a ativação de um botão de alerta, que tem um sino como ícone. É por isso que, muitas vezes, é tão comum ouvir as frases "Ative as notificações", "Aperte o sininho".

Para evitar falar isso em vídeo, recomendo que você crie uma animação simples, convidando a audiência a "tocar o sininho". Essa animação consiste apenas em um ícone de sino e o texto *Toque o sininho* entrando na tela.

• Animação: Link na descrição

Da mesma maneira que a animação de *Toque o sininho*, toda vez que você falar que existe um *Link na descrição*, você pode incluir uma animação para isso, para que a audiência entenda que esse link está lá.

• Animação: cartões de informações

Essa animação tem uma peculiaridade que é a de ter uma flecha apontando para o canto superior direito do vídeo, indicando onde está o link do vídeo que você indicou no cartão.

• Animação: barrinha da ansiedade (Minha animação preferida!)

Essa é uma animação específica para os vídeos quadrados com legenda. Como nas redes sociais tudo o que as pessoas querem é consumir o conteúdo o mais rápido possível e não perder tempo, em muitos casos elas saem de um vídeo antes que ele acabe, mesmo faltando bem pouco para isso.

A barrinha da ansiedade é uma barra de status que "corre" de um lado para o outro do vídeo, mostrando quanto tempo resta para ele acabar.

As variações são infinitas para se fazer a sua barrinha da ansiedade. Eu particularmente já coloquei meu rosto, algumas pessoas optam por ícones, outras barrinhas se tornam tão diferentes que, em vez de serem meramente horizontais, se tornam bordas ao redor do vídeo. Aqui a sua criatividade é o limite!

Picture in Picture/PiP

Definição: recurso de múltiplas câmeras em um mesmo vídeo, em que dois ou mais permanecem na tela. Muito utilizado por gamers, comentaristas esportivos ou em vídeo-aulas de softwares.

Com certeza você conhece este modelo, mas não fazia ideia do nome. O PiP nada mais é do que manter na tela uma imagem preenchendo-a toda – um gráfico, um jogo, um vídeo –, com a imagem de outra câmera no canto.

Esse é um modelo muito utilizado pelos gamers para jogar e continuar aparecendo na tela; pelos comentaristas de esportes, para comentar um lance, um golpe ou qualquer outro ponto de um vídeo sem sair da tela; e, também, por professores e instrutores para fazer vídeo-aulas, em que de um lado aparecem os slides, do outro, a imagem do professor.

Você pode utilizar o PiP em diversos momentos, e há outros exemplos além dos que dei. Use a criatividade na hora de fazer o seu PiP, seja com uma só câmera, seja com múltiplas câmeras.

Por último, tome cuidado para não se empolgar demais com as animações e incluir tantas que, ao final do vídeo, elas atraiam mais a atenção do que o próprio conteúdo.

> **Animações em um vídeo são como sal em uma refeição.
> Coloque uma pitada e dê mais sabor,
> coloque em excesso e estrague o prato.**

▶▶▶▶▶   ▶▶▶▶▶

11

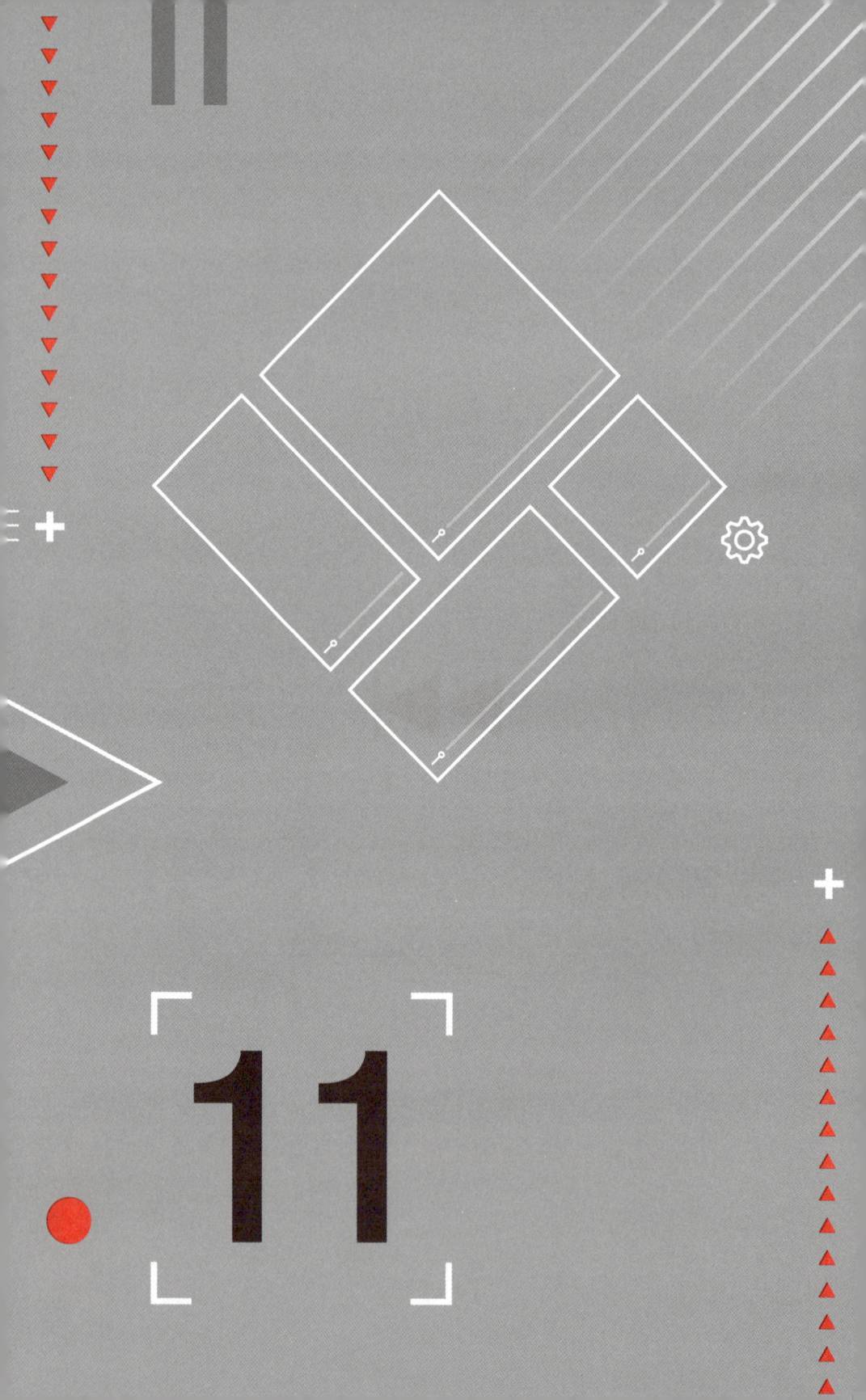

Você está me ouvindo?

"Escolha a ferramenta certa para o trabalho e não o contrário"
Paul Colligan

A minha experiência ao longo de todos esses anos trabalhando com o audiovisual me diz, com tranquilidade, que você pode suportar alguns minutos de um vídeo com uma imagem de qualidade ruim, ou mesmo um vídeo mal iluminado, mas não é capaz de aguentar 6 segundos de uma microfonia ou um pico de áudio no vídeo.

Nós somos capazes de aguentar uma imagem com menos qualidade – principalmente em vídeos de retrospectiva ou de infância –, mas não conseguimos nos concentrar em vídeos com áudio apresentando ruído ou chiado excessivo.

Isso acontece porque o áudio é 60% da compreensão do seu vídeo, ou seja, muito mais importante do que comprar uma boa câmera pela imagem que ela faz é ter uma boa maneira de captar um som "limpo".

O áudio do seu vídeo é responsável por dar "brilho" à sua história, por ajudá-lo a contar uma história dentro das cenas e, dessa maneira, fazer com que a sua audiência possa se sentir "abraçada" pelo tema.

O universo do áudio é enorme e praticamente daria um novo livro somente a explicação de todas as nuances e senoides que podem ser utilizadas para melhorar a qualidade do seu vídeo.

Basicamente você precisa se preocupar com a captação da voz e os efeitos sonoros que irá incluir posteriormente no vídeo.

1, 2, 3, testando...

A sua voz é o seu instrumento mais poderoso para a gravação, por isso trate de cuidar dela como um ativo para seus vídeos.

O aquecimento vocal é uma atividade muito importante antes e depois de gravar os vídeos - exatamente, depois de terminar de gravar você precisa desaquecer a sua voz. A vibração de língua ou as repetições de palavras irão ajudá-lo a "soltar" os músculos da face e, assim, tornar a projeção da voz muito mais ampla e melhor para seu vídeo.

A sua postura também contribui na projeção da voz, daí a importância de estar sentado corretamente – ou bem apoiado, no caso de ser um vídeo que pretende gravar em pé.

Grosso modo, você deve alinhar suas costas e seu pescoço para que o fluxo de ar tenha caminho livre na garganta e possa "projetar sua voz".

O tipo de microfone pode ajudar a captar melhor a voz, de acordo com a necessidade:

• Microfone do fone de celular

Em geral, é o primeiro tipo de microfone que se utiliza para lives e vídeos gravados com o smartphone. É um microfone que vem acoplado ao fone de ouvido de alguns smartphones.

• Microfone da câmera

Microfone embutido da câmera que não traz uma captação muito boa, porque pega muito o eco do ambiente.

Claro que isso pode ser relativo de acordo com o modelo da câmera. As câmeras de GoPro têm um microfone embutido cada vez melhor, assim como as da linha G&X da Canon.

• Microfone de mão

O famoso e conhecido microfone de karaokê. Em geral, em bastão sem fio, ou com fio ligado diretamente na mesa de som, ou no gravador de áudio. É um microfone muito comum e utilizado para entrevistas.

- **Microfone de lapela**

O mais utilizado para vídeo-aulas e vídeos de vendas. O microfone de lapela é colocado na camisa da pessoa, próximo à boca, para captar melhor o áudio. Uma dica simples para saber qual o lugar certo para colocar o microfone de lapela é usar a "técnica do L".

Levante a sua mão direita e faça um "L" fechando os dedos médio, anelar e mínimo, e esticando o polegar e o indicador. Agora coloque o dedo indicador no seu queixo e desça a mão (sem tirar o dedo indicador do queixo) para que o polegar encoste no seu peito.

Onde o seu dedo polegar "encostar" no peito é o melhor lugar para você "instalar" o seu microfone de lapela e ter o melhor som da sua caixa toráxica.

- **Microfone direcional (boom)**

Com certeza você já viu o tipo de microfone mais alongado que fica nas mãos do operador de áudio, sempre *direcionando de longe* a ponta do microfone para a boca da pessoa que está falando. Este modelo é ótimo para eventos externos ou para vídeos em que há muitas pessoas em cena, de modo que seria praticamente impossível dispor de um microfone de lapela para cada uma.

Os efeitos sonoros do vídeo

Os pontos do seu áudio em um vídeo são os chamados efeitos sonoros, que podem ser definidos como qualquer áudio gravado ou criado com o intuito de auxiliar o editor a contar a história do seu vídeo.

Uma das minhas maiores referências nacionais sobre edição de áudio, que me ensinou muito, é o meu amigo e mestre do áudio **Leo Lopes**, da **Rádiofobia Podcast Network**, uma das empresas pioneiras em podcasts. Se você quer realmente aprender sobre edição de áudio, precisa ouvir todos os episódios do podcast "Alô Ténica!", no qual terá praticamente um curso completo sobre edição e todo o universo do podcast.

Sim, não ache que fazer um bom áudio do seu vídeo é apenas colocar uma musiquinha de fundo e outra na vinheta. Isso é o que muita gente faz, sem saber os conceitos básicos disso.

O áudio do seu vídeo – juntamente com a edição do vídeo – vai dar o ritmo que você deseja para a cena. Se for uma cena para tocar o coração com emoção, com certeza haverá um som com piano ao fundo. Se o objetivo é energizar a audiência, uma bateria com guitarra pode fazer muito bem o papel.

Não existe uma regra sobre qual música ou efeito sonoro utilizar. O que você precisa é sempre ficar de ouvido aberto para que a música não leve o seu conteúdo para uma direção diferente da prevista no roteiro.

O áudio pode seguir uma sequência para contar essa história; para criar os seus vídeos, você deve se preocupar com os seguintes efeitos sonoros:

• Vinheta sonora

O som que vai acompanhar a sua vinheta visual. Essa é a "musiquinha" que as pessoas vão escutar e reconhecer o seu conteúdo.

Esse efeito sonoro pode ou não ser uma música pronta, mas, em geral, tem uma melhor audiência quando é algo específico e criado exclusivamente para um determinado programa.

Cuidado com o uso de músicas de terceiros! Elas têm direitos autorais e podem lhe render problemas de royalties, caso você as utilize sem a autorização devida.

• Ambiência

Feche os olhos. (Mas reabra para continuar lendo...hahaha.) Imagine-se em uma noite estrelada acampando no meio da floresta. Do lado da sua barraca, você vê uma fogueira e escuta o barulho da lenha estalando. A escuridão da floresta o abraça com o som da cigarra ao fundo, o cricrilar dos grilos do outro lado e, pontualmente, o piar de uma coruja. Pronto! Isso é ambiência.

A ambiência é a responsável por criar esse ambiente sonoro, ou seja, uma sequência de sons que irão remeter a um local físico. Em geral, a ambiência é um conjunto de sons – como exemplifiquei no parágrafo anterior – que, combinados, imprimem mais veracidade ao áudio.

Você pode combinar diversos tipos de áudios, como por exemplo:

QUERO SIMULAR...	EFEITOS SONOROS PARA COMPOR A AMBIÊNCIA
Praia	• som das ondas indo e vindo
	• som das gaivotas fazendo barulho
	• som de um apito de navio
	• som de crianças correndo e gritando
Cafeteria	• som de burburinho de pessoas conversando
	• som de ventilador ou sistema de ar
	• som de louça batendo
	• música suave de fundo
Parque	• som de pássaros
	• som de vento nas árvores
	• som de pessoas correndo na folha seca
	• som de cachorro latindo ao fundo com seu dono
Crie a sua ambiência	• som de _____
	• som de _____
	• som de _____
	• som de _____

• Som de fundo ou background sound

Para ajudá-lo a dar ritmo ao seu vídeo, o som de fundo faz exatamente o papel de dar mais ênfase ao conteúdo falado ou mostrado. Muito cuidado com o volume do áudio de fundo, para que ele não fique mais alto do que a parte falada do vídeo.

Outro ponto importante é escutar o áudio completo, para que, assim, você possa evitar que, no meio do vídeo – de súbito –, apareçam metais ou instrumentos muito mais altos que a voz.

- **Efeitos sonoros instrumentais**

Como o próprio nome diz, esses efeitos sonoros são criados com instrumentos musicais. Isso não quer dizer que sejam músicas; na maioria das vezes, não passam de um conjunto de notas para pontuar um assunto.

O efeito sonoro instrumental mais famoso que eu conheço é o *Tudum -pis* da bateria, que faz a marcação de alguém que fez uma piada sem graça.

- **Efeitos sonoros eletrônicos**

Estes são os efeitos criados por meio de programas específicos ou mesmo mesas de mixagem. Os grandes campeões de utilização deste tipo de efeitos são as vinhetas de rádio no Brasil.

- **Efeitos de Foley**

Conhecido no Brasil como sonoplastia, o Foley foi criado para que o cinema pudesse reproduzir, dentro do estúdio, uma melhor qualidade do áudio na pós-produção. Idealizado para os audiodramas do rádio, os efeitos sonoros gravados não tinham tanta qualidade sonora para ser reproduzidos nos audiodramas.

Foi aí que Jack Foley – que começou a trabalhar na época do cinema mudo da Universal Studios – entrou para uma companhia de audiodrama no rádio e, para se diferenciar dos outros funcionários, começou a fazer pequenas inserções de "efeitos sonoros manuais", de modo a engrandecer a experiência do ouvinte.

Eram cascas de coco para fazer parecer cavalos galopando, sapatos de salto em uma superfície de madeira para simular uma moça correndo, luvas de couro batendo-se como se fossem pássaros voando, papel celofane amassado para remeter a labaredas de fogo, e mais uma série de truques para produzir áudios ao vivo e com muito mais vivacidade e qualidade.

Foley acabou se tornando o nome da técnica, que pode ser dividida em três principais categorias: **pés**, **movimentos** e **específicos**.

Os pés para toda a categoria de som do caminhar, subir e descer escadas, andar em folhas secas etc. Os movimentos são os sons de colocar e tirar um casaco, um aperto de mão, uma tesoura cortando grama, entre outros. E, por último, a categoria de específicos refere-se a todos os outros sons que você pode encontrar, como um copo quebrando, uma mangueira jorrando água, e tudo o que imaginar que não seja movimento nem pés.

- **Vírgulas sonoras**

É muito comum que seu vídeo seja dividido em blocos; para auxiliar na divisão entre esses blocos (de conteúdo, de e-mails, de recados etc.), você pode usar uma vírgula sonora.

A vírgula sonora é um trecho do áudio principal que se encaixa entre uma cena e outra, possibilitando a troca de conteúdo ou assunto. Em inglês, você pode fazer uma pesquisa por *sting* para encontrar esses pequenos vídeos.

- **Assinatura sonora ou vinheta de fechamento**

Assim como as vinhetas marcam o início de um vídeo, as assinaturas sonoras vão assinalar – em geral nos comerciais de TV – seu desfecho com uma sequência de notas simples. Os maiores exemplos de assinatura sonora para mim é da Coca-Cola (https://vimeo.com/127722129) e do McDonald's (*para pa papá!*).

Bancos de áudio "do barulho"! Tudum-pissss

Independentemente de estar buscando a carreira de editor, é interessante pensar em montar um bom banco de áudios para seus vídeos, de modo a dispor tanto de boas trilhas sonoras quanto de efeitos que possam marcar determinados acontecimentos em seus vídeos.

São dois caminhos que você pode escolher. O primeiro, seguir os passos de Jack Foley e criar os próprios sons; o segundo, comprar sons em bancos de áudios. A decisão não tem interferência nenhuma na qualidade, somente em tempo e dinheiro que irá investir.

Separei alguns dos bancos de áudios mais conhecidos para que você possa começar a melhorar o áudio dos seus vídeos hoje mesmo:

- **Biblioteca de áudio do YouTube**

link: http://www.youtube.com/audiolibrary (acesse logado na sua conta)

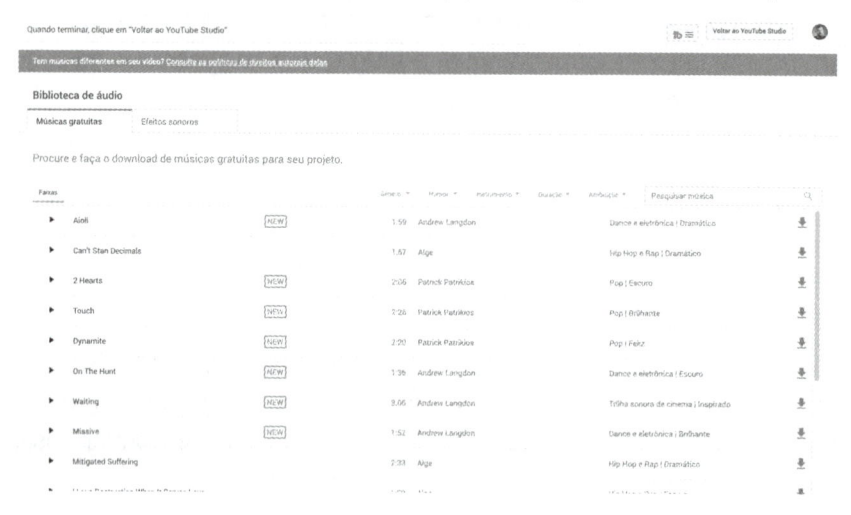

- **Epidemic Sound**

link: http://www.epidemicsound.com

- Audio Hero

link: http://www.audiohero.com

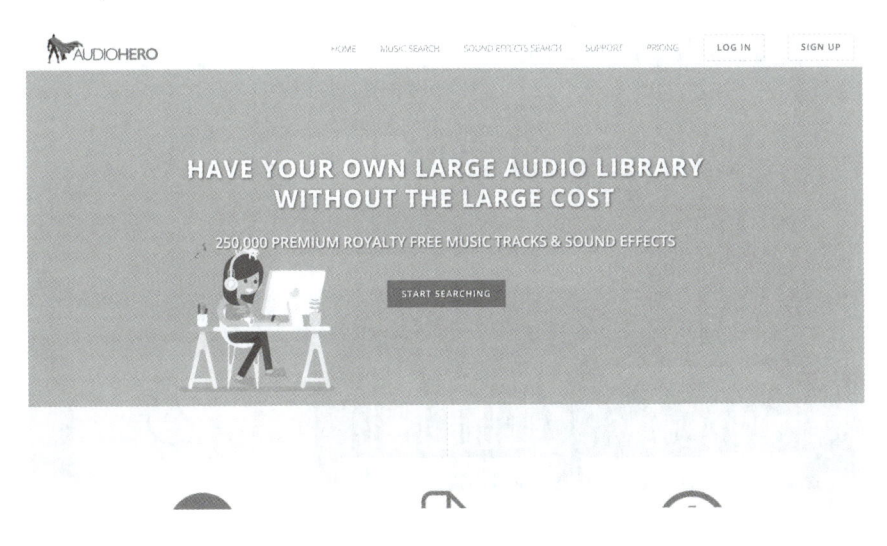

- Audio Jungle

link: http://www.audiojungle.net

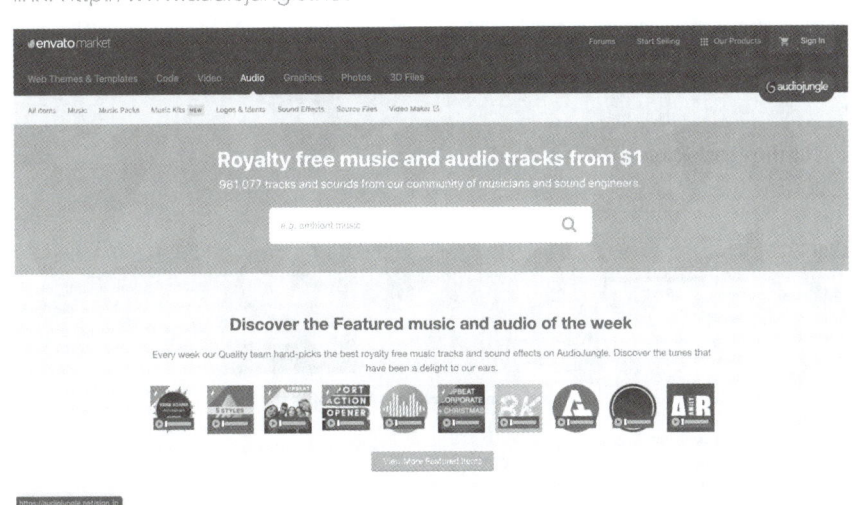

- **Pond5**

link: http://www.pond5.com

- **Audio Blocks**

link: http://www.audioblocks.com

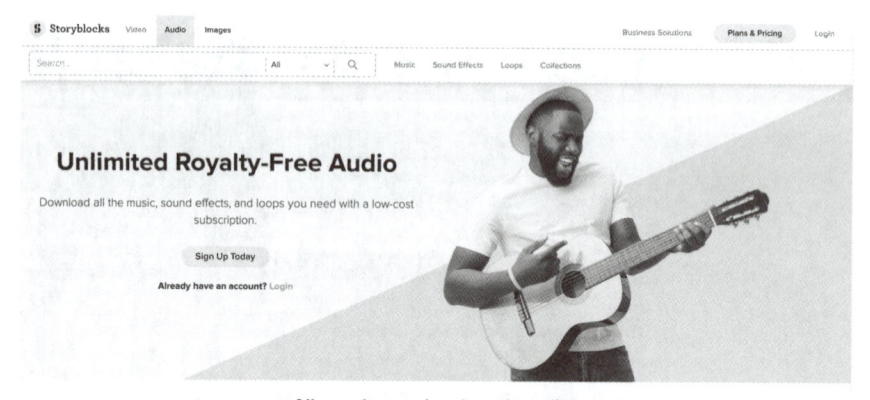

- **Premium Beat**

link: http://www.premiumbeat.com

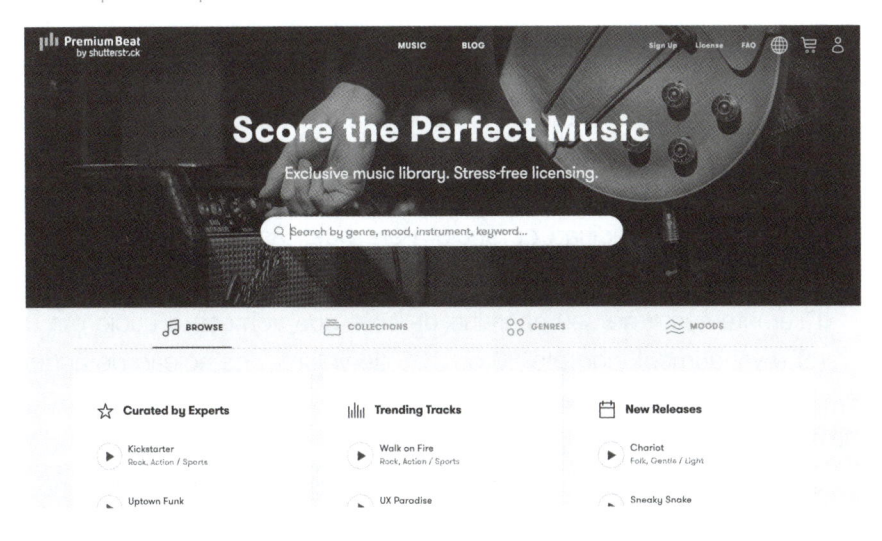

- **Jamendo**

link: http://www.jamendo.com

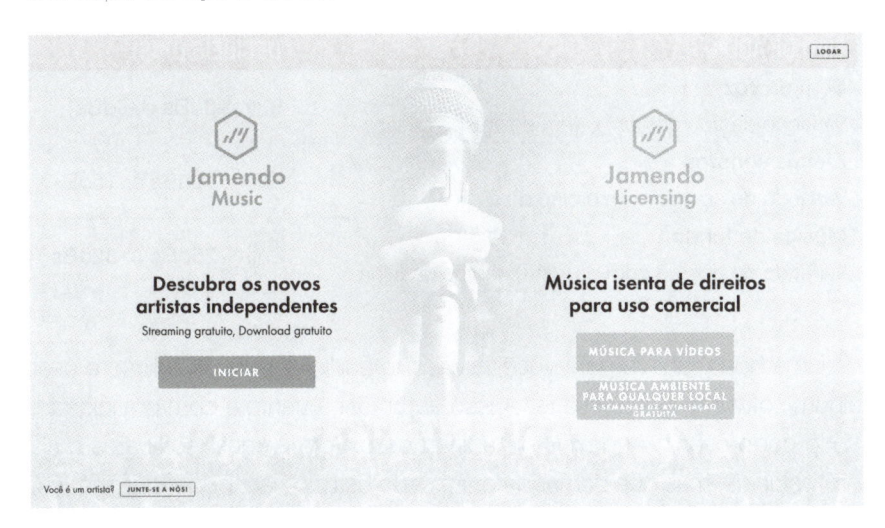

Regule o volume do seu vídeo, pelo amor dos ouvidos da sua audiência!

Tenho certeza que você já passou raiva ao assistir a algum vídeo com o áudio totalmente desregulado, em que a pessoa começa falando baixo e, a seguir, entra a vinheta com o volume duas ou três vezes mais alto.

Isso é péssimo para a audiência que – se não fugir do seu vídeo – vai ficar correndo para abaixar ou aumentar o volume durante a execução. A primeira coisa que você precisa entender é que a edição de vídeo também deve incluir a edição de áudio, para que casos como esses não aconteçam.

Diferentemente do seu aparelho de som que começa o áudio em 0 (zero) e vai aumentando até 50 ou 100 de volume, na edição de áudio essa métrica é feita em decibéis (dBs) invertidos, ou seja, o som mais alto na edição está em 0 dB.

O seu papel é regular o áudio dos seus vídeos para que eles nunca cheguem próximo do 0; o ideal é que fiquem em -3 dBs. Eu tenho a minha métrica informal que utilizo para os meus vídeos, que me auxilia a editar o áudio de maneira mais rápida e não sofrer com esses picos de som.

TIPO DE ÁUDIO	DECIBÉIS (DBS)
Som da voz Variando de acordo com o tom de voz da pessoa	Entre **-3dBs** e **-6dBs**
Efeitos sonoros Variando de acordo com o pico de áudio	Entre **-10dBs** e **-15dBs**
Música de fundo Variando de acordo com os instrumentos da trilha	Entre **-25dBs** e **-32dBs**

Uma boa maneira para você "nivelar" o áudio depois da edição é usar algum software que possa fazer isso automaticamente e com praticidade. Você pode usar o Audacity, o Audition ou o Sony Vegas, softwares mais profissionais, mas que demandam um certo estudo para poder dominá-los.

A minha dica para você ganhar tempo nessa "nivelação" do áudio é usar um programa chamado **The Levelator** (http://conversationsnetwork.

org/levelator), gratuito, que vai fazer esse trabalho para seus arquivos de áudio de forma bem dinâmica.

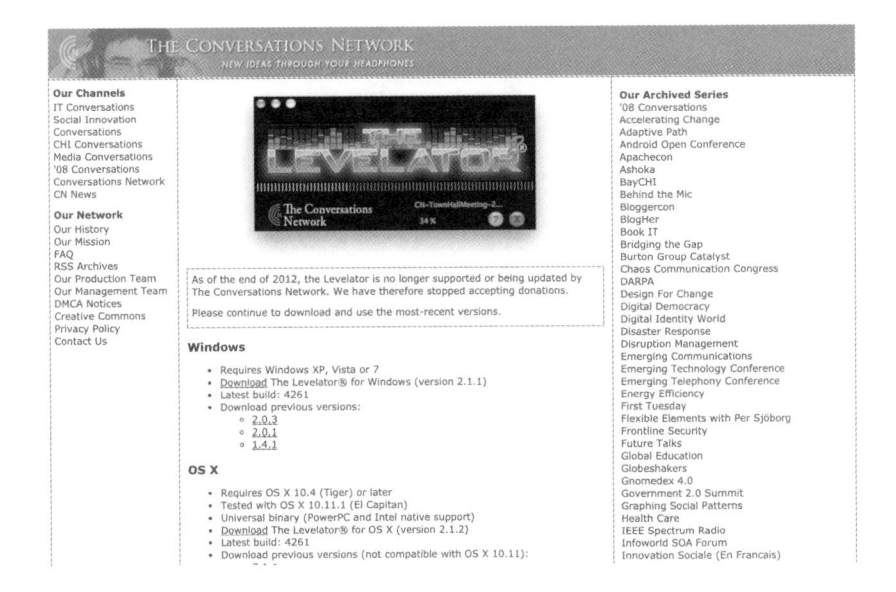

O seu trabalho é simplesmente exportar o arquivo de áudio (.wav ou .aiff) do seu vídeo para o The Levelator. Pronto! A mágica começará a acontecer. O The Levelator irá automaticamente nivelar os sons mais altos e mais baixos para que fiquem todos na "mesma altura".

Agora é só retornar ao programa de edição e reinserir o áudio.

.12

É hora do show

"Quem teme perder, já está vencido."
Jigoro Kano

A preparação para a gravação é o que vai fazer com que você tenha mais produtividade com seus vídeos. Estudar o roteiro é o primeiro passo para não ficar horas e horas no estúdio. Acredite, não há coisa pior que ficar dentro de um estúdio corrigindo ou repassando um roteiro não finalizado.

Prepare-se, estude o roteiro e faça as suas anotações de entonação e fala. Quando utilizo um teleprompter, faço uma marcação nas passagens em que tenho de fazer pausas e nas palavras em que pretendo dar mais ênfase na gravação.

A marcação é simples. Apenas escrevo a palavra inteira em caixa-alta/maiúscula para que eu saiba que, naquele momento do texto, preciso fazer a pausa – se for no final de uma frase –, ou dar mais potência vocal – no caso de ser no meio de uma sentença.

Se você pensou agora em me dizer que tem vergonha ou medo de falar algo errado, saiba que o treino é extremamente importante. Comece lendo o roteiro do seu vídeo em voz alta de frente para o espelho do banheiro.

Essa técnica vai ajudá-lo a escutar melhor a sua voz, já que a acústica da maioria dos banheiros é muito boa. Por isso cantamos durante o banho. Aproveite esse ambiente e solte a voz lendo seu roteiro.

Enquanto estiver lendo de frente para o espelho, analise o movimento dos músculos da sua face: como as suas bochechas se movimentam, como o nariz abre e fecha na respiração, como a sobrancelha sobe e desce em cada palavra. Toda essa consciência corporal é útil para fazê-lo se sentir mais forte com seu roteiro.

Minha recomendação é que você leia o roteiro ao menos três vezes e grave o áudio em seu celular para ir se acostumando com a sua quebra de palavras, a sua respiração e o pitch da sua voz, já que a percepção que temos da nossa própria voz é diferente de como ela é de fato, devido à vibração dos ossos do nosso crânio.

Aquecimento vocal básico

Antes de começar, é muito importante fazer um aquecimento vocal e, dessa maneira, proteger a sua garganta dos perigos da rouquidão ou mesmo de algum problema mais sério.

Se você for gravar por mais de 30 minutos, é extremamente importante que aqueça e desaqueça as suas cordas vocais; se for falar em público ou precisar impostar a voz, não importando se por 1 minuto ou 1 hora, recomendo igualmente que faça os exercícios de aquecimento vocal.

Existem diversas técnicas de aquecimento vocal; não sou mestre nisso para lhe ensinar todas, mas posso contar o que eu faço quando vou gravar um story, uma live, ou mesmo quando vou subir num palco para dar uma palestra ou um treinamento de 8 horas.

Sim, quando faço meus treinamentos presenciais, é comum que eu fale por 8 a 9 horas seguidas, então, sem um bom aquecimento, é certo que irei sofrer de rouquidão. Por isso, é comum que as pessoas me encontrem antes e depois do treinamento fazendo os exercícios de aquecimento e cuidado com a voz.

O primeiro exercício que eu faço é corporal, especialmente com o pescoço. Se você for replicar algum desses exercícios, tome muito cuidado, pois eles não devem ser feitos de maneira brusca, mesmo se estiver atrasado para a gravação. Isso pode lesionar o seu pescoço e acabar com a brincadeira.

Olhe para cima e para baixo movimentando o pescoço dez vezes e, depois, para a esquerda e para a direita. A próxima etapa é mover a cabeça em sentido horário e anti-horário. Eu movo cinco vezes para cada lado, sempre devagar. O último exercício que faço para essa parte do corpo é girar os ombros para trás e, depois, para frente. Nenhum desses exercícios deve gerar desconforto.

Agora, passemos à respiração. Puxe o ar com o pulmão bem profundamente e solte-o, de modo que os lábios entrem em vibração. A seguir, faço vibrar a língua dentro da boca com os lábios fechados, emitindo um som de "trrrr".

Particularmente, este é o meu exercício preferido para aquecer antes e depois das gravações, mas, como avisei no começo, procure um especialista para ajudá-lo com mais aquecimentos vocais; ao menor sinal de dor ou incômodo, procure um médico.

Agora, com uma boa postura em cena, você se encontra no ponto certo para poder gravar um belo vídeo.

O ambiente da gravação

Não importa se no estúdio, na sala do seu escritório ou na sala da sua casa, você deve sempre preparar o ambiente para gravação, para evitar desorganização e, principalmente, acidentes com equipamentos.

Como o ambiente de gravação envolve muito material físico, é comum que existam luzes e outros equipamentos com fios e ligados na tomada ou em réguas de energia. Procure sempre deixar os cabos presos ao chão ou nos tripés de cena, seja com fita-gaffer, seja com fita-crepe.

Aliás, a fita-crepe é mais do que um coringa no estúdio. É um "equipamento" essencial para quem trabalha com vídeo. Você inevitavelmente vai precisar de um pedaço de fita-crepe para prender cabos no chão, ajustar roupa dos atores, prender a dália no tripé; enfim, ela é um salva-vidas de quem trabalha com vídeo.

Se estiver gravando em casa ou em um ambiente com eletrodomésticos, analise a possibilidade de desligar os refrigeradores (não esqueça de ligá-los novamente depois) e o ar-condicionado, para evitar, no áudio, ruídos que esses aparelhos podem produzir.

Na montagem dos equipamentos do ambiente que for gravar, eu recomendo que você siga a "regra da cereja do bolo". Inventei esse nome para as pessoas memorizarem, mas, basicamente, consiste em montar os equipamentos de filmagem do mais barato para o mais caro, e seguir essa mesma ordem na desmontagem.

Ou seja, o que é mais caro – geralmente a câmera – é o que entra por último para gravar no tripé, e é a primeira coisa a ser retirada, limpa, desmontada e guardada ao final da gravação. Pode parecer besteira, mas cansei de ver gravações de 6, 8, 10 horas, em que, quando finalizadas, alguém, na euforia, derrubou a câmera puxando um cabo de iluminação. Tenha em mente: o que é mais caro vai entrar por último e sair primeiro.

Com os equipamentos montados, faça o teste de imagem e som. *Mas Camilo, você acha que eu não sei gravar, depois de um ano de conteúdo diário no canal?* Foi exatamente a frase que escutei de uma autoridade em seu nicho que, numa ocasião, não checou se o microfone estava funcionando.

Adivinha o que aconteceu? Exatamente no dia seguinte, recebo uma ligação perguntando se existia alguma maneira de captar o áudio de um cartão, pois a máquina não havia gravado o material. Se não gravou, não tem o que recuperar.

Invista dois minutos do seu dia de gravação para testar o áudio, o vídeo, a iluminação e todos os equipamentos antes de gravar. Dessa maneira, você vai diminuir muito o seu retrabalho ou tempo extra de gravação.

Como última dica deste capítulo: não saia do personagem antes do tempo. Na gravação de um vídeo, é comum se comportar de modo um pouco mais enérgico do que o normal. Quando treino os meus mentorados e alunos, recomendo que a energia esteja 30% maior do que a habitual, para que ela passe para o vídeo.

Um bom sorriso no rosto também é essencial para começar. Pode fazer o teste agora mesmo. Fale de maneira normal a frase: "Vou lhe responder depois da vinheta". Agora, abra um sorriso e repita a frase: "Vou lhe responder depois da vinheta".

Perceba como a sonoridade da frase muda e, principalmente, como a sua expressão fica mais atrativa para quem escuta. (Exceto se você fez esse exercício no ônibus e, nesse momento, alguém o observa de canto de olho, com medo, tentando entender com quem você estava falando. Desculpe por isso, acontece.)

Inclusive, uma das recomendações do próprio Instagram para uma maior taxa de retorno nos stories é começar a sequência de conteúdo destes com um sorriso para a câmera.

Checklist de gravação

CHECKLIST PARA GRAVAÇÃO		
LOCAL	**ÁUDIO**	**ROTEIRO**
❏ limpeza do espaço	❏ baterias para gravador	❏ roteiro impresso
❏ tomadas 110v	❏ gravador de áudio	❏ roteiro digital para TP
❏ tomadas 220v	❏ tripé para gravador	❏ passagem de roteiro
❏ iluminação de serviço	❏ tripé para microfone	❏ marcações
❏ portas e janelas	❏ microfones	❏ aquecimento corporal
❏ definição de horários	❏ cabos de microfones	❏ aquecimento vocal
❏ tapar luz externa	❏ pilhas para microfone	
❏ definir entrada e saída	❏ instalar microfones	**GRAVAÇÃO**
❏ esticar o chroma key	❏ cartão de áudio	❏ claquete da cena
	❏ teste de acústica	❏ enquadramento
ILUMINAÇÃO		❏ verificar roupa em cena
❏ tripés de iluminação	**VÍDEO**	❏ afinar iluminação
❏ lâmpadas	❏ tripé de câmera	❏ teste do TP
❏ iluminação principal	❏ sapata do tripé	❏ teste no monitor
❏ iluminação secundária	❏ baterias da câmera	❏ regulagem do foco
❏ iluminação de recorte	❏ corpo da câmera	❏ regulagem de áudio
❏ teste de tomadas	❏ lentes da câmera	❏ gravação de teste
❏ instalar cabos	❏ cartão de vídeo	❏ GRAVANDO!

Para finalizar este capítulo, quero compartilhar uma estratégia para que você nunca mais esqueça equipamentos ou deixe de fazer a checagem deles. Essa dica eu aprendi com meu amigo Rafael Rez, quando ele lançou um curso inteiro baseado em checklists.

Lá eu aprendi como uma boa checklist, voltadas às principais ações e funções no estúdio, pode evitar problemas na hora de gravar (e depois da gravação também).

Claro que essa é uma listagem mais simples, que cito aqui como um exemplo; você pode aumentar ou modificar os itens da checklist de acordo com o que mais funciona para você. O importante é ter uma lista para não perder tempo, não danificar equipamentos e, sobretudo, gravar com a melhor qualidade e produtividade possível.

Vá fundo e boa gravação!

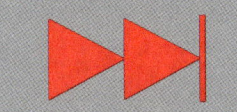

▶▶▶|

▶ ▶ ▶ ▶ ▶   ▶ ▶ ▶ ▶ ▶

13

Organização pré-edição

"Com organização e tempo, acha-se o segredo de fazer tudo e bem-feito."
Pitágoras

Este não é um livro de edição de vídeos, mas acho importante fazer essa ponte de toda a preparação do conteúdo antes de entrarmos na parte de otimização "front-end", mostrando alguns pontos da preparação dos arquivos que utilizo em meus projetos.

Otimização de vídeos tem a ver com tudo o que venho falando desde o começo do livro: planejamento, roteiro e tudo mais que já vimos. Ignorar esses passos é sofrer para posicionar um vídeo, pois ele não foi construído pensando em estratégia.

Ouso dizer que, em alguns anos, o ato de editar um vídeo será tão comum para as grandes massas quanto, hoje em dia, é o Photoshop. Sonho com o dia em que as pessoas irão falar que estão filmando somente um *b-rollzinho* para compor os stories, da mesma forma como pedem para quem lhes tira uma foto que as "emagreçam no Photoshop".

Pense comigo: você já percebeu que a nossa vida é uma live sem cortes? Há até comentários de quem assiste à nossa vida. Com a evolução das plataformas online e dos dispositivos físicos, é muito fácil perceber que o vídeo já é a base da comunicação.

Brincadeiras à parte, prevejo que, em alguns anos, a edição de vídeos será algo tão comum que quem não entender o básico de como isso tudo funciona terá grandes dificuldades para arranjar um emprego na área de comunicação e marketing.

Edição, para mim, é o processo de reordenar uma sequência de vídeos, inserindo, modificando ou cortando determinadas cenas, para beneficiar o resultado final, que é contar uma história que envolva o espectador e lhe gere emoção.

Costumo dizer que se você brincou de Lego na infância, vai entender muito facilmente como funciona a edição de um livro, já que os arquivos gravados seriam como as peças, e a cada corte feito são geradas novas peças.

Então, com todas essas "peças" de vídeo, o seu trabalho é ordená-las para que tenham uma sequência que conte a sua história, seja um vídeo para entretenimento, seja um vídeo de vendas. Edição é a arte de fazer prender a atenção do começo ao final do vídeo.

Pós-gravação

Logo após a gravação, o ponto mais importante é fazer backup dos arquivos do cartão para dois locais diferentes. Ou dois HD externos, ou um HD e uma cópia na nuvem, desde que você tenha uma cópia de segurança em algum local; ou até mesmo pendrives.

Meu primeiro passo com os arquivos no computador é organizá-los por nomes e colocar cada um em suas respectivas pastas antes de começar a editar. Assisto a cada arquivo de vídeo e atribuo-lhe data, nome do projeto e descrição para me ajudar a encontrá-lo depois na edição mais facilmente.

MV00345.mov
↓
anomêsdia-nomedoprojeto-descrição.mov
↓
20200101-videodevendasdolivro-livrofilmadonaestante.mov

Utilizo a sequência americana de data (ano/mês/dia) pois, assim, os arquivos ficam organizados em ordem cronológica.

Com os arquivos de vídeo e áudio renomeados, começo a construir as pastas para editar o meu vídeo. O processo de edição dentro dos softwares é feito por meio de caminhos dos arquivos do software até o arquivo do seu computador, então, é muito importante manter os arquivos organizados.

Se você mover um arquivo fora do programa de edição, muito provavelmente irá perder o "caminho" do arquivo, o seu software não irá mais encontrá-lo, e essa cena perdida não aparecerá no seu vídeo.

O que fazemos agora é separar por pastas, e preciso dar os créditos a esse modelo de divisão de pastas, pois eu o aprendi com dois grandes editores brasileiro, **Anderson Gaveta**, uma inspiração em edição, e **Rodrigo Dantas**, o Tucano da Tucano Motion. Se você quer aprender a editar com maestria, recomendo fortemente que estude tudo o que eles fazem.

A divisão de pastas tem o objetivo de tornar o seu trabalho mais fácil e rápido. O trabalho aqui é somente abrir pastas para cada grupo de arquivos, fazendo com que a hierarquia delas fique conforme este modelo abaixo.

- 📁 pasta do projeto
    - 📁 artes
        - 📁 animações
        - 📁 prints de tela
        - 📁 fotos
    - 📁 áudio
        - 📁 mic
        - 📁 bg
        - 📁 sfx
    - 📁 projeto
    - 📁 render
    - 📁 thumbnail
    - 📁 video
        - 📁 câmera 1
        - 📁 câmera 2
    - 📁 analytics

Vamos entrar em cada uma das pastas e o que você deveria guardar nelas.

📁 pasta do projeto

Pasta na qual todos os arquivos estão. A necessidade de uma pasta para cada projeto parece uma besteira se você faz poucos vídeos, mas se já estiver gravando de 30 a 50 vídeos por ano, é essa organização que fará a diferença na sua produtividade.

📁 artes

Todo o material gráfico que você irá utilizar no vídeo, desde slides, prints de tela, até as animações como vinhetas e transições de cena. Você pode, inclusive, ser mais específico e separar em subpastas as animações dos gráficos estáticos.

📁 áudio

Todos os arquivos de áudio do vídeo, tanto os arquivos de áudio dos microfones dos atores quanto os efeitos sonoros (SFX ou sound effects) e até mesmo as trilhas sonoras (bg de background music). Aqui também separados por subpastas.

📁 projeto

O projeto em si, o arquivo nativo do software de edição; no caso do Premiere, o .pproj.

📁 render

Esta é a pasta para todos os vídeos finalizados, que, no audiovisual, chamamos de renderizados, pois já passaram pelo render do software de edição.

📁 thumbnails

Esta pasta é uma das que eu criei. É nela que insiro as print screens do vídeo e fotos que irão servir para que eu construa a miniatura do vídeo, a thumbnail.

📁 vídeo

Todos os seus arquivos de vídeo da câmera, da webcam, do celular, não importa. Tudo o que você gravou que não é áudio ou não é gráfico, vai para esta pasta. Lembre-se de renomear os arquivos para o seu trabalho ficar mais prático.

📁 analytics

A segunda pasta que eu criei para turbinar essa organização. Muitas vezes, eu queria saber como tinha sido a conversão da minha thumbnail, ou o desempenho do vídeo nas primeiras 24 horas do lançamento, mas, depois de um tempo, essa informação ficava muito difícil de ser encontrada.

A minha solução foi a mais simples de todas: acompanhar o vídeo nas primeiras 24 horas e, após completar esse ciclo, guardar a print screen da tela com os dados do analytics junto com o vídeo e, assim, ter o projeto completo independentemente da plataforma.

Um bom editor é um mestre do corte, mas, principalmente, um mestre na organização de seus arquivos e ideias. Acredite, isso irá salvar boas horas de trabalho, a despeito de editar no desktop ou pelo celular.

Com tudo pronto, agora você pode começar a editar, certo? Errado! Você precisa do roteiro e das anotações que fez nele para que possa seguir, de maneira mais fácil e prática, tudo o que foi pensado na estratégia do vídeo.

Editar um vídeo acompanhando o roteiro irá ajudá-lo em dois momentos. O primeiro, em entender qual a história que precisa contar; o segundo, para não sofrer com um grande número de refações do vídeo.

Quando edito vídeos de terceiros, sempre peço e leio o roteiro antes de começar a separar e organizar os arquivos. Essa consciência do material bruto e do material final esperado pelo cliente faz uma imensa diferença no trabalho de edição.

Não vamos entrar em nenhum software de edição específico neste livro, mas, se quer começar a editar, recomendo que o faça com alguns desses:

PROGRAMAS DE EDIÇÃO PARA DESKTOP	PROGRAMAS DE EDIÇÃO PARA CELULAR
• Adobe Premiere (pago) • Davinci Resolve (gratuito) • Final Cut (pago) • Sony Vegas (pago) • HitFilm (pago)	• inShot (gratuito e pago) • KineMaster (gratuito e pago) • Filmora (gratuito e pago) • Power Director (gratuito e pago) • Premiere Rush (pago)

Não acredito que exista um software de edição de vídeos superior. Tudo é questão de lógica e gosto. Use a versão gratuita dos softwares para testar e entender qual deles melhor se adapta à sua realidade.

Vou lhe dar aqui duas únicas dicas de edição. A primeira é: guarde todos os erros de gravação. Em algum momento, você poderá usá-los como um alívio cômico de algum vídeo – sempre com parcimônia –, ou mesmo para fazer um vídeo específico de erros de gravação para outras redes sociais.

A segunda é a mais importante para um editor: se estiver em dúvida sobre uma cena entrar no vídeo ou não, considerando que ela não faz tanta diferença na linha da história final, corte! Novamente: **A sua audiência não sente falta do que não viu.**

Isso mesmo! Pode parecer cruel, mas vale mais um vídeo com ritmo bom do que um vídeo longo só porque quis inserir uma cena adicional. Menos é mais.

Edição é ritmo, bagagem e muito estudo. Reúna seus arquivos, leia o roteiro e se prepare para algumas horas de edição. Caso contrate um editor, então o trabalho é mais fácil, mas não se esqueça de direcionar a edição com as suas referências e, em particular, com o que você espera como resultado desse vídeo.

Agora, prepare seu arquivo final, que entraremos fundo na questão de otimização de vídeos. Aperte os cintos e vamos nessa!

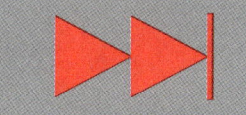

14

Introdução ao temido algoritmo

"O Google só vai amar você se todo mundo amá-lo primeiro."
Wendy Piersall

Q uem publica qualquer tipo de conteúdo na internet com certeza já pensou, em algum momento, como seus vídeos, imagens e áudios são distribuídos para as pessoas que decidem segui-lo.

Essa distribuição – também chamada de entrega – é feita a partir de regras e procedimentos criados para se oferecer a melhor experiência possível em se passar o tempo naquela plataforma.

É impossível falar de algoritmo sem pensar no Google. O Google é uma empresa que nasceu como um grande motor de pesquisa da internet e, hoje, conta com inúmeras empresas no setor de internet, dados e informação, uma das quais o YouTube.

Não é à toa que **a missão do Google é organizar toda a informação do mundo**, pois, desde seu início, o motor de pesquisa foi o seu maior diferencial no mercado. Esse motor de pesquisa – ou buscador – é alimentado por uma série de algoritmos, que organiza as informações e as apresenta em forma de páginas de resultados.

O YouTube é o segundo maior motor de pesquisa do mundo, só perdendo para o site do Google, ou seja, está tudo em "família". A barra de pesquisa do YouTube é a entrada principal para inserir dados e deixar que os algoritmos organizem as informações dos vídeos, apresentando as mais relevantes em ordem.

Essa ordenação dos vídeos é o que chamamos de ranqueamento – ou ranking –, criado a partir das ações estabelecidas pelos algoritmos do YouTube. Sim, algoritmos, pois não é apenas um único algoritmo gigante que cuida de tudo.

São diversos algoritmos, com diversas funcionalidades, que trazem impactos reais, como, por exemplo, o que analisa um vídeo seu e recomenda três frames dele para você analisar qual teria maior probabilidade de conseguir mais cliques.

Ou mesmo o algoritmo que vai ler os seus metadados e sugerir o assunto no qual o seu vídeo é mais relevante e em quais as palavras-chave ele deveria aparecer.

Enfim, os algoritmos do YouTube são guardados a sete chaves em algum quartel-general no mundo com replicação em outros países e, sem dúvida, é a maior fonte de assuntos em rodinhas de pessoas que querem entender como entregar melhor os seus vídeos.

Particularmente, esse é um tema de que gosto bastante e me empenho em estudá-lo com afinco para que as minhas estratégias possam ser validadas e atinjam os resultados esperados.

> Segundo a Wikipedia, em ciência da computação, um algoritmo é uma sequência finita de ações executáveis que visam obter uma solução para um determinado tipo de problema.
>
> ...
>
> Segundo Dasgupta, Papadimitriou e Vazirani (2006), algoritmos são procedimentos precisos, não ambíguos, mecânicos, eficientes e corretos.
>
> ...
>
> De minha parte, defino algoritmos como as regras do jogo para que você possa distribuir o seu conteúdo para a maior porcentagem possível da sua audiência.

De uma maneira bem simples, os algoritmos vão entregar **vídeos de mergulho** para uma pessoa que assistiu a uma série de canais de mergulho ou conteúdo relacionado, supondo que esse tema irá interessar a ela mais do que vídeos de amamentação.

Claro que são inúmeras etapas e gatilhos que vão ativar as ações do algoritmo, mas, antes disso, precisamos entender o ecossistema no qual tudo isso funciona.

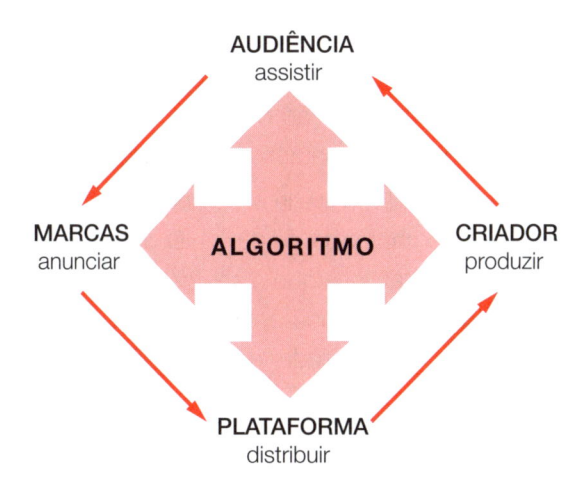

```
                AUDIÊNCIA
                 assistir
                     ↑
                     |
     ↙                                ↘
MARCAS          ALGORITMO          CRIADOR
anunciar                           produzir
     ↖                                ↗
                     |
                     ↓
                PLATAFORMA
                 distribuir
```

Na imagem, você consegue ver o ciclo completo dos quatro pilares do conteúdo. O primeiro pilar é considerado o mais importante pelas plataformas; sempre que existe uma alteração ou uma mudança no algoritmo, o foco é melhorar a experiência do usuário, ou seja, nosso primeiro pilar é a **audiência** que irá assistir ao conteúdo.

O segundo é o **conteúdo**, produzido por criadores ou por marcas e enviado para a plataforma (upload). É neste pilar que este livro se concentra, em criar vídeos melhores e com relevância para o primeiro pilar da audiência.

O terceiro são os **patrocinadores** ou as marcas que anunciam na plataforma, seja em formato de anúncios do YouTube (via AdSense), seja patrocinando um vídeo.

O quarto e último pilar é a **plataforma**, na qual os vídeos estarão guardados após o envio. É aqui que o algoritmo trabalha, unindo as informações de todos os pilares para "tomar as decisões" do ranqueamento da página de resultado de pesquisa.

Identificação de publicação de conteúdo

A maioria das plataformas utiliza as atividades dos usuários para identificar o seu conteúdo e a relevância que ele deve ter para a audiência. Aqui, vale reforçar que as plataformas reconhecem o conteúdo e não somente o vídeo.

Esse é um ponto de atenção que poucas pessoas divulgam ou conhecem, que é o uso dessa identificação das suas atividades na plataforma como uma maneira de manter o seu conteúdo engajado.

No YouTube, por exemplo, a cada vídeo enviado, a plataforma gera uma identificação, que é chamada de ID. O ID de envio de conteúdo é responsável por dizer à plataforma que o seu canal tem uma nova atividade, ou seja, você está com uma boa consistência de postagem, e o seu conteúdo frequente e novo vai agradar a sua audiência.

https://www.youtube.com/watch?v=aaYIZ4ulpno
ID DO VÍDEO

A sacada aqui é entender que não é somente o upload de um vídeo que gera um novo ID para o seu canal, mas, sim, todas as ações com novo conteúdo relevante para a audiência.

Sim, exatamente isso. Quando você cria uma nova lista de reprodução/playlist otimizada, um novo ID é gerado. Quando você cria uma nova publicação na aba comunidade, um novo ID é gerado. Quando você abre uma live/ao vivo/direto, um novo ID é gerado.

O que isso quer dizer? Quer dizer que, quando estamos pensando na frequência de publicação de um canal, devemos levar em conta não somente o envio dos vídeos (que é o fator principal), mas também a criação de outros tipos de ID's.

Digamos que, por algum motivo, você não vai conseguir enviar o seu vídeo para a plataforma; uma boa ideia talvez seja abrir uma live, uma playlist ou mesmo postar um conteúdo único na sua aba comunidade (disponível para canais que possuam mais de 10 mil inscritos).

Em contrapartida, essa estratégia de ID's diversos pode ser usada também para complementar o conteúdo já existente, ou seja, se você já posta toda quarta-feira um vídeo, experimente usar a aba comunidade todas as segundas e sextas, ou criar uma nova playlist por semana com uma curadoria especial do seu conteúdo.

Essa é mais uma ferramenta estratégica, use-a com sabedoria e parcimônia.

O que dizem os engenheiros do YouTube

Um dos estudos mais interessantes (e disponíveis gratuitamente) que encontrei em meu aprendizado no Google Research (http://research.google.com/) foi a publicação *Deep Neural Networks for YouTube Recommendations* (Covington; Adams; Sargin, 2016), que aborda uma série de itens, em especial sobre como um dos algoritmos do YouTube reconhece e organiza o conteúdo.

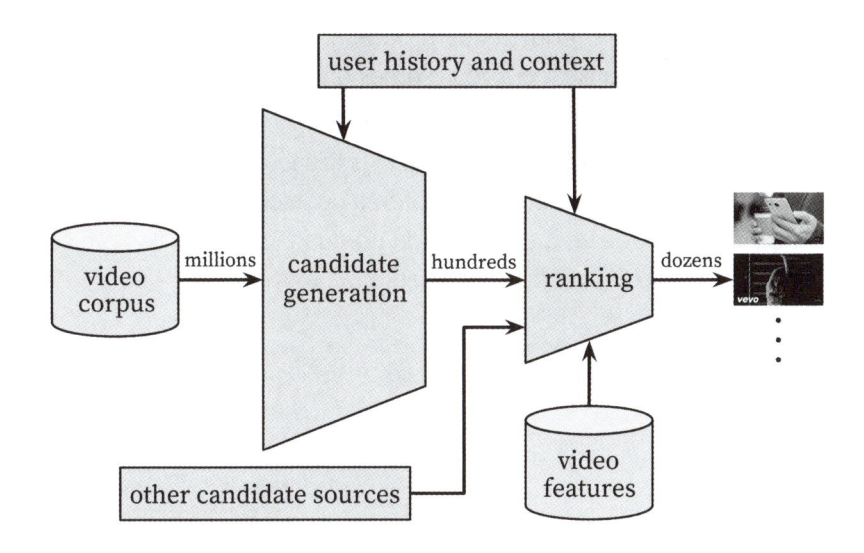

Deep Neural Networks for YouTube Recommendations Paul Covington, Jay Adams, Emre Sargin

Claro que esse artigo científico criado por engenheiros requer um pouco mais de atenção para estudo, mas um dos pontos mais importantes para mim é o primeiro gráfico, que revela as duas redes neurais que aprendem e entregam o conteúdo para posicionamento na página de resultado de pesquisa.

São duas redes neurais (os dois trapézios da imagem a seguir): uma que lista os vídeos candidatos para determinada pesquisa, e outra responsável pela classificação em si, ou seja, "somente" com essas ações, a plataforma define os vídeos recomendados, os vídeos sugeridos e os vídeos que aparecerão na sua tela principal da plataforma quando você estiver logado na sua conta.

O primeiro filtro é o que seleciona os vídeos que estão se candidatando à pesquisa (*candidate generation*), que é influenciado pelo histórico e contexto do usuário (*user history and context*).

Esses histórico e contexto correspondem aos vídeos assistidos pelo usuário e ao tempo que ele passa assistindo.

É aqui que os termos de consulta, os ID's dos vídeos e dados do usuário são utilizados para oferecer um resultado melhor para o momento do usuário na pesquisa. Aqui também podemos compreender que o algoritmo começa a identificar públicos semelhantes que assistem ao vídeo para fazer uma recomendação mais próxima da pesquisa.

O segundo filtro é o responsável pela classificação (ranking) dos vídeos, e foi nessa descrição que os autores destacaram muito bem que cada vídeo recebe uma determinada pontuação de acordo com as ações sociais que ele recebe (engajamento).

> ... *Atribuindo uma pontuação a cada vídeo de acordo com o objetivo de uma função desejada, usando um rico conjunto de recursos que descrevem o vídeo e o usuário. Os vídeos com maior pontuação são apresentados ao usuário, classificados por sua pontuação.*

Bingo! Nesse momento, temos então a validação de muitas estratégias focadas no engajamento, incluindo a estratégia dos comentários pingue-pongue que você verá mais adiante, documentada passo a passo.

Outros pontos, como o conteúdo novo (fresh content), também têm uma pontuação maior, não por ser novo, mas por ser uma preferência maior da audiência.

A *taxa de cliques* (*click-through-rate* ou CTR) é um dos pontos de atenção, pois, segundo o estudo, muitos dos conteúdos que querem aparecer mais utilizam maneiras não alinhadas com as diretrizes para atrair o clique do usuário, e isso já é acompanhado pelo YouTube.

Por conta dessas ações de usuários querendo burlar a plataforma – o famoso *clickbait* –, esta começou a dar mais preferência à métrica de *tempo de exibição* do que ao CTR do vídeo para indicar relevância do conteúdo para a página de resultados de pesquisa – também conhecida como *search engine results page* ou SERP.

Esses dados todos são analisados e alimentam as duas principais redes neurais para a "escolha" dos vídeos recomendados e sugeridos. É com base nesse e em outros estudos que desenvolvo a maioria das estratégias de vídeos, porque assim temos um caminho mais claro de como a plataforma funciona, e não um "achômetro".

Os seis pilares do algoritmo do YouTube

A partir da triagem de estudos de engenheiros, palestras de eventos mundiais de vídeos – como VidCon, VidSummit, Social Media Marketing World, entre outros – e treinamentos dos maiores nomes do mundo em Video Marketing, vou listar seis pilares de conteúdo do algoritmo do YouTube.

Esses seis pilares trazem os principais sinais de que a plataforma precisa para entender sobre o que é o seu vídeo e de como devem posicioná-lo na SERP. Se você entender como cada uma dessas etapas funciona, certamente terá mais chances de obter um posicionamento melhor com seu vídeo.

Pense que esses pilares são sinais enviados para o algoritmo que, por meio de suas redes neurais, vão aprender mais sobre o seu vídeo e entregar para a audiência.

Pilar 1: Session start/Início da sessão

O início de sessão acontece quando o usuário chega no YouTube vindo de um link externo. Ou seja, toda vez que alguém digita a URL do YouTube ou clica em um link e chega na página de vídeo, isso é contabilizado como um início de sessão.

O usuário pode chegar a seu vídeo por alguns caminhos como:

- página principal (youtube.com) > pesquisa de palavra-chave > clique no seu vídeo
- link direto para seu vídeo enviado por e-mail, messenger ou redes sociais
- página principal > clique na recomendação > clique no seu vídeo
- vídeos de terceiros > vídeo sugerido > clique no seu vídeo
- página de pesquisa do Google > clique no seu vídeo otimizado para Google

Não importa por qual página o usuário chegou ao seu vídeo, se ele vem de outro site ou de um motor de pesquisa, essa "chegada" é contabilizada como um início de sessão.

Pilar 2: Session duration/Duração da sessão

Lembra que falei sobre o tempo de exibição? Esse é um dos sinais mais importantes para alcançar *vídeos recomendados* e *vídeos sugeridos*.

A duração de sessão, de uma maneira simples, diz respeito ao tempo que o usuário gasta assistindo a um vídeo ou realizando qualquer outra ação, desde que ele esteja na página e com o vídeo rodando.

O ritmo da sua edição é extremamente importante para potencializar a *session duration*, já que, além do conteúdo, é a edição que faz prender a audiência.

Pilar 3: Session engagement/Ações de engajamento

Se o tempo de exibição é importante, então as ações sociais (*social actions*) que o usuário realiza em seu vídeo são sinais tão valiosos quanto. Likes, comentários, compartilhamentos, adicionar a playlist, assistir mais tarde, voltar e assistir até o final, essas são somente algumas das ações de engajamento com o seu vídeo.

Cuidado! Não leia este capítulo achando que agora a solução é pedir para a sua audiência curtir, compartilhar, comentar e proceder a todas as outras 35 ações de engajamento. Prefira apenas uma ação para que, assim, a sua audiência não se sinta perdida. #NãoSejaPedinteDeLikes

Pilar 4: Session end/Final da sessão

Tudo tem um final, e o seu vídeo, em algum momento, acabará; sua audiência irá para o próximo vídeo ou sairá do YouTube. O final de sessão é exatamente isso, a quantidade de pessoas que abandonam o seu vídeo ou canal.

É neste pilar que todos os clickbaits são destruídos, porque, se existe um vídeo que atrai uma grande quantidade de links e cliques, mas tem uma taxa de saída muito alta, isso é um sinal que esse vídeo atraiu as pessoas com um título ou thumbnail enganoso.

Uma taxa de saída alta configura o que chamamos de **clique curto**, ou seja, a pessoa clicou no seu vídeo, assistiu por 8 segundos e voltou à página de pesquisa ou saiu do YouTube, caracterizando insatisfação com o conteúdo.

Pilar 5: Consistency/Consistência de publicação

O envio frequente de vídeos para a plataforma com um intervalo padrão entre eles (vídeos todas as quartas-feiras, por exemplo) ativa o pilar da consistência, informando para o algoritmo que o seu canal é um grande contribuidor com a comunidade.

Preciso dizer que não existe uma consistência correta para a postagem de vídeos no seu canal do YouTube, mas minha recomendação é que você tenha ao menos um vídeo por semana para manter a sua audiência "aquecida" com o seu conteúdo.

Pilar 6: History/Histórico de pesquisa

A navegação do usuário nos canais e nos vídeos tem muita força nas decisões do algoritmo, como vimos na análise do artigo mencionado no início do capítulo. A trilha de conteúdo consumida pelo usuário indica vários sinais que auxiliam o algoritmo a criar públicos semelhantes.

Os públicos semelhantes ajudam o algoritmo a "prever" o conteúdo que você gostaria de ver depois de ter assistido a determinado vídeo. Apesar de complexa, a dinâmica pode ser explicada de maneira simples.

Quando o usuário A assistir ao vídeo 1, depois ao vídeo 2 e, por fim, ao vídeo 3, o algoritmo já começa a rastrear esses sinais. Entende que essa é uma trilha de vídeo que se conecta, em que os vídeos 1, 2 e 3 entregam o conteúdo que o usuário A precisa.

Quando o usuário B assistir ao vídeo 1, depois ao vídeo 2, existe uma enorme chance de o algoritmo lhe indicar o vídeo 3 – como conteúdo recomendado ou sugerido –, por entender que o usuário B tem um comportamento semelhante ao usuário A, daí a apresentação de uma resposta *semelhante*.

Talvez este seja um dos capítulos mais densos, mas ele é essencial para quem realmente deseja estudar e se aprofundar na área de estratégias e otimização de vídeos. Não existe otimizar um vídeo sem dominar este capítulo de introdução ao algoritmo.

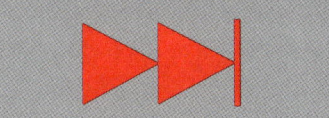

▶▶▶|

15

Otimização de vídeos ou VideoSEO

"Redes sociais são um esporte de contato."
Margaret Molloy

Talvez este seja um dos capítulos mais esperados e você tenha pulado os capítulos anteriores só para vir direto neste. Ou mesmo esteja na livraria folheando as páginas para ver se este livro tem o conteúdo que deseja, "correndo" com os dedos até aqui, afinal, uma das técnicas que mais me tornaram conhecido foi a otimização de vídeos.

Otimização de vídeos – também chamado de SEO para vídeos ou VideoSEO – pode parecer um bicho de sete cabeças, mas é muito mais sobre como entender a lógica de consumo do usuário do que sobre programar algoritmos e criar técnicas mirabolantes.

Vamos decupar as palavras para ficar mais prático. Otimização é o ato de melhorar ou facilitar algum processo para que um objetivo seja alcançado de maneira mais rápida, simples e com menos esforço.

> Segundo a Wikipedia, otimização vem de modelos matemáticos, para encontrar uma "ótima solução" para o problema, resultando no melhor desempenho possível do sistema, segundo um critério previamente definido.

Acredito fortemente nisso, sobretudo quando na menção aos modelos matemáticos, que nada mais são do que os processos que criamos para viabilizar a otimização. Não se deixe assustar pela palavra matemática, pois tudo em nossa vida é conectado a ela – inclusive, recomendo a série *Touch* para abrir sua visão para isso, bem como o desenho *Donald no País da Matemática*.

Na minha visão, quando falamos de conteúdo e otimização em vídeo, tenho uma opinião mais clara e objetiva do que seja otimização.

Otimização de conteúdo em vídeo para motores de pesquisa é um conjunto de táticas e estratégias que tem como objetivo central reunir e entregar o conteúdo do seu vídeo – seja qual for a plataforma –, de maneira que os algoritmos e robôs de pesquisa possam entender para qual assunto (palavra-chave) o seu vídeo é relevante, já que "ainda" não é possível "ler" o arquivo em vídeo.

Em suma, otimizar é escrever para o algoritmo o que ele por si só não consegue ler, de modo que, por meio de todos os espaços disponíveis direta e indiretamente, ele possa inserir conteúdo.

Ou, em outras palavras, otimizar é categorizar um vídeo para o algoritmo por meio de técnicas de escrita persuasiva e de lógica de leitura.

Os termos SEO para vídeo e VideoSEO são a mesma coisa, pois SEO quer dizer Search Engine Optimization, em português otimização para motores de pesquisa; ou seja, SEO é o trabalho de otimização de qualquer conteúdo. Eu recomendo fortemente que você estude também SEO para poder entender mais sobre técnicas de otimização.

Quero deixar aqui uma lista de nomes importantes do mercado de SEO tradicional brasileiro, cujo crescimento de carreira tive o prazer de acompanhar, além de ter travado amizade com a grande maioria deles, como:

- **Rafael Rez**, amigo do peito, que domina muito SEO e traz conteúdo cruzado com marketing de conteúdo e, inclusive, também tem um livro publicado pela DVS Editora, cuja leitura eu recomendo muito: *Marketing de conteúdo: a moeda do século XXI*;
- **Rafael Damasceno**, o mago do CRO e fundador da Supersonic;
- **Alex Pelatti**, fera em SEO e a nota mais alta da prova de SEO do Google no Brasil;

- **Pedro Dias**, o cara que já trabalhou do lado de lá (no Google), de muito conteúdo;
- **Cassiano Travarelli** foi um dos primeiros nome fortes do SEO no país;
- **Maurício Zane**, de perfil *low profile*, mas que tem um dos SEO's de guerrilha mais impressionantes;
- **Rafael Silva (Code)**, que, além de SEO expert, é um baixista de mão cheia;
- **Yuri Moreno**, que, mesmo fora do Brasil, coordena com a sua equipe o conteúdo do portal Digitais do Marketing;
- **Felipe Bazon**: crescemos juntos na mesma época em que o SEO "chegava" ao Brasil;
- **Fábio Ricotta** e **Frank Marcel**, nomes essenciais para o SEO com a fundação da MestreSEO, que agora é agência mestre;
- **Diego Ivo**, fundador da Conversion, uma agência puramente de SEO;
- **Vitor Peçanha**, da Rock Content, que tem uma história épica de disputa de SEO com Neil Patel;

Entre outros nomes com quem, decerto, estou sendo injusto por não citá-los aqui, mas que você pode encontrar no meu Instagram.

E tudo isso começa com os metadados, ou seja, com os dados que você informa para as plataformas sobre o real conteúdo que está publicando. Como este é um livro sobre vídeos, vamos assumir aqui que os metadados são sempre de vídeos.

Palavras-chave para vídeos

Agora que já temos uma pequena introdução sobre VideoSEO, vamos em frente para abrir a cabeça de como aplicar as melhores práticas para seu vídeo. Tudo começa com a palavra-chave, pois é a partir dela que você vai dizer ao algoritmo e às plataformas sobre o que é seu vídeo, já que, até onde sabemos, as plataformas não leem os vídeos – creio ser questão de tempo para elas passarem a ler tudo o que há neles.

A palavra-chave, como o nome diz, deve ser a chave do seu conteúdo, uma palavra que indique previamente o tema do seu vídeo.

O ideal é que você tenha uma palavra-chave por vídeo e, assim, possa "brigar" pelo melhor posicionamento dele para a pesquisa dessa palavra no YouTube.

Essa palavra-chave pode ser ampla ou específica.

Palavras-chave amplas, em geral, trazem apenas um termo, não são compostas e abrangem uma categoria muito genérica. Por exemplo: moda, corrida, comida, carro. Todas essas são palavras-chave amplas.

Já as palavras-chave específicas são maiores e se assemelham mais às frases-chave, ou como o novo SEO para vídeos estuda: são as *queries* ou consultas. Com exemplos, fica mais fácil de entender: "moda para cachorro no frio", "corrida matinal em São Paulo", "como fazer comida japonesa em casa", "qual o melhor carro de 2021".

PALAVRA-CHAVE AMPLA	PALAVRA-CHAVE ESPECÍFICA
Moda	Moda para cachorro no frio
Corrida	Corrida matinal em São Paulo
Comida	Como fazer comida japonesa em casa
Carro	Qual o melhor carro de 2021

Com a palavra-chave definida, você vai criar os conteúdos dos metadados, que são os dados além do vídeo; muitas pessoas os esquecem ou não se dão ao trabalho de fazê-los corretamente.

Os metadados são: o título, a descrição, as tags/etiquetas, a legenda e todo o conteúdo passível de inclusão que forneça mais informações para o algoritmo e os robôs de pesquisa. Todos os metadados do seu vídeo devem derivar dessa palavra-chave escolhida.

Como encontrar as palavras-chave (keywords)

O trabalho de pesquisa é a base para um bom resultado em seus vídeos. Não existe um bom resultado frequente sem um bom tempo investido em pesquisa de palavras-chave.

Essa pesquisa de palavras-chave tem diversos direcionamentos para o seu conteúdo, como:

- entender a pesquisa em que seu vídeo deve aparecer;
- iniciar um roteiro com base nas pesquisas da audiência;
- criar vídeos de resposta para dúvidas pontuais;
- não criar vídeos que não estejam sendo pesquisados ou que não façam sentido para a sua audiência.

Então o ideal é que você inclua nos processos do seu negócio um tempo para a pesquisa de palavras-chave e análise dessa listagem. A análise é necessária porque nem toda palavra-chave tem potencial para se tornar um vídeo.

Por essa razão, você precisa ter um processo de pesquisa que lhe permita entender a quantidade de pesquisas que são feitas para essa keyword. É o chamado volume de pesquisa, ou seja, a quantidade de pesquisas – e não de pessoas – que são feitas por essa palavra-chave.

O processo para essa pesquisa consiste em:

1. **Listar as primeiras palavras-chave que irão iniciar a pesquisa**
   - quais são as palavras do seu negócio?
   - como as pessoas perguntam sobre o seu produto/serviço?
   - quais palavras você quer que apareça na pesquisa?
   - quais as palavras que definem o seu negócio?
   - quais são as palavras amplas?
   - quais são as palavras específicas?

2. **Listar as palavras-chave que aparecem nos resultados**
   Crie uma planilha para organizar essas listas.

3. **Analisar o volume de pesquisa de cada palavra-chave**
   Use uma ferramenta para entender se você está escolhendo uma palavra-chave que vale a pena trabalhar.

4. **Remover as palavras-chave que não fazem sentido com o seu conteúdo/objetivo ou que apresentam baixo volume de pesquisa**

> Não perca tempo com o que ninguém procura, a não ser que você entenda que é um novo cenário que quer explorar.
>
> **5. Pronto! Sua lista está pronta para você começar a criar seus conteúdos**

O principal desafio é sempre renovar as suas fontes de pesquisa para palavras-chave, já que a grande maioria das ferramentas pode mudar ou simplesmente desaparecer. Ferramentas gratuitas, em particular, têm uma chance maior de deixar de existir ou, de um dia para outro, de começar a cobrar preços impraticáveis.

Algumas das ferramentas que eu utilizo para fazer a pesquisa de palavra-chave têm uma versão gratuita e outra paga, mas eu recomendo que você veja a minha lista de ferramentas com olhos mais atentos, entendendo qual é o ponto principal da ferramenta (e o seu objetivo), e não somente o nome da ferramenta:

1. YouTube Autosuggest

link: http://www.youtube.com

A caixa de pesquisa do YouTube é uma ferramenta poderosa que poucas pessoas utilizam. Comece a digitar a sua palavra-chave na caixa de pesquisa e perceba que ela já lhe sugere mais dez variações de palavras-chave com base naquela que você digitou. São palavras-chave que as pessoas estão pesquisando, cujo volume de busca está crescendo.

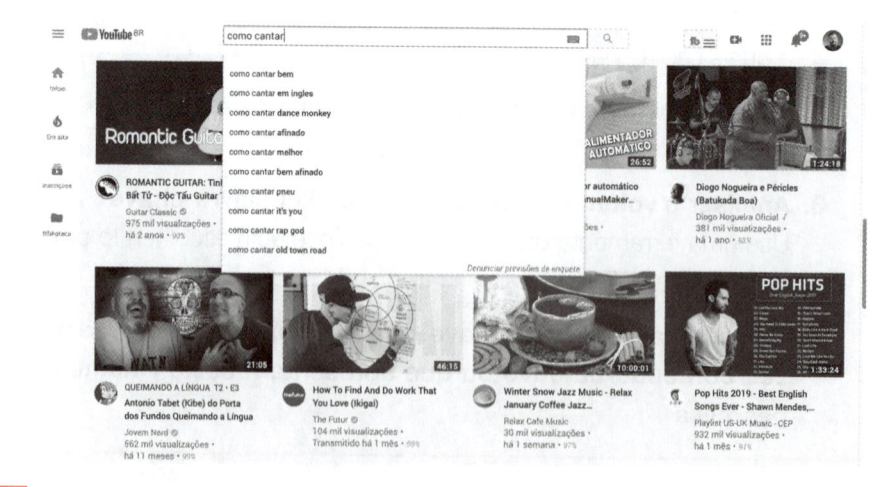

2. VidIQ

link: http://www.vidiq.com

A ferramenta, que também é um *plugin* para Google Chrome, tem em sua versão site uma ferramenta de pesquisa de palavras-chave integrada e que já traz resultados com o volume de pesquisa. É ótimo para pesquisar novas palavras-chave ou mesmo para validar o volume de pesquisa de outras ferramentas. Instalando o aplicativo gratuito do VidIQ em seu Google Chrome, você também terá recomendações de tags dentro da área de edição de metadados do seu vídeo.

3. Answer the Public

link: http://www.AnswerThePublic.com

Ferramenta paga, mas com um teste de pesquisa gratuito. O Answer the Public tem pesquisa em múltiplos idiomas e permite encontrar palavras-chave simples e, também, fazer a pesquisa alfabética e de consultas maiores, como perguntas e definições.

4. Yahoo! Respostas

link: http://br.answers.yahoo.com

Os fóruns do seu nicho são espetaculares para você encontrar o que as pessoas realmente estão querendo saber sobre a sua categoria ou produto. Aqui, coloquei o Yahoo! Respostas para representar todos os fóruns, mas, quanto mais específico o seu nicho, mais específico o fórum que irá encontrar.

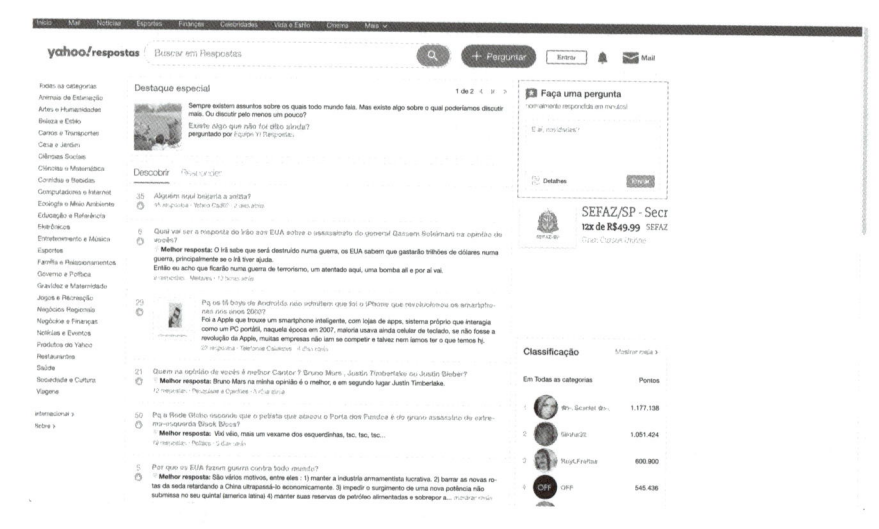

5. Keyword Keg

link: http://www.keywordkeg.com

Esta ferramenta de pesquisa de palavras-chave cruza onze APIs diferentes (Google, YouTube, Bing, Yahoo, Yandex, Amazon, eBay, Alibaba, Wikipedia, Google Play Store e ask.com) para trazer resultados dentro da sua lista de palavras-chaves. A versão paga também vale muito a pena.

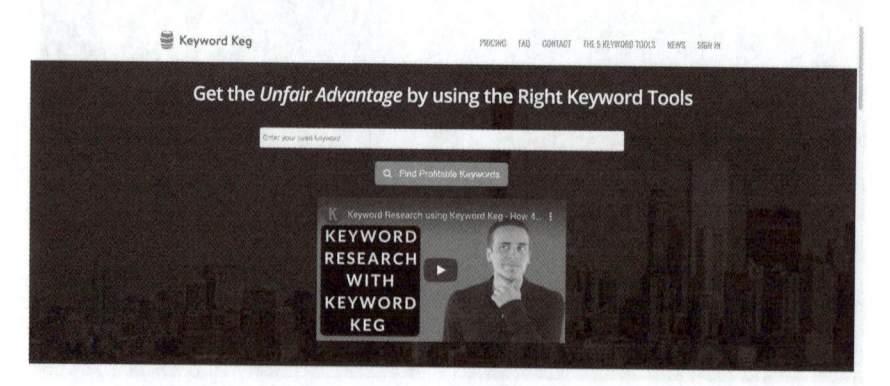

6. Keyword.io

link: http://www.keyword.io

Simples, prático e direto. Escolha a plataforma que deseja, defina o país e, pronto!, faça a pesquisa.

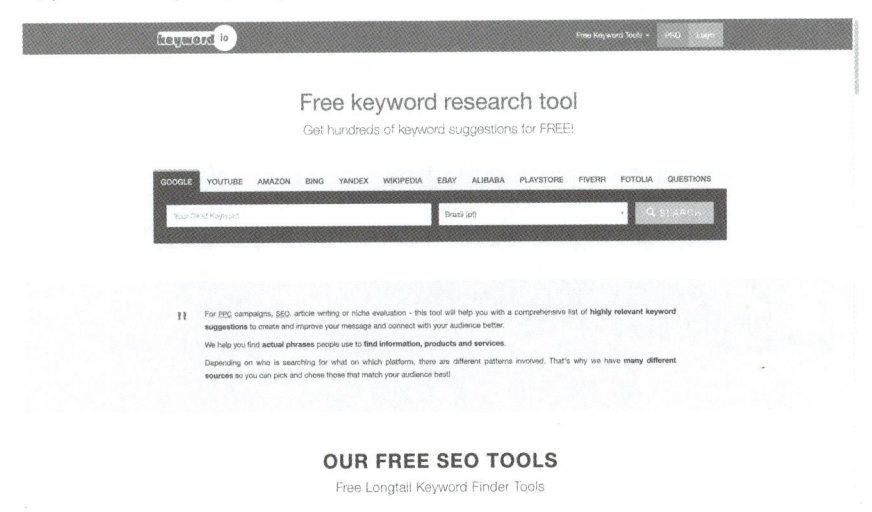

7. Keywordtool.io

link: http://www.keywordtool.io

A primeira fase (gratuita) traz apenas os resultados de pesquisa, sem o volume de pesquisa e outros dados. Por conta disso, você pode criar sua lista aqui, mas lembre-se de validar as palavras em outras ferramentas.

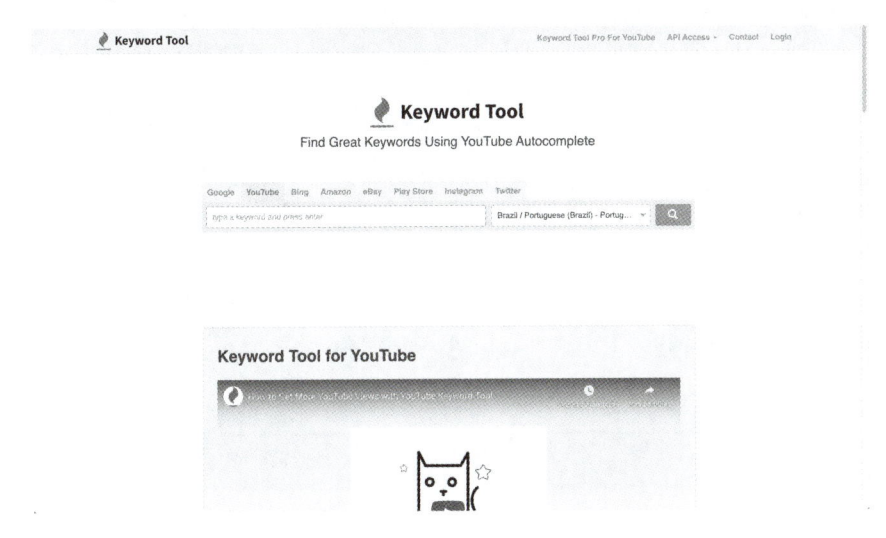

8. Keywords Everywhere

link: http://www.keywordseverywhere.com

É o aplicativo para Google Chrome e Firefox da Keyword Keg. Ele informa o volume de pesquisa com CPC (custo por clique) e dados de concorrência.

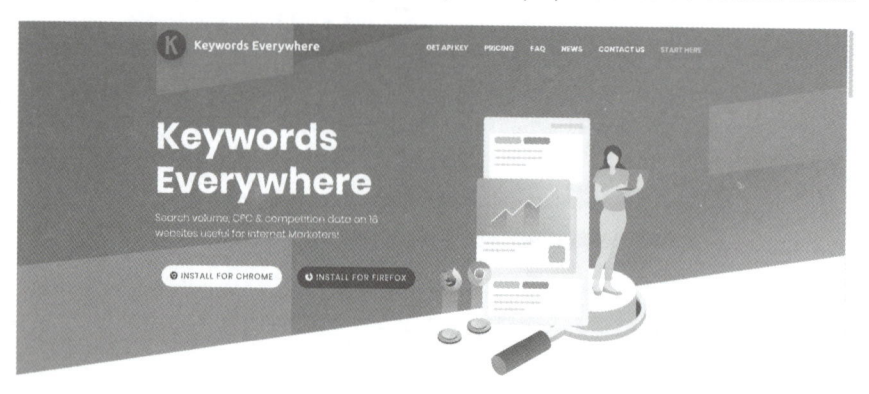

9. TubeBuddy Explorer

link: http://www.tubebuddy.com

Aplicativo gratuito que você pode instalar em seu Google Chrome e ter ideias para seus vídeos. O grande diferencial do TubeBuddy é que ele faz listas por meio da versão desktop ou do aplicativo do Chrome, e, se conectado ao seu canal do YouTube, cria recomendações para seus vídeos, que podem se tornar novos vídeos ou mesmo tags.

10. SemRush

link: http://www.semrush.com

Muito mais do que "apenas" uma ferramenta de pesquisa de palavra-chave, a SemRush é uma plataforma que traz dados e relatórios sobre SEO, tráfego pago, análise de redes sociais, conteúdos para as redes sociais e pesquisa de mercado. Mesmo sendo uma ferramenta paga, você deveria fazer um tour para conhecer essa ferramenta e todas as suas possibilidades, principalmente se estiver trabalhando em um projeto de um cliente ou da sua própria empresa com foco em obter resultados financeiros e lucrativos.

11. UberSuggest

link: http://www.ubersuggest.com

A versão gratuita já traz uma série de relatórios de palavras-chave, e também de análise de SEO e de análise de tráfego, ajudando tanto na listagem de palavras-chave quanto no trabalho de criação de conteúdo.

12. Soovle

link: http://www.soovle.com

Simples e direto (infelizmente com melhores resultados somente em inglês), o Soovle traz, a partir de uma palavra-chave digitada, mais dez sugestões em dez plataformas diferentes, entre elas: Google, YouTube, Amazon, Wikipedia, Yahoo e Bing.

13. Google Trends

link: http://www.google.com/trends

Ferramenta do próprio Google que permite comparar palavras-chave e o volume de pesquisa mundial e regional. Como a base do Google é imensa, ela é uma ótima ferramenta para antecipar tendências anuais recorrentes (por exemplo: quando começam as pesquisas para volta às aulas?)

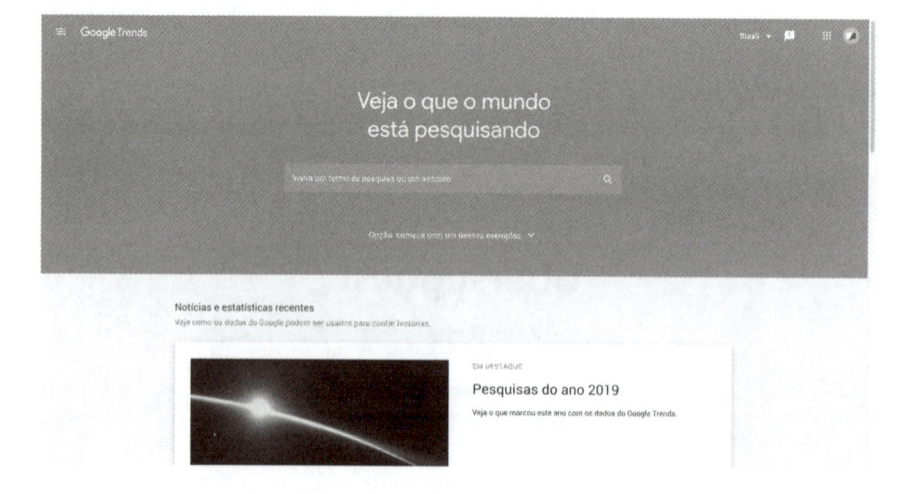

14. Ahrefs.com

link: https://ahrefs.com/pt/youtube-keyword-tool

Ferramenta paga, mas muito forte e tradicional no mercado de SEO.

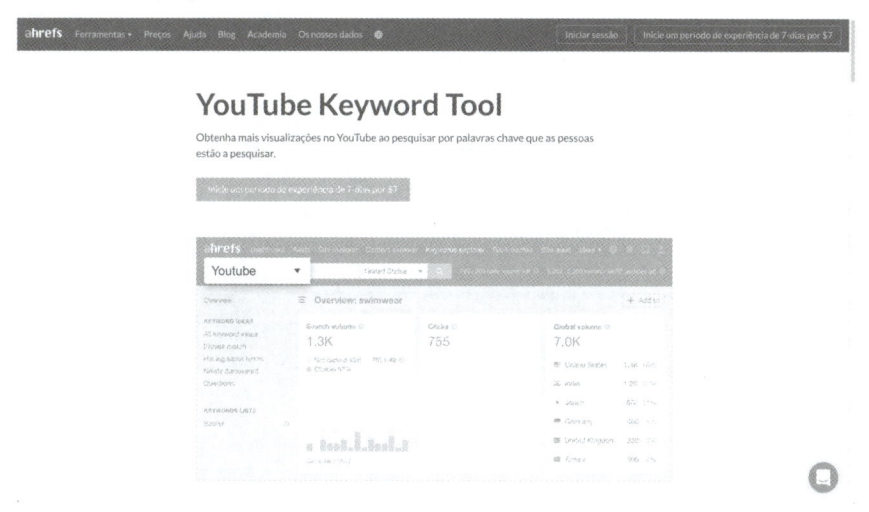

15. KeywordToolDominator.com

link: http://www.KeywordToolDominator.com

Infelizmente sem segmentação para o Brasil, mas uma ótima ferramenta para criar a sua lista sem precisar de planilhas externas, pois tudo é feito em duas colunas.

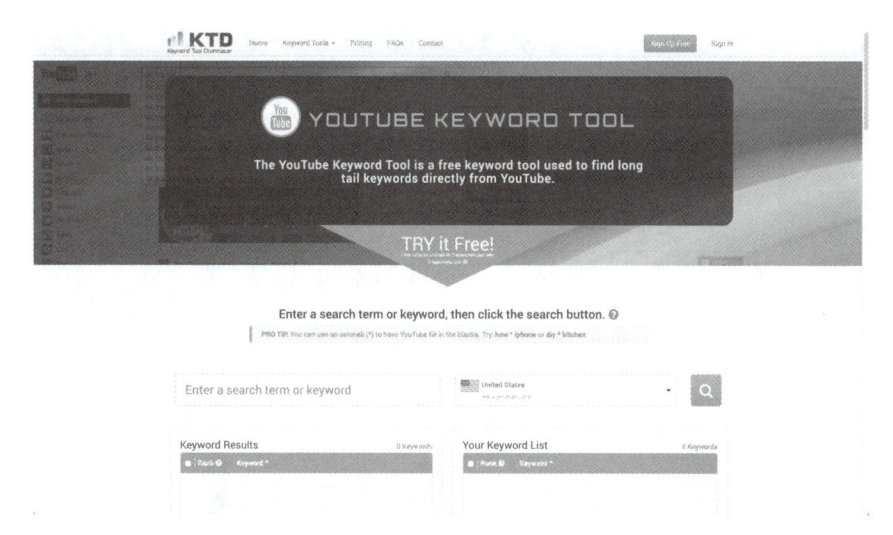

16. Kparser.com

link: https://kparser.com/youtube-keyword-tool/

Uma ferramenta que faz a pesquisa por país, por idioma e, também, por plataforma, o que deixa mais fácil selecionar as palavras-chave para utilizar na pesquisa do YouTube ou do Google.

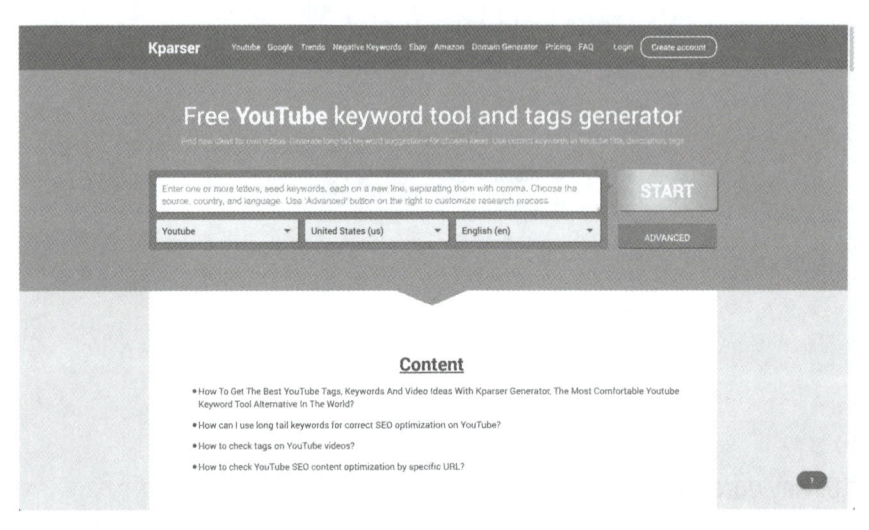

17. HyperSuggest.com

link: http://www.hypersuggest.com

Ótima ferramenta com resultados em português e ainda com segmentação por país. É perfeito para separar, por exemplo, o português do Brasil e de Portugal ou o espanhol da Colômbia e do Peru.

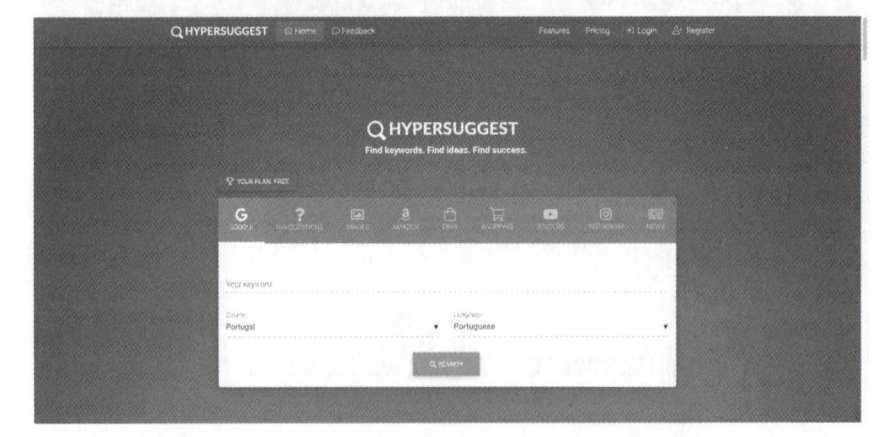

18. Comentários dos vídeos (seus e da concorrência)

link: vídeo do seu concorrente

Praticamente uma espionagem da concorrência, mas que vale ser aplicada para o seu conteúdo também. A base para esta pesquisa está em encontrar nos comentários dos vídeos todas as perguntas que as pessoas fazem, pois se elas perguntam é porque: (1) não encontraram essa resposta no vídeo; ou (2) o vídeo está muito longo ou confuso, a ponto de a resposta não ter ficado clara para elas.

Você pode usar o app do VidIQ para pesquisar comentários com perguntas, ou simplesmente abrir todos os comentários de um vídeo e fazer uma procura (usando o atalho **control + F** na maioria dos navegadores) por interrogação (?). Na grande maioria das vezes, os comentários com interrogação trazem perguntas pertinentes ao tema do vídeo e, por consequência, à sua pesquisa.

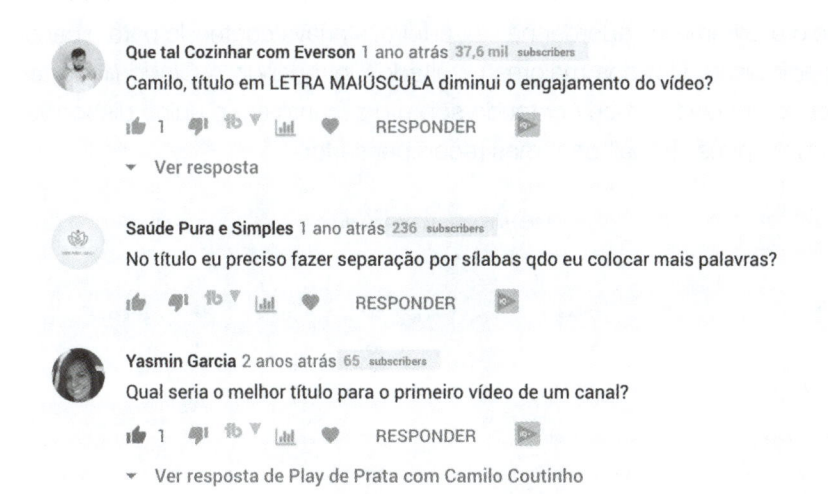

Que tal Cozinhar com Everson 1 ano atrás 37,6 mil subscribers
Camilo, título em LETRA MAIÚSCULA diminui o engajamento do vídeo?

Ver resposta

Saúde Pura e Simples 1 ano atrás 236 subscribers
No título eu preciso fazer separação por sílabas qdo eu colocar mais palavras?

Yasmin Garcia 2 anos atrás 65 subscribers
Qual seria o melhor título para o primeiro vídeo de um canal?

Ver resposta de Play de Prata com Camilo Coutinho

19. Programas de televisão

link: site da maior emissora de TV da sua cidade

Talvez você esteja se perguntando como isso é possível. Eu brinco que esta é a maneira analógica de pesquisar conteúdos que poderão ter um aumento no volume de pesquisa na sua cidade, estado ou país.

A estratégia é trabalhosa, mas menos complexa do que se imagina. O que você deve fazer é monitorar os programas de TV que podem falar sobre assuntos relacionados ao seu nicho e criar conteúdos que estejam prontos antes daqueles que serviram de referência. Dessa maneira, quando o programa da TV falar sobre o assunto, as pessoas que forem ao celular fazer alguma pesquisa relacionada logo encontrarão o seu vídeo.

Na prática, eu já fiz isso milhares de vezes, e posso dar o exemplo de um canal de alimentação saudável. Eu monitorava o programa *Globo Repórter*, da TV Globo, pois a maioria de seus episódios era ou sobre alimentação, ou sobre viagens. Toda segunda-feira eu pesquisava o tema que o programa iria abordar na sexta-feira, e criava conteúdo para o canal a partir disso. Um dos maiores resultados foi quando o *Globo Repórter* falou sobre chia, e meu conteúdo sobre o assunto era o único disponível em português. Trabalhoso, mas recompensador.

Programação da TV, Amanhã

Ontem	Hoje	Amanhã	Terça	Quarta
Globo	**Record TV**	**SBT**		**Band São Paulo**
06:00 Bom Dia Praça	05:00 Balanço Geral Manhã	06:00 ⓥ Primeiro Impacto		05:00 Café com Jornal
08:00 Bom Dia Brasil	07:00 Balanço Geral SP Manhã	10:30 ⓥ Bom Dia & Cia		07:00 Bora SP
09:00 ⓥ Mais Você	08:45 Fala Brasil	14:15 Os Thundermans		09:00 Aqui na Band
10:30 Encontro com Fátima Bernardes	10:00 Hoje em Dia	15:00 ⓥ Fofocalizando		10:55 #Informei
	11:45 Jornal da Record - 24h	16:00 Casos de Família		11:00 Jogo Aberto
12:00 Praça TV - 1ª Edição	11:50 Balanço Geral	17:15 Meu Coração É Teu		12:30 Jogo Aberto - Debate
13:00 Globo Esporte	15:15 A Escrava Isaura	18:00 Abismo de Paixão		13:00 Os Donos da Bola
13:25 Jornal Hoje	16:00 Caminhos do Coração	19:45 ⓥ SBT Brasil		14:00 Melhor da Tarde com Cátia Fonseca
14:16 ⓥ Se Joga	16:55 Jornal da Record - 24h	20:25 Roda a Roda Jequiti		
15:10 ⓔ Tá Chovendo Hambúrguer 2 Children / 2013	17:00 Cidade Alerta	20:50 As Aventuras de Poliana		15:00 Melhor da Tarde com Cátia Fonseca
	17:50 Jornal da Record - 24h	21:30 Cúmplices de um Resgate		
	17:55 Cidade Alerta	22:15 Programa do Ratinho		16:00 Brasil Urgente
16:46 Vale a Pena Ver de Novo - Avenida Brasil	19:45 Jornal da Record	23:45 Conexão Repórter		19:20 Jornal da Band
	20:30 Amor sem Igual	00:45 The Noite com Danilo Gentili		20:20 Ouro Verde
18:01 Malhação - Toda Forma de Amar	21:30 O Rico e Lázaro			21:10 Igreja da Graça
	22:30 Aeroporto - Área Restrita	01:45 Operação Mesquita		21:57 Agenda dos Pastores
18:33 Éramos Seis	23:45 Bates Motel	02:30 Roda a Roda Jequiti		22:00 Band Notícias
19:15 Praça TV - 2ª Edição	00:30 Jornal da Record - 24h	03:15 SBT Brasil		22:45 Documento Band
19:36 Bom Sucesso	00:45 Inteligência e Fé	04:00 ⓥ Primeiro Impacto		23:45 Jornal da Noite
20:30 Jornal Nacional	02:00 Palavra Amiga			00:30 Que Fim Levou?
21:17 Amor de Mãe	03:00 A Última Porta			00:35 Viagens ao Redor do Mundo
22:19 ⓔ Quarteto Fantástico Action / 2015	03:30 Em Busca do Amor			01:30 + info
	04:00 Nosso Tempo			03:40 Band Notícias
23:59 Jornal da Globo	04:30 IURD - Corrente do 70			04:15 Jornal da Noite
00:39 Agentes da S.H.I.E.L.D.	05:00 Balanço Geral Manhã			05:00 Café com Jornal
01:24 Beef				
04:00 Hora 1				

20. Grupos de redes sociais

link: grupos de Facebook, WhatsApp, Telegram

Os grupos na internet estão recheados de bons conteúdos, principalmente os de dúvidas ou de ajuda técnica. Nesses grupos, as pessoas respondem pontualmente em texto ou em áudio, e dificilmente criam esse mesmo material para fontes externas. Exceto para conteúdo sigiloso ou restrito ao grupo, todo o resto do conteúdo público você pode utilizar para listar mais palavras-chave para suas ideias de vídeos. Se as pessoas pesquisam/perguntam nos grupos, por qual razão elas não iriam pesquisar externamente no YouTube ou no Google?

Ferramentas mudam e desaparecem, assim como outras surgem. Não deixe o seu negócio na mão dos outros. Não dependa exclusivamente de uma única ferramenta. Aprenda a fazer a pesquisa de diversas maneiras, em diversas ferramentas. Eu mesmo utilizo, no mínimo, cinco ferramentas dessas que listei para você aqui, a cada otimização de um vídeo.

.16

Metadados com estratégia

"Não são os grandes planos que dão certo; são os pequenos detalhes."
Stephen Kanitz

Metadados são as informações que você adiciona ao seu vídeo para que as plataformas possam entender qual é o assunto que você gravou e, assim, os robôs de pesquisa organizem em quais resultados de pesquisa devem enquadrar o seu vídeo.

Vale dizer que isso não é uma ciência exata, pois seria muito fácil fazer a engenharia reversa e descobrir como desbancar todos os seus concorrentes de ranqueamento.

Os principais metadados de um vídeo são: o título, a descrição e as tags, mas há outros que podemos trabalhar para que nosso vídeo tenha um melhor desempenho no ranqueamento de pesquisa.

Antes de tudo, acredito que seja importante explicar o que é o ranqueamento ou posicionamento de pesquisa, conceito que falarei bastante daqui para frente.

Quando você "sobe um vídeo" na plataforma, nesse exato momento a plataforma inicia uma avaliação do seu conteúdo para entender em qual "caixinha" ela deve armazenar o seu vídeo. Para qual assunto o seu vídeo é mais relevante? Qual é a frase que as pessoas estão digitando quando querem chegar ao seu vídeo? São essas algumas perguntas que esse algoritmo procura resolver.

O algoritmo nada mais é do que uma série de ações que o robô deve tomar para poder organizar esse conteúdo dentro dessas "caixinhas" de relevância.

Por exemplo, se você fez o upload de um vídeo que ensina como construir um banco de madeira, esse vídeo será muito relevante para quem procura "como construir um banco de madeira"; menos relevante para quem pesquisa "onde comprar banco de madeira"; e totalmente irrelevante para quem procurar "Ilha da Madeira".

Quando alguém pesquisa sobre como construir um banco ou onde comprá-lo, essa pesquisa ainda está dentro do universo de marcenaria/decoração, mas quando a pesquisa feita é para o destino de Ilha da Madeira, o algoritmo identifica que, apesar de haver "madeira" na pesquisa, o resultado mais relevante seria um conteúdo de viagem.

Essa organização do algoritmo com o seu conteúdo é o que define a página de resultados de pesquisa, ou seja, aquela página que aparece logo depois que se digita qualquer assunto no campo de pesquisa.

Esse é o trabalho de um otimizador de vídeos: encontrar caminhos táticos e as melhores estratégias para que o algoritmo entenda a relevância do conteúdo enviado e, com a ajuda dos metadados, possa organizar o melhor posicionamento no resultado da pesquisa.

Não se engane achando que somente com a utilização de um bom título você irá conseguir um bom posicionamento na página de resultados de pesquisa. Nos últimos anos, o Google tem "deixado escapar" que analisa mais de duzentos pontos de um vídeo para definir a sua relevância.

O nome que se dá a esse trabalho de melhorar o seu vídeo – tanto estrategicamente quanto taticamente – é otimização de vídeos ou VideoSEO (Video Search Engine Optimization/Otimização para motores de pesquisa de vídeo).

Palavras-chave principal, secundária e relacionada

Quando começo a fazer uma estratégia de conteúdo em vídeos baseada na pesquisa de palavras-chave que realizei anteriormente, é muito importante dividir as palavras-chave em níveis de ação, que podem direcionar o objetivo do seu conteúdo.

É quase como uma hierarquia das palavras-chave que vou criando para poder organizar o potencial de cada uma dentro de cada vídeo otimizado.

Na prática, isso quer dizer que divido a minha lista de palavras-chave em três grupos:

- **Principal**

Aqui é o tema exato que você quer que apareça em seus vídeos.

Exemplo: *Como fazer um* **bolo de banana**.

Nicho: Receita.

- **Secundária**

Palavras-chave que estão no tema, mas não exatamente dentro do tema que você quer que apareça, embora esteja próximo.

Exemplo: *Quais os acompanhamentos para um* **bolo de laranja molhadinho**.

Nicho: Receita, mas de outro sabor.

- **Relacionada**

Aqui são as palavras-chave que são de nichos próximos.

Exemplo: *Como fazer um* **chá de hibisco** *fácil*.

Subnicho: já não estamos falando de bolo, mas de um acompanhamento do café com bolo.

O exemplo com alimentos é o mais prático para você entender essa divisão. A palavra-chave **bolo de banana** é a principal palavra para o seu canal de receitas de bolo, ou seja, outros vídeos seus poderão ranquear para essa palavra.

Já a palavra-chave ***bolo de laranja molhadinho*** não é a principal, mas também está no mesmo subnicho de confeitaria > receita > bolo; então, ela se torna uma palavra secundária nas pesquisas e criação de conteúdo.

Agora eu defino as palavras-chave relacionadas, que são aquelas que não estão diretamente ligadas ao vídeo, mas que fazem parte do nicho. Neste caso, ***chá de hibisco***, que não é uma receita de bolo, mas faz parte da categoria *chá da tarde* ou *receitas*.

Na listagem, eu divido assim:

TIPO	PALAVRAS-CHAVE	DEFESA
PRINCIPAL	Receita de bolo de banana	O seu canal sobre receitas
SECUNDÁRIA	- Bolo de laranja molhadinho - Bolo de coco - Bolo de chocolate - Bolo de churros - Bolo de canela	As variações de receitas que você terá no canal
RELACIONADA	- Chá de hibisco - Aparelhos de forno - Técnicas de massa podre	Além das receitas, quais são as palavras relacionadas ao seu conteúdo que estão dentro do nicho?

A palavra principal vai reger o seu vídeo. A secundária também vai aparecer no descritivo e nas tags para dar suporte ao entendimento do algoritmo, uma vez que são palavras que se relacionam com o seu tema.

A palavra relacionada é um coringa, que irá entrar nos metadados de acordo com o direcionamento que você tenha criado em sua estratégia.

Dessa maneira, você vai educando o algoritmo para saber sobre o que é o seu conteúdo, e para qual pesquisa ele é relevante.

Quando você vai usar essa tríade de palavras-chave? Em todos os vídeos. Cada vídeo terá apenas uma palavra-chave principal e será seguido de quatro a oito palavras-chave secundárias e mais duas a quatro relacionadas.

O objetivo é realmente fazer com que o seu vídeo crie uma teia de conteúdo com palavras-chave que faça com que ele se "conecte" no YouTube por meio dessas palavras-chave.

Agora é a sua vez! Insira o nome do seu próximo vídeo e busque as suas palavras-chave principal, secundárias e relacionadas.

NOME DO VÍDEO: _____

TIPO	PALAVRAS-CHAVE	DEFESA
PRINCIPAL		
SECUNDÁRIA		
RELACIONADA		

17

Triângulo de ouro da otimização

"Um por todos e todos por um."
Os três mosqueteiros

A minha necessidade de criar processos com o máximo de etapas possíveis para poder replicar as estratégias e táticas me fez chegar aos três metadados mais utilizados em VideoSEO. Foram tantas vezes que eu repeti essa tríade, de 2014 a 2017, que acabei desenhando um triângulo para facilitar a explicação.

Assim nasceu o **triângulo de ouro da otimização**, que foi uma maneira de deixar mais prático, visual e simples o conteúdo a ser assimilado por alunos e clientes.

Pode parecer brincadeira, mas o ponto principal para começar a otimização de vídeos é realmente dominar o triângulo de ouro da otimização; assim como os três mosqueteiros eram quatro (Athos, Porthos, Aramis e D'Artagnan), o triângulo de ouro da otimização também tem o seu D'Artagnan, somando quatro fundamentos essenciais para uma boa otimização de vídeos:

- **Títulos magnéticos;**
- **Descritivos em blocos;**
- **Tags estratégicas;**
- **Thumbnails atraentes.**

```
      TÍTULO
    DESCRIÇÃO
      TAGS
   THUMBNAILS
```

Como escrever títulos realmente clicáveis

O primeiro metadado é o título do seu vídeo. Título e thumbnail são responsáveis pela primeira impressão do seu vídeo com a sua audiência, pois são os primeiro pontos que ela vê no resultado de pesquisa.

Um título fraco ou enganoso só atrapalha o seu vídeo, mesmo que, no início, ele pareça muito atrativo. Pense no título como a sinopse do seu vídeo: você quer atrair o clique de uma pessoa que está pesquisando esse conteúdo com poucas palavras.

Quando falamos de um título para otimização de vídeos, estamos falando em incluir a palavra-chave principal no título, para que, dessa maneira, os motores de pesquisa possam encontrá-lo nas plataformas.

Ou seja, sua palavra-chave deve estar no seu título – seja uma palavra ampla, seja específica – e, de preferência, mais à esquerda possível (no começo da sentença).

▶	▶	▶	▶
5 motivos para começar hoje a fazer os seus...	NOME DA SÉRIE | Fomos entrevistar em nova...	RECEITA | Como fazer um delicioso bolo melado de...	NOME DO CANAL | EMOJI Tudo o que você precisa...

Isso porque, quanto mais no início do título ela estiver, mais fácil a leitura das pessoas e menor a chance de o título não aparecer por completo nos resultados de pesquisa.

Sobre o número de caracteres para o seu título, a grande maioria das plataformas trabalha muito bem se você focar o principal do seu conteúdo dentro de cinquenta a sessenta caracteres, exceto para o IGTV, que tem uma dinâmica própria e, inclusive, recomenda que seus títulos tenham três palavras para atrair a sua audiência.

Emojis nos títulos podem ajudar a chamar a atenção nos cliques, mas, se for utilizá-los, dê preferência para que fiquem ou antes de todas as palavras, ou depois de todas as palavras. Emojis são caracteres especiais que, se utilizados entre palavras, "quebram" o título e a palavra-chave.

Dentro da minha estratégia, eu crio entre dez e quinze títulos diferentes para o mesmo vídeo, pois, assim, tenho variações de escolha. Em geral, quando criamos um único título, estamos fazendo algo simples e pouco efetivo, ou muito próximo de algo que já vimos, remetendo a alguma referência.

Pensar em apenas um título é confiar demais que ele é o melhor para a pesquisa que você deseja indexar.

Um bom título – também chamado de headline – desperta a atenção da audiência, mas é preciso cuidado para evitar um sensacionalismo enganoso. Você pode usar palavras para chamar a atenção do usuário, mas se essa expectativa que criou na mente do espectador não for atingida, você corre um grande risco de ser chamado de clickbait.

Clickbait é a isca de cliques ou caça-cliques, técnica para atrair mais pessoas com o aumento do tráfego a partir de títulos muito chamativos, mas que, na maioria das vezes, não entregam o conteúdo. É um tipo de vídeo no qual as pessoas vão entrar e sair, e isso irá aumentar a sua rejeição.

Com a rejeição alta, o algoritmo irá, com toda a certeza, diminuir a entrega do seu vídeo para a sua audiência. Evite usar um sensacionalismo que não entrega. Não insira palavras e nomes que não são citados no vídeo, afinal, você não quer atrair pessoas que esperam algo que não existe no seu conteúdo.

O título deve seguir algumas diretrizes técnicas cruzadas com estratégias de redação publicitária – que se convencionou chamar de copywriting no Brasil. Alguns desses pontos são:

- **Entregar o valor do vídeo;**
- **Gerar curiosidade;**
- **Ser específico;**
- **Conversar com a audiência certa;**
- **Tornar-se memorável.**

Dentro dessas especificações, existem diversas táticas para a montagem de um bom título, como por exemplo:

- **Use listas (as pessoas amam listas!)**
  - *8 dicas* para começar a guardar dinheiro já
  - *Top 5 frases* para sobreviver em outro país sem ser fluente
  - *35 animais* que você nunca viu na sua vida

- **Defina quantias monetárias**
  - *Como montar um estúdio com* **$ 2.600**
  - *Economizei* **$ 440** *passeando com cachorros do meu prédio*
  - *Como eu vendo* **$ 5.300** *em consultorias todo mês*

- **Use onomatopeias e emoções**
  - *UAU! Encontrei o mesmo vestido que a [nome da atriz] vestiu no Oscar 2020*
  - *Cheguei a Las Vegas e venci na roleta.* **BOOM!**
  - *HEY! Aprenda como chamar a atenção do crush*

- **Defina a transformação**
  - *Este livro* **vai fazer** *você aumentar seu salário*
  - *A viagem que* **vai mudar** *seu jeito de pensar*
  - *O investimento que* **vai fazer** *você ganhar mais dinheiro*

- **O resultado escondido**
    - *Saiba a razão* de você não conseguir trocar de carro
    - Você não vai emagrecer correndo, **saiba o porquê**
    - Você comete **estes erros** na hora de uma entrevista?

- **Modelo de desafio**
    - *Somente 3%* das pessoas conseguiram assistir até o final
    - *Você não é mais forte* que um besouro-rinoceronte, e eu posso provar!
    - **Ninguém conseguiu** ler esta frase em 30 segundos

- **Definição de tempo**
    - Aprenda a dançar qualquer dança **de uma vez por todas**
    - Como organizar uma festa surpresa **em 4 horas**
    - A melhor estratégia para fazer um bebê dormir **antes da meia-noite**

- **Inversão ou use o negativo a seu favor**
    - 8 músicas que você **não vai conseguir** parar de cantar
    - Você **não sabe** como abrir um vinho da maneira correta
    - 5 sinais que você **não percebe** antes de ser demitido

Esses são apenas alguns exemplos para você se inspirar e ver a versatilidade que um simples título pode ter dentro da sua estratégia.

Os títulos com palavras-chave triplas

Seguindo as dicas do começo do capítulo, você provavelmente tem a sua palavra-chave escolhida e, agora, vai construir os seus títulos buscando opções que apresentem maior potencial de clique na página de resultado de pesquisa.

Uma estratégia prática para poder potencializar o título é pensar nas múltiplas combinações de palavras-chave. No VideoSEO, chamamos essa estratégia de combinações de palavras no título de palavras-chave triplas.

O conceito dos títulos com palavras-chave triplas é simples, e conforme você vai produzindo mais títulos, mais fácil se torna esse processo.

Como o nome diz, a base desse tipo de estratégia é incluir no título três palavras-chave com potencial de pesquisa junto à sua audiência. A ideia é que o mesmo título tenha força dentro do triângulo de ouro da otimização para indexar para três pesquisas diferentes, e que essas três pesquisas estejam relacionadas com o mesmo tema.

Na prática, é mais simples de entender. Vamos usar um canal de mergulho como exemplo e que o nosso conteúdo é sobre *praias para mergulhar*. O meu primeiro título seria uma lista das praias que aparecem no vídeo com a palavra-chave *praias para mergulhar*.

Vou acrescentar uma dupla especificidade, em vista de dois aspectos que são importantes para a audiência: a localização específica – litoral de São Paulo – e o baixo custo.

3 praias para mergulhar no litoral de São Paulo sem gastar muito

Com esse título e a técnica de palavras-chave triplas, as pesquisas ficariam dessa maneira:

praias para mergulhar	mergulhar no litoral de São Paulo	litoral de São Paulo sem gastar muito
Pesquisa 1	Pesquisa 2	Pesquisa 3

Com as três pesquisas identificadas e já presentes no título final escolhido, basta você levá-las em consideração para os próximos metadados e incluí-las no descritivo, em tags, playlists etc.

O cuidado que se deve ter aqui é em não criar uma chamada muito mais atrativa no título do que realmente há no conteúdo. Como diz o ditado: cuidado para não "enfeitar o pavão", ou seja, não queira colocar coisas demais, que sejam desnecessárias.

Agora é a sua vez!

Faça o seu título com palavras-chave triplas e identifique-as nas respectivas pesquisas.

seu título:		
Pesquisa 1	Pesquisa 2	Pesquisa 3

Títulos para datas comemorativas

Uma ótima estratégia para o lançamento de vídeos pontuais é aproveitar as datas comemorativas, fazendo seus conteúdos aparecer nas principais pesquisas da audiência. As pessoas procuram por dicas, tutoriais, receitas e *how to* sobre datas específicas.

A tática inicial nesse sentido pode ser dividida em dois principais caminhos. O primeiro é o da informação, em que você deve primordialmente oferecer o conteúdo informativo sobre a data comemorativa ou como ela faz o cruzamento com o seu conteúdo.

Um exemplo do primeiro caminho são os vídeos de receitas típicas para a data em questão. Na festa de São João, por exemplo, as pessoas, no Brasil, pesquisam sobre como fazer pé de moleque, canjica e quentão. Já em Portugal, procuram pelas tradicionais sardinhas na grelha com pimentões verdes. Esteja presente nas principais pesquisas para isso:

- *Como fazer [nome da receita] de um jeito fácil*
- *Economize fazendo [nome da receita] em casa para a [data comemorativa]*
- *Ganhe dinheiro vendendo [nome da receita] nesta [data comemorativa]*
- *Segredo da melhor [nome da receita] revelado*
- *[Nome da receita] adaptada para [celíacos/veganos/diabéticos/etc.]*

O segundo caminho para utilizar as datas comemorativas a favor dos seus vídeos é se valer do comprometimento das pessoas ou do medo de não cumprir algo no contexto daquela determinada data.

Um bom exemplo é a chegada de um novo ano, quando quase todo mundo faz suas promessas de emagrecer, correr, comer menos, aprender algo, e assim por diante. Aproveite o começo do ano para preparar os seus vídeos com uma sequência de palavras que vão gerar essa sensação de praticidade, de antecipação e, em alguns casos, até de escassez.

Incluindo essa lista de palavras no final dos seus títulos – no YouTube, no Facebook, no Instagram etc. –, você transmite a sensação de que seu conteúdo é novo, fresco, que foi preparado para os seus seguidores.

Voltando com o exemplo do mergulho, posso mudar a última especificidade para essa estratégia de data, ficando assim:

3 praias para mergulhar em São Paulo **em 2020**
3 praias para mergulhar em São Paulo **ainda no primeiro semestre**
3 praias para mergulhar em São Paulo **no Carnaval**

Você pode ainda criar uma lista com mais direcionamentos de data, como por exemplo:

- ... em [defina o ano]
- ... em [defina o mês]
- ... em [defina o número de semanas]
- ... em [defina o número de dias]
- ... até o próximo domingo
- ... neste trimestre
- ... ainda neste semestre
- ... em 2 meses
- ... em 5 dias
- ... até o Carnaval [defina a próxima data comemorativa]
- ... em até [ano]
- ... em até [mês]
- ... em até [semana]

O poder do descritivo em blocos

Logo após o título, vem o descritivo do vídeo. Na maioria das plataformas, o descritivo é o responsável por entregar para o algoritmo o maior número de palavras sobre o conteúdo que está no vídeo, já que – até onde sabemos – o algoritmo não identifica o que é falado no vídeo (ainda!).

A caixa de descrição do vídeo para o YouTube tem 5 mil caracteres disponíveis para que você possa dar mais informações para o algoritmo e, assim, ele seja capaz de ranquear melhor o seu vídeo nos resultados de pesquisa.

Claro que 5 mil caracteres é uma quantidade enorme, mas, em meus estudos e projetos que colocamos no ar, o número ideal para que se possa fazer todas as conexões do conteúdo é em torno de 2 mil caracteres.

Uma das táticas que criei para escrever 2 mil caracteres no descritivo dos meus vídeos é fazê-lo em blocos. É simples: consiste apenas em dividir o descritivo do vídeo em blocos de conteúdo para que você possa escrever melhor cada bloco de texto separadamente.

No quadro abaixo, imagine que cada área cinza é um bloco de texto que você deve escrever:

Divisão da descrição em blocos

Três linhas com CTA para pesquisa	Palavra-chave principal
Cinco parágrafos de conteúdo do vídeo	Palavra-chave secundária Palavra-chave principal Palavra-chave secundária Palavra-chave principal
Links mencionados	Palavra-chave principal Palavra-chave secundária

Links de outros vídeos do canal	Palavra-chave secundária _____ _____ _____ _____ Palavra-chave secundária _____ _____ _____ _____ Palavra-chave relacionada _____ _____ _____ _____
Setup do episódio	_____ _____ _____ _____ _____ _____ _____ _____ _____ Palavra-chave principal _____ _____ _____ _____ _____ _____ _____ _____ _____ _____
Rodapé social	_____ _____ _____ _____ _____ Palavra-chave principal _____ _____ _____ _____ _____ Palavra-chave principal _____ _____ _____ _____ _____ Palavra-chave secundária _____ _____ _____
Sobre o episódio	_____ Palavra-chave secundária _____ _____ _____ _____ _____ _____ _____ _____ Palavra-chave principal _____ _____ _____ _____ _____ _____

Perceba que, desde o primeiro bloco até o último, vou inserindo – com inteligência e cuidado – as palavras-chave principal, secundária e relacionada. Use o poder da otimização com o copywriting para tornar o texto mais atrativo.

Vamos entender cada um desses blocos passo a passo:

- **Três linhas com CTA para pesquisa**

    As três primeiras linhas do seu descritivo irão aparecer no resultado de pesquisa logo abaixo do título do vídeo. Evite colocar um link, uma hashtag ou algo que possa fazer a pessoa sair do seu vídeo. O objetivo dessas três primeiras linhas é ser o melhor CTA para que a audiência clique e assista ao seu vídeo.

- **Cinco parágrafos de conteúdo do vídeo**

    Com certeza, a maior parte do descritivo de um vídeo. Quando digo que essa parte deve ter cinco parágrafos, é porque a maioria dos nossos projetos na Double Play teve um desempenho maior quando trabalhamos com quatro parágrafos, ou mais, de conteúdo.

    No quadro, você pode ver como vou dividindo a descrição e onde é preciso realmente inserir conteúdo ou mesmo algumas palavras-chave estratégicas.

- **Links mencionados**

    A pior coisa que existe em um vídeo é clicar em seu descritivo buscando um link e o link não constar. Então, faça um favor a nós dois: nunca mais se esqueça de colocar na descrição os links que, na gravação, você disse que havia. Aproveite e já introduza mais uma ou duas palavras-chave nesse processo, seja apresentando o link, seja na URL que você está divulgando.

- **Links de outros vídeos do canal**

    Agora é a hora de aumentar a visibilidade dos outros vídeos e começar a formar o seu círculo do conteúdo episódico. Para isso, você deve pesquisar o histórico de seus outros vídeos que possam ter relação com o vídeo atual que está editando, e colocar na descrição o link dos selecionados. É algo simples como: *Se você gostou desse vídeo sobre XYZ, vai adorar este outro aqui:* www.linkaqui.com

- **Setup do episódio**

    Este bloco é voltado para quem precisa fazer referências a marcas e produtos que aparecem no vídeo e também para dar créditos à equipe do episódio (como aqueles que aparecem no final de um filme). O setup do episódio é uma área na qual você vai incluir os produtos que utilizou nesse episódio (no caso de influenciadores), ou os equipamentos do seu episódio (no caso de criadores de conteúdo), ou mesmo qualquer ponto técnico do seu vídeo.

- **Rodapé social**

    Suas redes sociais entram aqui. Mas não invente de incluir as redes sociais que você não atualiza. Para que você quer divulgar seu Twitter se faz seis meses que você nem sequer o abre? Por qual razão você quer levar as pessoas para uma rede social em que você é ausente? Pense nisso. Na grande maioria das vezes, é melhor menos redes e mais presença.

- **Sobre o episódio**

    Esta área começou como um reforço de conteúdo, e hoje a utilizo no sentido de acessibilidade, na medida em que, nela, descrevo o vídeo, o cenário, o apresentador e tudo mais para quem não tem visão ou tem baixa visão.

Com essa tática de blocos, fica muito mais simples e rápido você construir um descritivo superior a 2 mil caracteres.

Etiquetando seu vídeo com tags

As tags são o terceiro pilar do triângulo de ouro da otimização. Vou explicar sobre tags de uma maneira tão simples que você nunca mais irá se esquecer de como elas funcionam e, principalmente, de como utilizá-las.

Quem vai me ajudar com isso é a minha vó Lurdes. Lembro-me muito bem da cozinha dela, de seus potes de temperos, especiarias, e de tudo mais que ela precisava para fazer os quitutes mais gostosos da minha infância.

Embaixo da pia ficavam seus potes mágicos: de açúcar, zimbro, zátar, orégano, pimenta rosa etc. No armário da cozinha, potinhos bege, com tampa branca, e uma fita-crepe com o nome dos temperos escrito à caneta Bic.

Alguns potinhos eram mais especiais porque, além do nome, também tinham a sua utilização, como no caso da "baunilha para pudim de Natal". Era assim que, lá em 1998 – muito antes do YouTube e até da internet –, minha vó me mostrava como etiquetar o seu conteúdo.

Esse ato de "etiquetar o vídeo" é o que chamamos de "tagear". As tags podem ser desde palavras únicas (como "piscina") até frases mais longas (como "limpar piscina de plástico").

As tags dos seus vídeos devem seguir a mesma linha de pensamento. Trata-se de uma etiquetagem do seu vídeo para que o algoritmo entenda o que há "dentro" dele.

As tags permitem que a plataforma de vídeo identifique o seu conteúdo e possa usar esses dados para organizá-lo na seção de pesquisa, nos vídeos recomendados da lateral da página, ou mesmo para recomendar o próximo vídeo que você deveria assistir.

As tags do YouTube são postas numa caixa própria, localizada abaixo da caixa de descrição do vídeo, dentro da parte de otimização de metadados.

Como escolher as melhores tags para seus vídeos

O processo de escolha das tags é muito mais trabalhoso do que complexo. A escolha deve ser diretamente atrelada ao conteúdo que existe dentro do vídeo, e não somente à audiência.

Recomendo que você não escolha ou inclua tags de maneira aleatória, apenas porque são tags com um volume de pesquisa alto. O maior erro – e, infelizmente, mais comum – é escolher tags que estão em evidência, simplesmente porque as pessoas estão pesquisando determinado assunto. Por exemplo: incluir o nome de um famoso que não aparece no vídeo, somente porque naquela semana ele se envolveu em um escândalo e está em todos os canais de TV.

As palavras-chave do seu vídeo podem, sim, ser utilizadas como tags dele, já que você investiu um tempo na pesquisa e validação delas.

Minha recomendação é que você – sempre que houver conteúdo relevante – preencha a caixa de tags ao máximo. No YouTube, por exemplo, são 500 caracteres disponíveis para utilizar com tags. Em média, esse espaço é preenchido com algo em torno de 15 a 25 tags diferentes (entre amplas e específicas).

Uma das pontuações de VideoSEO para tags – que você pode checar com o **VidIQ** analisando as métricas de *tag count* e *tag volume* – é observar três pontos importantes na escolha delas:

- **Quantidade de tags**
  Entre 15 e 25 por vídeo.

- **Qualidade de tags**
  Elas se conectam ao assunto principal do vídeo?
  São tags que têm um alto volume de pesquisa na plataforma?

- **Diversidade de tags**
  Dentre as 20 tags – em média – que você incluiu no seu vídeo, elas se repetem sobre o mesmo assunto ou têm uma diversidade entre os assuntos principal, secundário e relacionado?

A dica de ouro deste subcapítulo de tags é o uso da tag magna. Esta é a principal tag do seu vídeo e deve ser exatamente o título completo do seu vídeo. Sim, exatamente, você deve – logo após criar o título do seu vídeo – inseri-lo como a primeira tag completa na sua caixa de tags.

Isso porque, além de todos os tópicos que expliquei previamente, esta é uma tag única criada por você e que contém a sua palavra-chave principal. Se você aplicou a estratégia de palavras-chave triplas, então é mais uma força para uma indexação tripla.

Os acentos também já foram uma preocupação grande na hora de escrever uma tag, mas, com as novas atualizações de algoritmos e plataformas, deixaram de ser.

Por meio do Machine Learning dos algoritmos, eles praticamente já aprenderam todas as "versões" de escritas certas, erradas, com ou sem acento, e vão sempre tentar interpretar o que a pessoa que está pesquisando realmente procura. Da mesma maneira, o algoritmo também busca interpretar as tags em suas versões de singular e plural.

Os principais erros com tags

Mesmo com todos esses pontos e facilidades para incluir as tags nos vídeos, muitas vezes o lado obscuro parece mais fácil para dar visibilidade ao seu conteúdo. O que acontece é que, cada vez mais, as plataformas estão de olho em como capturar as pessoas que estão tentando burlar os seus sistemas de pesquisa.

Preciso lhe dizer: fuja de caminhos fáceis! Para isso, listei alguns erros comuns com tags que você deve evitar.

- **Usar o nome de outras pessoas/canais no seu vídeo**

    É o erro mais comum e o que os novatos mais cometem. É a "esperteza" de usar o nome de pessoas famosas para tentar enganar o robô. O que acontece é o contrário: o robô identifica que se trata de uma tag referindo-se a alguém ou a algo que não está no vídeo e o resultado é uma punição ao infrator.

- **Copiar tags de outros vídeos que estão em alta**

    Outro erro típico dos iniciantes. Cada tag diz respeito a um único vídeo. Por essa razão, é totalmente fora de contexto copiar tags de um vídeo sobre *maratona nas montanhas* e atrelar a um vídeo de *corrida para emagrecer*. Fuja disso!

Eu faço um exercício muito simples e prático para saber se escolhi tags adequadas para os meus vídeos. O exercício consiste em tirar uma print screen apenas das tags do meu vídeo e enviar para alguém da minha equipe – ou família – que ainda não viu o vídeo e lhe perguntar: *qual seria o melhor título para esse conteúdo?*

Se criei uma caixa de tags consistente com a escolha correta de pesos das tags, a pessoa vai conseguir adivinhar ou se aproximar do assunto do vídeo. Caso a pessoa fique com dúvida ou faça uma sugestão muito distante do real conteúdo, então já sei que é hora de revisar minhas tags nesse vídeo.

18

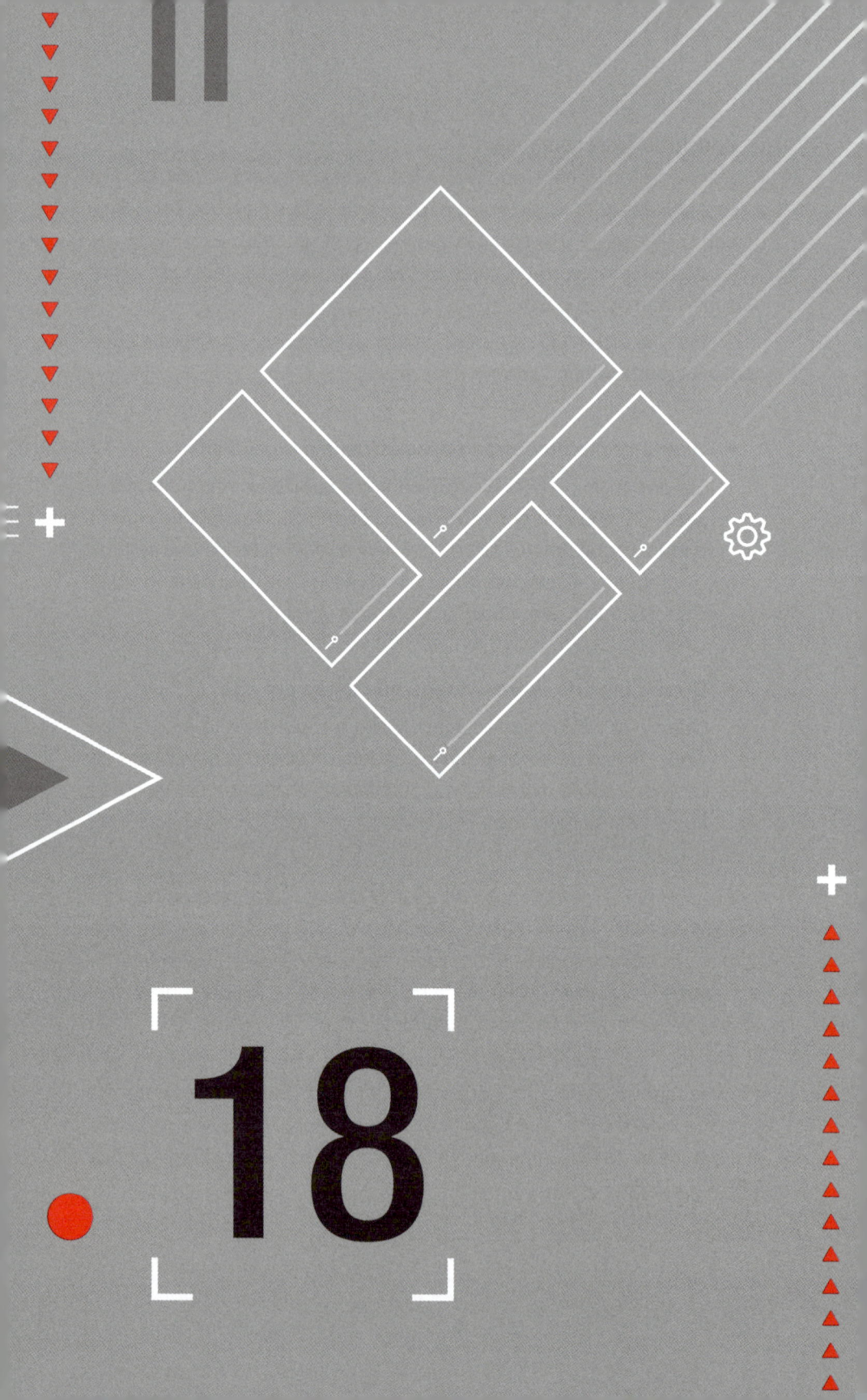

A magia das thumbnails

"Um bom designer pode falar de 2 até 5 línguas, agora, um bom design fala simplesmente todas."

Farah Bucater

Aquela imagem que aparece nos resultados de pesquisa antes de você clicar no vídeo é o que chamamos de *thumbnail*. No mercado de audiovisual, a thumbnail tem diversos nomes como: *vitrine*, *capa* ou *miniatura* do vídeo.

Juntamente com o título do vídeo, a thumbnail tem um papel importantíssimo: segundo um estudo da Bright Cove, ela é responsável por 60% da intenção de clique em um vídeo, ou seja, se você não tiver uma boa thumbnail, corre o risco de perder mais da metade de sua potencial audiência.

As thumbs nasceram para reduzir o tempo de carregamento das páginas de internet, que ainda não estavam preparadas para carregar os vídeos diretamente nelas. No começo, as thumbnails se limitavam a alguma print do próprio vídeo, auxiliando o usuário do site a escolher seu vídeo antes de fazer horas de download.

Sim, no começo da internet, não havia uma maneira de se assistir a vídeos online a não ser fazendo o download para seu computador, o que levava um bom tempo, em função da precariedade das conexões na transição dos anos 1990 para os 2000.

Hoje em dia, mesmo as thumbs sendo um fator de decisão do clique dos vídeos, ainda é comum eles subirem no YouTube sem nenhuma thumbnail.

Com frequência, as pessoas sobem os vídeos deixando a thumbnail de lado ou deixando para providenciá-la depois que o vídeo já está no ar. Minha pergunta é simples:

Por que deixar por último o que a audiência vê primeiro?

A entrega do seu vídeo sem thumbnail com certeza será menor, não por culpa da plataforma, mas porque, diante de um vídeo sem thumbnail, a tendência de clique é menor.

Se o seu vídeo tem menos cliques, o algoritmo entende que ele não tem tanta relevância e deixa de entregar para mais pessoas. Entenda bem, aqui a culpa não é do algoritmo, mas sua, porque você "educou" o algoritmo a supor que o seu conteúdo não é tão bom para a sua audiência.

Uma boa thumbnail tem apenas um objetivo: fazer com que a audiência pare de rolar a timeline e clique no seu vídeo. Qualquer coisa fora disso é perda de tempo. O design de uma thumbnail não é uma coisa artística, mas estratégica. O mais importante é a thumbnail estar legível, inteligível e clicável.

A anatomia de uma thumbnail

Confesso que sou um profundo apaixonado por thumbnails e todo o poder que elas têm na interação e na conversão de um vídeo. Sou tão apaixonado que tenho meu próprio curso de thumbnails, o "Thumbnails mais clicáveis" – www.thumbnailsmaisclicaveis.com.br –, que reúne todos os meus estudos sobre o assunto.

Com esses estudos, produzi milhares de thumbnails, e tenho o prazer de escutar, com frequência, que elas agradam muito e, principalmente, de saber que rendem cliques para meus alunos e clientes.

Com essa bagagem, comecei a perceber que existia uma anatomia a ser seguida e que sempre funcionava para todos os projetos de thumbnails que eu criava – ou nos quais trabalhava. Assim nasceu a anatomia da thumbnail.

Essa anatomia segue um princípio simples de divisão de áreas que devem ser pensadas antes de ir para os programas de edição de imagens. O primeiro formato de thumbnail para analisarmos é o horizontal.

Apesar de o YouTube recomendar o formato HD, prefiro e utilizo o formato FullHD 1920 pixels de largura por 1080 pixels de altura, porque, se for necessário utilizar a thumbnail dentro do meu vídeo, não perco qualidade.

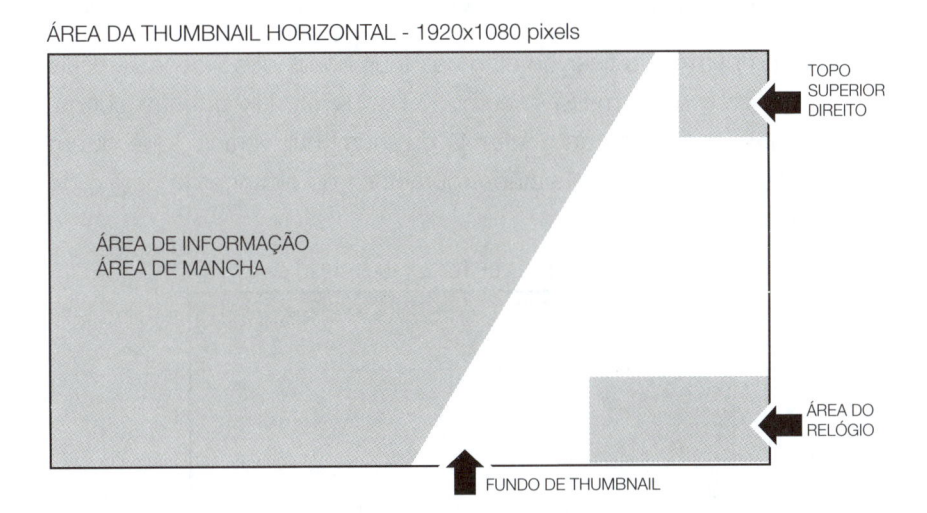

ÁREA DA THUMBNAIL HORIZONTAL - 1920x1080 pixels

[Diagrama da thumbnail com as seguintes indicações: TOPO SUPERIOR DIREITO, ÁREA DE INFORMAÇÃO / ÁREA DE MANCHA, ÁREA DO RELÓGIO, FUNDO DE THUMBNAIL]

- **Fundo de thumbnail**

A primeira coisa que eu defino em uma thumbnail é exatamente o fundo, pois é o que vai dar o contraste na página de pesquisa. Aqui, costumo escolher uma cor forte para que minha thumbnail possa "pular" na tela do usuário, chamando a atenção e o clique.

- **Topo superior direito**

Nesta área, você pode incluir o ícone do seu canal ou empresa, a numeração do episódio do seu vídeo ou qualquer gráfico que componha a sua thumbnail. Só tome cuidado para não chamar mais a atenção para esta área do que para o objeto principal da thumbnail.

- **Área de informação**

Toda a área à esquerda é onde se concentra o conteúdo principal da thumbnail. É onde deve ficar o conteúdo que as pessoas vão ler, ou mesmo a foto que vai chamar a atenção do clique.

- **Área do relógio**

Um dos maiores erros que as pessoas cometem na thumbnail é utilizar todo o espaço para incluir texto. O problema é que, no YouTube, o canto inferior direito da sua thumbnail é onde fica o relógio de tempo do vídeo, ou seja, qualquer assunto que for inserido ali, corre o risco de não ser lido.

Você também deve ficar de olho nas thumbnails dos vídeos verticais – que vêm crescendo muito –, como IGTV, TikTok, Likee, entre outros. Vamos então às etapas da anatomia da thumbnail vertical, que dizem respeito especialmente à questão ergométrica de alcance do dedão da sua audiência.

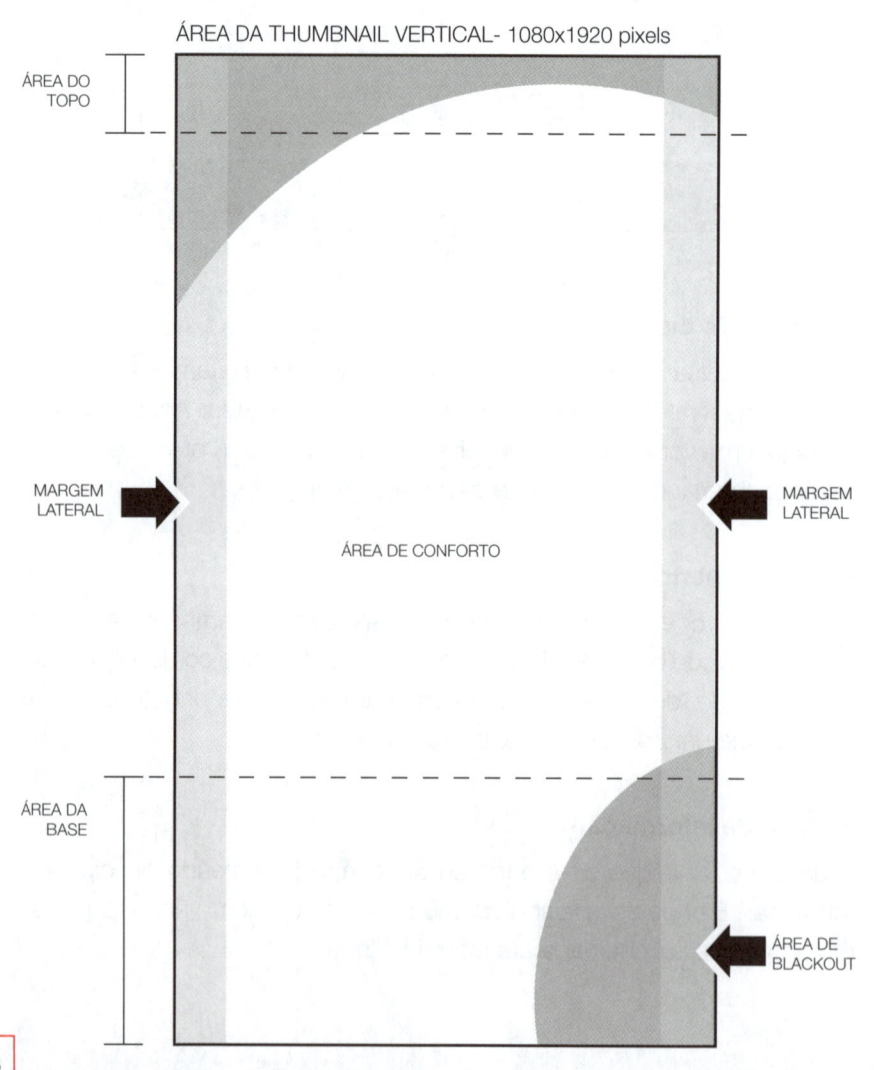

ÁREA DA THUMBNAIL VERTICAL- 1080x1920 pixels

ÁREA DO TOPO

MARGEM LATERAL

ÁREA DE CONFORTO

MARGEM LATERAL

ÁREA DA BASE

ÁREA DE BLACKOUT

- **Margens laterais**

O princípio da thumbnail vertical é muito próximo ao da thumbnail horizontal, em que eu começo definindo o fundo da thumb, mas redobrando a atenção com as margens laterais.

Como a maioria das thumbnails verticais é visualizada em celulares, a grande quantidade de formatos de telas faz com que a imagem fique diferente em celulares de telas diferentes. Por isso, recomendo obedecer a essa margem na lateral, e não colocar nenhuma informação ali ao lado, pois há um grande risco de que a informação seja cortada.

- **Área de conforto**

A faixa central curvada é a área de conforto de interação, na qual a média das pessoas destras consegue clicar com o dedão, segurando o celular com uma mão apenas (se a sua audiência é canhota, basta inverter esse gráfico).

- **Área de blackout**

A parte mais escura é a área que vai aparecer no celular, mas ela será ocultada ou de difícil visualização por estar embaixo da área do dedão. Evite inserir conteúdo importante ali, pois são grandes as chances de ele não ser visto.

- **Topo e base**

Assim como as margens laterais, o topo e a base também devem ter a sua margem respeitada. A diferença é que a área da base é três vezes o espaço do topo, pois na maioria dos apps e plataformas essa é a área do player ou dos botões de engajamento.

A regra dos 3 E's

Dentro dos meus estudos de thumbnails, conheci um dos profissionais mais estratégicos sobre thumbnails, com quem tive o prazer de travar amizade e realizar alguns estudos e trabalhos juntos. Esse cara é Jeremy Vest, criador do Vidpow, skatista e um ótimo estrategista digital.

Com Vest, fui a fundo no conceito dos 3 E's da conversão das thumbnails: *Eyes*, *Emotion* e *Excitement*. Esses três pilares de design de thumbnails foram testados em inúmeros vídeos juntos com a parte de otimização e CTR.

São pilares que trazem para o designer – ou mesmo para você que não é designer – uma diretriz de como escolher melhor os posicionamentos das imagens e textos em suas thumbnails. Vou explicar melhor cada um deles para que a sua aplicação fique mais prática.

Eyes (olhos)

O primeiro pilar é o E de EYES – olhos – e, sim, é exatamente isso que você está prevendo. O uso do rosto das pessoas na sua thumbnail atrai o clique, sobretudo em um tamanho em que seja possível reconhecer os olhos.

Na imagem, o tamanho dos olhos e, particularmente, da *esclera* ou *esclerótica*, mais conhecida como o *branco do olho*, é um dos fatores de atração do clique na thumbnail. Comprovamos em nossos testes que olhos arregalados, pessoas olhando para a frente ou qualquer outra posição que deixe os olhos em destaque chamam a atenção nas páginas de resultados de pesquisa.

Uma maneira simples que encontrei para explicar esse fenômeno foi o almoço de final de ano em família, quando as crianças estão com toda a energia do mundo tentando se desafiar entre si – ou desafiar os outros.

Nesse momento, com certeza você se lembra de algum sobrinho ou sobrinha que ficava olhando para você, o que o incomodava bastante. Você tentava impedir, reclamava por causa daquele "par de olhos" em cima de você. Para mim, esse incômodo é o que faz agir, e, no caso da thumbnail, clicar.

Emotion (emoção)

O segundo pilar é a EMOTION, a emoção. Juntamente com os olhos, a emoção também chama a atenção para a sua thumbnail. Essa emoção é impressa nas thumbnails por meio de caretas e sentimentos.

O rosto de surpresa, os olhos arregalados de medo, o sorriso, o choro e as lágrimas, a mão na boca como se não pudesse contar algo: todas essas expressões geram uma taxa maior de clique na sua thumbnail.

Claro que você precisa entender se caretas e emoções em excesso combinam com a sua personalidade e os objetivos do canal, pois não acredito que, para assuntos mais sérios – como no caso de advogados –, o uso desse pilar faça sentido.

Excitement (Excitação, curiosidade)

O terceiro e último pilar do estudo é o EXCITEMENT, cuja tradução livre prefiro curiosidade a excitação. A sua thumbnail precisa gerar uma curiosidade que faça as pessoas clicarem para saber o que vai acontecer no vídeo, ou por qual razão você está em frente a um carro de polícia.

Pode ser tênue a fronteira entre o que é uma imagem que gera excitação e curiosidade e uma imagem mentirosa criada somente para ter uma alta taxa de cliques.

Minha recomendação é que você evite ao máximo incluir imagens, produtos ou pessoas que não estejam no vídeo ou que não sejam citados nele. Segundo as próprias diretrizes do YouTube, inclusive, o uso de imagens de terceiros pode acarretar em uma penalização ao canal.

Bolas, flechas e afins

A construção de uma thumbnail leva em consideração muitas etapas; além de tudo o que você viu por aqui, ainda existem alguns macetes e táticas para aumentar a legibilidade e o potencial de cliques das suas thumbnails na internet.

Texto na thumbnail

O primeiro aspecto que quero pontuar é que não existe nenhum lugar no YouTube em que a thumbnail apareça longe do título do vídeo. Exatamente por isso, você não precisa incluir o título do seu vídeo inteiro na sua thumbnail.

Esse é um desperdício de espaço e de efetividade do seu clique, pois é comprovado, por pesquisas do VidIQ, que o tamanho ideal de texto para uma thumbnail – caso ela precise de um – é de 15 caracteres.

Tenha o foco na estrutura da thumbnail como um todo, pois muitas thumbnails sem texto convertem melhor por ter o foco principal na foto, na cor e na forma como são produzidas.

Bolas, flechas e interrogações

Entre 2017 e 2018, a febre das thumbnails eram bolas circulando determinados objetos e flechas apontadas para áreas quase impossíveis de enxergar.

Essa era a estratégia: nada mais do que alimentar a curiosidade por algo que as pessoas queriam ver e não conseguiam, pois não havia nada, mas era o suficiente para fazê-las clicar no vídeo.

Outro modelo simples é esconder um produto, uma pessoa (no caso de um entrevistado) ou um local com um grande ponto de interrogação, pois, dessa maneira, também se gera mais curiosidade.

Desfoque, mosaico e tapume

Não ignore o poder dos efeitos de softwares como o Photoshop para potencializar a curiosidade da sua audiência. Uma estratégia simples é esconder o seu conteúdo.

É exatamente isso que o efeito de desfocar o objeto ou o efeito mosaico (quadriculado/pixelado) fazem com a imagem da sua thumbnail. O tapume é um polígono que você coloca em cima do produto para que as pessoas não o adivinhem e – de novo – cliquem pela curiosidade. É muito usado para vídeos de "descubra a capa do meu livro" ou "você não vai acreditar como ficou a nova latinha da Coca-Cola".

Esse não é um efeito que deve ser aplicado em toda thumbnail, mas, sim, em áreas específicas que você queira gerar atenção.

O "meio movimento"

Dentro do pilar de excitement, temos uma das estratégias para a formação de uma boa thumbnail, que é a utilização do "meio movimento".

Nosso cérebro está condicionado a completar algumas imagens do dia a dia. É exatamente a partir dessa perspectiva que você vai aplicar a estratégia de meio movimento na imagem das suas thumbnails.

Por exemplo: um canal esportivo que dá dicas de basquete terá, naturalmente, thumbnails de bolas e cestas.

A sugestão de "meio movimento" aqui é, por exemplo, colocar, de um lado, a pessoa fazendo um arremesso; do outro, a cesta; e, no meio, a bola de basquete.

Essa cena congelada da bola quase caindo na cesta será um gatilho enorme para a audiência clicar no vídeo.

Agora que você já entendeu o meio movimento, fica muito mais fácil perceber as oportunidades que há para inserir o meio movimento em suas thumbnails, como uma bola de boliche quase acertando os pinos, uma pessoa deslizando num toboágua, uma casca de banana quase sendo pisada, uma pessoa subindo uma escada em cujo topo há uma porta, e assim por diante.

O exercício do meio movimento é muito interessante e divertido para aguçar a criatividade, então vamos treinar juntos. Já mencionei cinco tipos de meio movimento, agora é sua vez!

1. Meio movimento: _____
2. Meio movimento: _____
3. Meio movimento: _____
4. Meio movimento: _____
5. Meio movimento: _____

19

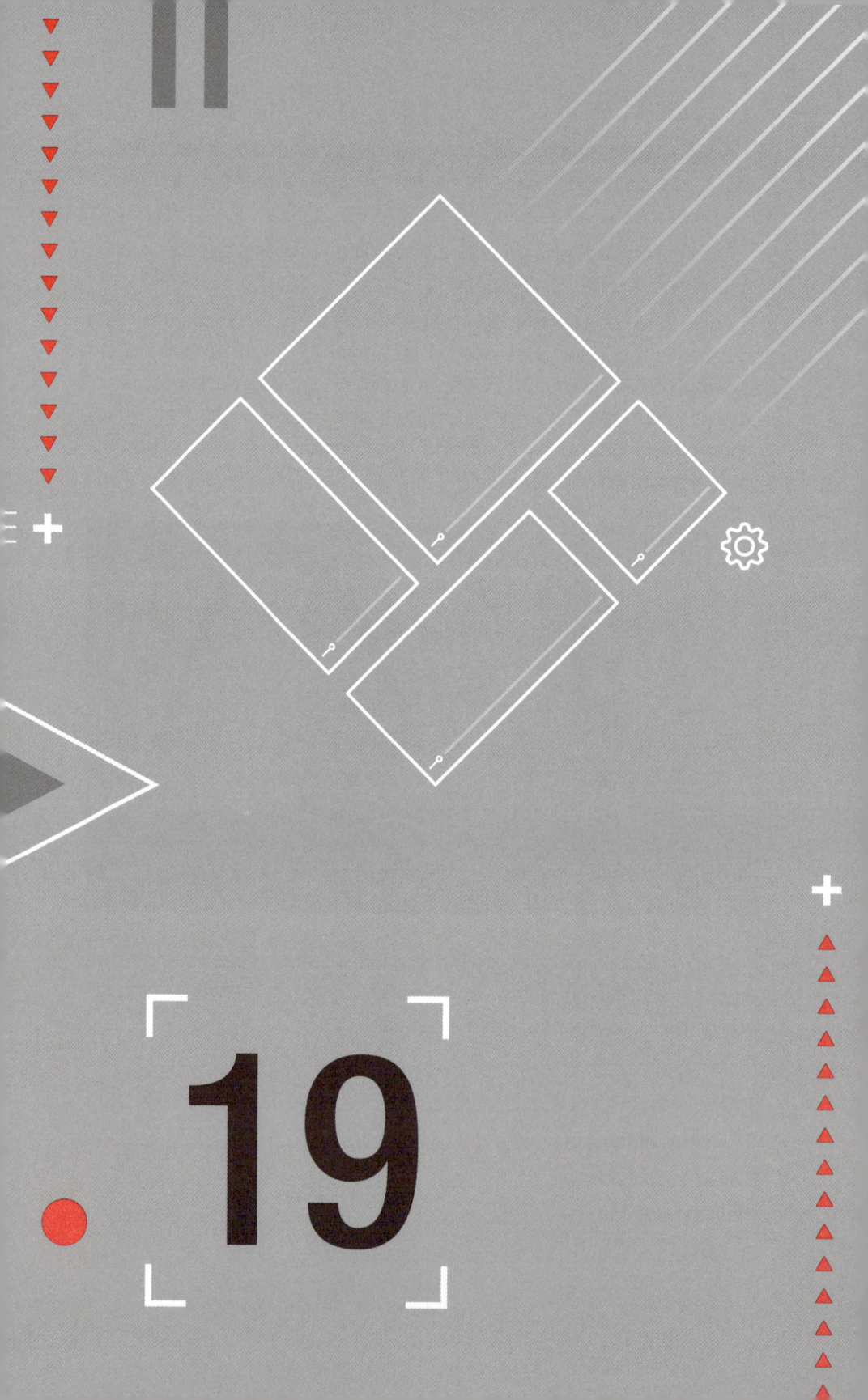

Arrume a casa para receber as pessoas

"Sorte é estar pronto quando a oportunidade vem."
Oprah Winfrey

Não basta somente postar o seu vídeo na sua plataforma preferida. É preciso fazer com que todo o seu canal esteja pronto para receber "visitas" de pessoas que receberam a indicação dele. É provável que essa audiência chegue diretamente à home do seu canal e não a um vídeo específico.

Por essa razão, é preciso deixar esses itens preparados para que a "experiência" com o seu conteúdo seja completa, por mais que você acredite que playlists e o trailer do canal não tenham tanta relevância no seu conteúdo; mas pode ter certeza que são, sim, uma parte importante nessa jornada do seu cliente.

Avatar, topo do canal e identidade visual

Já falei bastante sobre identidade visual dos canais, inclusive dedicando um capítulo inteiro para isso. Aqui, quero apenas reforçar a importância do alinhamento artístico entre a sua foto de perfil (avatar) e o topo do canal.

Na maioria dos canais em que trabalho, o avatar é a foto da autoridade ou da pessoa que apresenta o canal, justamente para criar conexão com a imagem.

Essa mesma foto se replica no topo do canal do YouTube ou no topo da fanpage do Facebook. O topo também é o local em que você deve inserir a sua marca, podendo utilizá-lo para informar a sua agenda de publicação de conteúdo para as pessoas que acessam o seu canal.

Criando listas de reprodução ou playlists

Listas de reprodução – ou playlists, se você utiliza o YouTube em inglês – são uma funcionalidade para agrupar vídeos em uma lista que será reproduzida sequencialmente para a audiência.

Uma lista de reprodução seria a mesma coisa de um disco de uma cantora, em que a sequência das músicas já está escolhida e é reproduzida nessa mesma ordem.

A diferença é que as listas de reprodução de vídeo podem ser muito mais estratégicas para a pulverização de vídeos. Uma lista de reprodução otimizada tem cada um dos seus vídeos muito bem pensado, e eles funcionarão como uma sequência da história.

Esses agrupamentos de vídeos vão permitir que a sua audiência consuma o seu conteúdo na sequência que você definir, sem ter a interferência de vídeos de terceiros (exceto pelos anúncios).

O YouTube não limita o número de playlists em um canal, mas cada playlist pode ter no máximo duzentos vídeos, ou seja, escolha com cuidado os seus vídeos e como eles se comportam em suas playlists.

A melhor formação de listas de reprodução é usar a estratégia do conteúdo episódico (que irei explicar no próximo capítulo), pois, dessa maneira, você mantém a audiência na sua trilha de conteúdo.

Uma lista de reprodução otimizada tem basicamente as seguintes etapas:

- título da lista de reprodução otimizada e com a palavra-chave;
- primeiro vídeo da lista de reprodução otimizado com a palavra-chave primária;
- todos os vídeos com thumbnails;
- 120 caracteres na descrição da lista de reprodução;

- nota de cada vídeo dentro da lista de reprodução (importante, mas opcional por não ter uma força tão grande na indexação da playlist).

Nesse momento, você deve estar se perguntando sobre a razão de se fazer uma playlist/lista de reprodução, e a resposta é simples: ela também indexa! Ou seja, uma das maneiras de gerar um ID para o seu canal é criando uma lista de reprodução.

Crie as listas de reprodução sempre pensando em qual seria o resultado de pesquisa que elas deveriam aparecer, independentemente do número de vídeos que elas tiverem.

Você já pode otimizar uma playlist a partir de três vídeos, e sim, colocar um mesmo vídeo em listas de reprodução/playlists diferentes.

Seguindo o nosso exemplo do canal de amamentação, imaginemos um vídeo sobre 8 *posi*ções diferentes para amamentar seu filho. Esse vídeo pode estar na playlist *Primeiros passos da amamentação*, para informar a quem está começando sobre posições; e também na playlist *Técnicas de amamentação*, para que seja um guia rápido para quem quer aprender somente técnicas em si.

Como construir um bom trailer do canal

O trailer do canal é uma funcionalidade presente nas plataformas de vídeos que tem uma estrutura apresentada em modelo de canal. É um vídeo de boas-vindas.

No YouTube, o trailer deve ser a porta de entrada para apresentar o seu canal, o seu conteúdo e a frequência de suas publicações. No Facebook – seja no topo da fanpage, seja na aba de conteúdo –, o trailer do canal é responsável por atrair o clique.

O tempo de um trailer de canal não é algo regulamentado, nem há um número exato que deve ser seguido para indexar melhor ou para atrair mais seguidores. O trailer é um vídeo que segue a mesma máxima do tempo de vídeo falado anteriormente neste livro: **o vídeo deve ter o tamanho exato para contar o seu conteúdo e nenhum segundo a mais**.

A construção de um bom trailer do canal pode seguir três principais objetivos:

- **Descoberta:** quem é a autoridade desse canal?
- **Propósito:** qual o conteúdo que vou encontrar aqui?
- **Desejo:** quando posso consumir mais conteúdo?

Entendendo esses três pontos, agora é a hora de se aprofundar no roteiro para o seu trailer do canal. Você pode seguir qualquer modelo do capítulo de roteiros, mas, para escrever um trailer, recomendo que siga especificamente o modelo para trailer de canal ou para vídeo de boas-vindas, que vou explicar abaixo.

Por meio de seis blocos de texto, você vai conseguir escrever o seu trailer do canal de maneira prática e rápida.

1	CAPTURE A ATENÇÃO	Os primeiros segundos do seu vídeo, que devem parar a rolagem. Ocupe-se em fazer a audiência sentir que você está falando diretamente com ela.
2	APRESENTE O PROPÓSITO	Qual o propósito de você criar esse tipo de conteúdo? Qual foi a sua transformação antes de se tornar autoridade no assunto e criar o seu canal? O que torna a sua empresa a maior especialista no assunto do canal?
3	EXPLIQUE A ENTREGA	Como a sua audiência vai receber esse conteúdo? Mostre os tipos de programas que você tem/terá no seu canal. Animações ou cortes de cena dos programas podem ser uma ótima ideia para tornar isso visual.
4	CONTE A SUA HISTÓRIA	Conecte a audiência com a sua história de vida e o assunto do nicho que seu canal aborda. Momentos pessoais, fotos do começo do canal etc. – tudo o que conectar a sua história com o conteúdo do canal vale a pena.

5	ALINHE EXPECTATIVAS	Deixe bem claro no roteiro os dias e horários de publicação do seu conteúdo, assim como os tipos de conteúdo que você produz. Utilize animações para deixar escrito na tela.
6	CTA DE FECHAMENTO	Use o CTA para um único objetivo: transformar visualizações em inscritos. Mostre como as pessoas se inscrevem no canal. PS: Eu reforçaria que é gratuito se inscrever no canal, principalmente para audiências mais velhas.

Você pode seguir esse modelo como uma base e incluir também mais informações no seu trailer. Só tome cuidado para o trailer não ficar cansativo de tão grande. A maioria dos trailers que construímos na Double Play tem entre 1 e 2 minutos de conteúdo.

Vamos aplicar o modelo para os nossos canais hipotéticos, de mergulho e de amamentação.

Trailer do canal Couto Dive | O seu canal de mergulho

1	CAPTURE A ATENÇÃO	Já pensou em mergulhar nos sete mares sem sair da tela do seu smartphone?
2	APRESENTE O PROPÓSITO	Então venha mergulhar de cabeça no Couto Dive, o canal que tem o propósito de lhe mostrar como o mergulho é para todo mundo, independentemente de classe social, gênero ou série da Netflix favorita.
3	EXPLIQUE A ENTREGA	Das viagens pelos melhores pontos de mergulho do mundo até as pechinchas nas lojas de equipamento, você vai encontrar tudo o que precisa para mergulhar melhor aqui em nossos vídeos, não importa se você é iniciante ou um verdadeiro tubarão na água.
4	CONTE A SUA HISTÓRIA	Comecei a praticar mergulho para tratar uma asma e, no final das contas, fiquei viciado nesse esporte maravilhoso praticado no infinito azul.

5	ALINHE EXPECTATIVAS	Todas as quartas-feiras, eu o ajudo a escolher os melhores equipamentos para mergulho profissional e amador, e às sextas-feiras vamos desbravar estratégias e exercícios de mergulho com nossas viagens e entrevistando os maiores nomes do segmento no Brasil e no mundo.
6	CTA DE FECHAMENTO	Seja bem-vindo ao Couto Dive, eu sou Camilo Marinho, o seu instrutor de mergulho aqui no YouTube. Respire fundo e se inscreva no canal.

Trailer do canal Pegada em C | O seu canal da amamentação

1	CAPTURE A ATENÇÃO	O seu leite não é fraco, não tem tempo certo para amamentar e eu sei que você é a melhor mãe do mundo!
2	APRESENTE O PROPÓSITO	É neste canal que eu lhe mostro como a amamentação é o ato de amor mais generoso de uma mãe para com um filho, mas também o maior dos desafios, que começa ainda na gravidez.
3	EXPLIQUE A ENTREGA	Vídeo-aulas, bate-papos íntimos, entrevistas com especialistas e até mesmo os meus desabafos do dia a dia como mãe (não é fácil, né?). Quero você comigo nessa jornada de amor e família, mesmo nos dias em que não conseguimos nem lavar o cabelo no banho.
4	CONTE A SUA HISTÓRIA	Eu sou Camila Leitte, mãe de dois: também achava que nunca iria amamentar corretamente até que eu resolvi escutar meu corpo, o meu momento e, assim, amamentar meus dois maiores tesouros da vida.
5	ALINHE EXPECTATIVAS	Toda segunda, às 19 horas, um vídeo novo para acabarmos com os mitos da amamentação e criarmos essa corrente de amor de mãe aqui no canal.

6	CTA DE FECHAMENTO	Pode se inscrever que o conteúdo é gratuito, igual leite materno.
		Espero você no próximo vídeo <3

Repare como os dois roteiros que eu escrevi têm a sua própria personalidade, mas, principalmente, conexão com as palavras e os jargões da comunidade à qual os canais se atrelam.

Agora é a sua vez!

Como ficaria o seu novo trailer de canal? Faça o exercício, tire foto e me marque nos seus stories (@camilocoutinho), que terei o prazer de dar meus pitacos.

TRAILER DO CANAL: _____

DESCOBERTA (Quem é você?) _____
PROPÓSITO (O que vou aprender com você?) _____
DESEJO (Qual a frequência de vídeos?) _____

1	CAPTURE A ATENÇÃO	
2	APRESENTE O PROPÓSITO	
3	EXPLIQUE A ENTREGA	
4	CONTE A SUA HISTÓRIA	
5	ALINHE EXPECTATIVAS	
6	CTA DE FECHAMENTO	

Use legendas pela acessibilidade e indexação

Acredito que legendas são a parte mais trabalhosa da otimização, não pela dificuldade, mas por conta do volume de trabalho e atenção demandado nesta etapa do seu vídeo. Sim, legendas fazem parte da otimização do seu vídeo, pois nelas se encontram muito conteúdo em texto para os robôs e algoritmos de pesquisa.

Apesar disso, para mim, o melhor retorno que as legendas dão é a acessibilidade: um vídeo legendado proporcionará falar com milhões de pessoas que possam ter algum problema mais específico, como no caso de deficientes auditivos.

Existem duas maneiras de se inserir legendas nos vídeos. A primeira é fazer a inserção no arquivo do vídeo dentro do programa de edição. É uma maneira muito utilizada para poder legendar conteúdos que vão para redes sociais e outras plataformas que não têm a funcionalidade nativa de legendagem.

Com as legendas internas, você as "fecha" junto com a exportação do seu vídeo, impedindo que elas sejam alteradas no arquivo. A alteração só poderá ser feita novamente no arquivo nativo de edição daquele vídeo.

Esse tipo também é chamado de *Open Captions* [OC], pelo fato de as legendas ficarem abertas e aparecerem na tela 100% do tempo, mesmo sem se acionar nenhum botão.

A segunda maneira é legendagem via arquivo externo, ou seja, você terá dois arquivos, o do seu vídeo e o das legendas (em geral .srt).

Este tipo é conhecido como *Closed Captions* [CC]: as legendas precisam ser ativadas por meio do botão CC no YouTube, ou mesmo no controle remoto da sua televisão.

Existe ainda um terceiro tipo, que é o *Real Time Captions*, que são legendas feitas em tempo real em programas ao vivo/direto de televisão. Esta tecnologia ainda não está difundida nas plataformas online; o YouTube até vem saindo na frente com legendas automáticas para lives, mas, infelizmente, elas não têm bom desempenho em português.

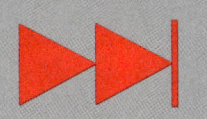

20

A estratégia do conteúdo episódico

"A estratégia sem tática é o caminho mais lento para a vitória. Tática sem estratégia é o ruído antes da derrota."

Sun Tzu

Muito se fala sobre estratégias de vídeos, mas pouco se mostra sobre elas. Isso se deve, muitas vezes, à confusão entre estratégia e tática, o que torna mais difícil a aplicação do conceito no dia a dia.

Como já expliquei nos capítulos anteriores, um vídeo começa sempre com a meta. Não conheci uma pessoa interessada em começar seu conteúdo com vídeos que não quisesse mensurar dados, alcançar maiores audiências ou aumentar as vendas de seus produtos/serviços.

Por isso, é muito importante ter clareza de conteúdo e, principalmente, da estratégia e da tática que irá aplicar.

Estratégia ou tática

Este capítulo foi aberto propositalmente com a célebre frase do Sun Tzu, famoso estrategista chinês e autor do clássico bestseller mundial *A arte da guerra*, pois ele mostra essa diferenciação de uma maneira bem clara.

Vários pensadores e estrategistas cunharam seus termos sobre a diferença entre estratégia e tática, mas vou me aventurar a dar a minha contribuição sobre isso aplicada às estratégias de vídeos, seja qual for a plataforma.

De uma maneira simples: a estratégia é o seu guia para a execução das táticas. Aquilo que diz o que fazer para chegar ao objetivo.

A estratégia é uma visão geral do campo de batalha comumente baseada em objetivos de médio e longo prazos, ou seja, na organização necessária para alcançá-los.

No caso dos vídeos, significa preparar as áreas que serão ativadas para você manter a publicação deles, as postagens no Instagram e o seu novo podcast. Dentro da estratégia, todos esses negócios precisam ter objetivos e resultados esperados bem definidos.

Já a tática diz respeito a como atingir esses resultados no curto prazo, por meio de ações pontuais e práticas, majoritariamente para alcançar resultados imediatos.

No caso dos vídeos, uma tática seria criar playlists com palavras-chaves ligadas a datas comemorativas para poder "capturar" a audiência dessas datas. Se for uma tática em vista do Natal, por exemplo, que ela seja utilizada em novembro, não em abril.

ESTRATÉGIAS DE VÍDEOS	TÁTICAS DE VÍDEOS
• O QUE vamos fazer	• COMO vamos fazer
• objetivos a **longo prazo**	• objetivos a **curto prazo**
• tenho a **visão geral** do projeto	• tenho a **visão focada** na etapa do projeto
• implementação mais **complexa**	• implementação **rápida**
• responsabilidade do **estrategista** (gestor)	• responsabilidade do **especialista**
• **criam** as oportunidades	• aproveitam as oportunidades
• **proativa**	• **reativa**

A clareza desses conceitos faz uma diferença enorme no seu planejamento de conteúdo e de negócios com vídeos. A grande maioria das pessoas pesquisa sobre táticas para seus vídeos, soluções simples que podem implementar para "explodir os números da audiência".

Não vou mentir que, em alguns momentos, a tática é o que vai remediar o projeto, assim como um comprimido faz com a dor de cabeça. O problema começa quando você fica viciado em tomar sempre um comprimido e não vai atrás para descobrir o real motivo de a sua cabeça doer.

Quando vejo alguém no meu Instagram procurando ou pedindo por *diquinhas* ou *truquinhos*, tenho certeza que essa pessoa não está tratando o conteúdo dela com a profundidade necessária e que, em alguns meses, a dor de cabeça do conteúdo será uma terrível enxaqueca de falta de conteúdo.

O cenário ideal é que você construa seus objetivos com base nas estratégias e inclua as táticas dentro das estratégias a serem executadas. Você pode ter uma estratégia com diversas táticas, mas não táticas com diversas estratégias.

A estratégia do conteúdo episódico

O conteúdo episódico foi um termo que veio do marketing tradicional, baseado no modelo de storytelling, em que o foco é envolver a sua audiência com uma história com começo, meio e fim, e, nesse final, deixar claro o posicionamento do conteúdo.

Transportando essa definição para o universo dos vídeos, você decerto já cruzou com algum conteúdo episódico. Toda vez que você "maratona" uma série, um canal ou todos os vídeos de um perfil na rede social, você está consumindo conteúdo com alto potencial de ser episódico.

Sim, digo que pode ter alto potencial, pois nem todo o conteúdo que você consome em sequência é episódico, e é aqui que você precisa da estratégia.

O conteúdo episódico deve funcionar exatamente como elos de uma corrente, na qual o primeiro vídeo sempre vai desencadear a curiosidade da sua audiência em assistir ao próximo, e ao próximo, e ao próximo.

Quando a sua audiência começa a assistir a mais de um vídeo no seu canal ou plataforma, você está aumentando o tempo que ela consome do seu conteúdo, e isso é ouro para o engajamento nas plataformas.

É isso o que as plataformas mais querem: pessoas que consumam conteúdo o maior tempo possível sem sair para outras plataformas ou aplicativos.

Quanto mais você consegue manter alguém nos elos dessa corrente de conteúdo, mais os algoritmos das plataformas entendem que seu conteúdo é relevante e, dessa maneira, intensificam as recomendações do seu conteúdo para novas pessoas e novas pesquisas.

SEQUÊNCIA DE VÍDEOS COMPLETA

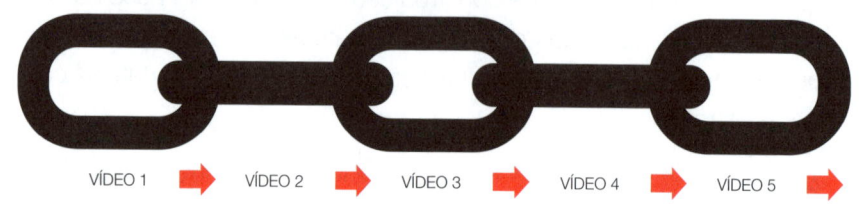

VÍDEO 1 ➡ VÍDEO 2 ➡ VÍDEO 3 ➡ VÍDEO 4 ➡ VÍDEO 5 ➡

SEQUÊNCIA DE VÍDEOS QUEBRADA

VÍDEO 1 ➡ VÍDEO 2 — ??? — ??? ➡ VÍDEO 5

Como começar um conteúdo episódico

A primeira etapa é ter a clareza do seu conteúdo, do que você realmente entrega, para que seja possível organizá-lo em uma sequência que desperte a curiosidade da sua audiência em ir para a próxima etapa.

Sem ter a clareza sobre ele, é muito difícil conseguir criar um conteúdo episódico, então organize todo o seu conteúdo já postado (ou que você planejou criar) em uma linha cronológica de consumo, ou seja, o ponto pelo qual eu deveria começar se eu não sei nada, aquilo a que devo assistir se já conheço sua categoria e a forma como você pode me ajudar a ser melhor, se já sou um especialista no assunto.

Você pode usar o tradicional funil de conversão com o foco em identificar o seu conteúdo e, assim, entender o que falta no seu conteúdo episódico.

FUNIL DE CONTEÚDO

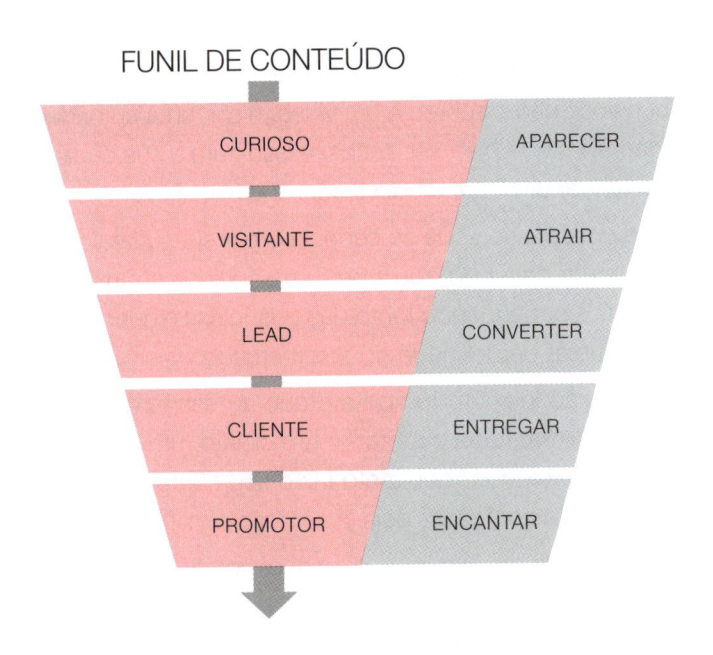

CURIOSO	APARECER
VISITANTE	ATRAIR
LEAD	CONVERTER
CLIENTE	ENTREGAR
PROMOTOR	ENCANTAR

Vamos juntos preencher o seu conteúdo nessas etapas, começando pelo curioso. O curioso está navegando pela internet à procura de uma solução para o problema dele; a primeira fonte de procura são as caixas de pesquisa das plataformas.

Não é segredo nem novidade que o YouTube é o segundo maior motor de pesquisa do mundo, ou seja, quando alguém não se contenta com os resultados que encontrou no Google, inicia uma pesquisa no YouTube – ou recorre a este quando quer um resultado que seja mais demonstrativo, mais visual.

Nessa etapa, a otimização do seu vídeo é essencial para que ele seja encontrado ou recomendado para os curiosos.

Após o curioso assistir ao seu conteúdo, ele entende que você tem conteúdo sobre a solução que ele precisa e começa a assistir a mais conteúdos dentro do seu canal, tornando-se um visitante.

O visitante ainda não sabe o seu nome ou do seu canal, mas identifica o seu conteúdo pelas características, por exemplo: *aquele vídeo do cara de olho claro e boné*, ou *aquele vídeo da menina loira que tem uma luz verde no fundo*.

Ainda não se construiu o relacionamento, mas o visitante já começa a entender que você não é somente um vídeo, e sim uma autoridade no assunto. Se não é, estude para ser e mostre isso para a sua audiência, pois, para o visitante virar um lead, ele deve confiar em você e em seu conteúdo.

Um *lead* é uma pessoa que se cadastrou em suas plataformas – uma lista de e-mail, um canal do YouTube, um seguidor no Instagram; essa pessoa já não fica dependendo tanto das pesquisas e quer estar perto de você por não querer perder nada do seu mercado.

Essa construção leva um tempo até que a pessoa da sua audiência passe para a próxima etapa e se torne um cliente, um consumidor fiel e assíduo do seu conteúdo. Aqui, tanto faz o seu conteúdo, ela quer consumir a sua visão do conteúdo, pois já acredita no filtro que você faz.

Não existe um número fixo, mas digo que, nos projetos dos quais participei, em média 20% das pessoas que consomem seu conteúdo têm potencial para chegar até aqui, e apenas 0,5% para ir à última etapa e se tornar um promotor do seu conteúdo.

O promotor do conteúdo você conhece bem. Ele também é chamado de superfã. Sabe tudo de você, do seu conteúdo, a data em que você postou; está presente em todas as suas lives, e quase sempre é o primeiro a comentar as suas postagens, seja qual for a rede social.

Esse tipo de audiência requer um conteúdo mais premium e quase personalizado, já que não é incomum que esse público promotor conheça os detalhes da sua empresa, mesmo nunca tendo trabalhado nela, e também de pessoas da sua família que ela "pesquisou" na internet para estar mais próximo de você.

Uma ótima estratégia para manter o seu público promotor motivado e próximo é responder às mensagens dele inbox, com vídeos personalizados. Chamá-lo pelo nome é uma das táticas mais fáceis e práticas para você conseguir uma conexão real e sincera.

Faça o teste e responda a uma mensagem do seu inbox do Instagram por vídeo e você verá a "mágica" acontecer.

Vamos, então, aplicar o funil de conteúdo em dois modelos de vídeos para que você tenha um bom exemplo. O primeiro é um canal de mergulho, e o segundo, um canal de amamentação. Vamos ao primeiro.

COUTO DIVE I O SEU CANAL DE MERGULHO		
Etapa	Ambição / Problema / Dúvida	Vídeos que podem ser criados
Curioso	Começar um novo hobby	5 razões para começar a mergulhar ainda este ano
Visitante	Por que eu deveria começar a mergulhar?	Tudo o que um iniciante precisa saber para começar a praticar o mergulho em mar aberto
Lead	Onde mergulhar?	As 10 praias mais limpas para praticar mergulho
Cliente	O que há de novo?	Conheça a rota secreta que todo mergulhador deveria fazer em Ilhabela
Promotor	Como ser mergulhador profissional?	Como começar o planejamento para sua certificação de mergulhador profissional

Veja como cada um dos vídeos pode facilmente levar ao próximo, e ao próximo, e assim sucessivamente. Claro que aqui estamos falando de cinco vídeos, mas podemos facilmente ir abrindo mais cinco por etapa e, dessa maneira, ir criando mais conteúdos relacionados.

Pontos interessantes dos títulos criados acima são:

- **o uso de listas para engajar a audiência** (5 razões, 10 praias);
- **a especificidade** (praias mais limpas, tudo o que um iniciante precisa saber);
- **a dupla especificidade** (mergulhar ainda este ano, a opção por Ilhabela);
- **o especial** (a rota secreta, certificação de mergulhador profissional).

Agora, passemos ao canal de amamentação.

PEGADA EM C I O SEU CANAL DE AMAMENTAÇÃO		
Etapa	Ambição / Problema / Dúvida	Vídeos que podem ser criados
Curioso	Estou grávida	Como preparar seu corpo para amamentar ainda na gravidez
Visitante	É importante amamentar?	8 doenças perigosas das quais a amamentação pode livrar o seu recém-nascido
Lead	Eu posso amamentar?	Amamentar não será difícil se você seguir estas etapas
Cliente	Como trabalhar e amamentar?	3 maneiras práticas para armazenar o leite materno em casa ou no trabalho
Promotor	É normal meu seio doer?	Displasia mamária e por que não é normal ter dor no seio durante a amamentação

Você também pode perceber que esses novos títulos vão se conectando entre si, e que, quanto mais entramos no nicho (ou subnicho), mais técnicos podemos ser, pois a nossa audiência também passa a se aprofundar e a "pedir" por conteúdos mais profundos e técnicos.

Eu gosto muito de pensar em um conteúdo episódico, pois são inúmeros os benefícios dele para a sua audiência, além de um trabalho mais prático para a criação de novos conteúdos.

Isso porque o conteúdo episódico permite que se desenvolva um grande arco narrativo que conecte e incentive as pessoas a seguirem a história até o final, sempre voltando para consumir o "próximo capítulo".

O grande poder do conteúdo episódico é a criação da antecipação, aumentando o engajamento e encorajando a sua audiência a se inscrever em seus canais de vídeo.

Agora é a sua vez! Preencha o funil de conteúdo com os dados do seu canal e dos seus vídeos, e poste algum exercício do tipo no seu Instagram marcando @camilocoutinho, que eu lhe darei a minha opinião a respeito.

	nome do seu canal aqui	
Etapa	Ambição / Problema / Dúvida	Vídeos que podem ser criados
Curioso		
Visitante		
Lead		
Cliente		
Promotor		

21

O poder do fatiamento estratégico

"Se o seu conteúdo não está gerando conversação, você está fazendo isso errado."
Dan Roth

O exército de um homem só já não é o suficiente para ter grandes resultados na internet. Isso se aplica tanto a você quanto ao seu conteúdo. Estou falando do desafio de gestão e de montar o seu time fantástico (como tenho o meu na Double Play).

Agora, quando falo sobre conteúdo, estou dizendo diretamente que você precisa apostar nos multiformatos do mesmo conteúdo, para que aumentem a sua presença online. Costumo chamar isso de "espremer o limão", ou seja, ter um conteúdo grande principal (o limão) e fatiá-lo em diversos pedaços.

É a partir dessa comparação com o limão que apelidamos esta etapa da produção de fatiamento estratégico, que consiste em criar novos formatos de conteúdo a partir de um conteúdo principal.

LONGOS	YOUTUBE								
MÉDIOS	FACEBOOK			FACEBOOK			FACEBOOK		
CURTOS	INSTA	INSTA	TIKTOK	INSTA	INSTA	INSTA	TIKTOK	TIKTOK	INSTA

O surgimento do fatiamento estratégico

A primeira vez que vi com mais detalhes esse tipo de processo foi em uma postagem do **Gary Vaynerchuk** (@GaryVee no Instagram), em que ele apontava que um único vídeo de conteúdo principal dele gerava, no mínimo, 35 outros tipos de conteúdo para as suas redes sociais.

Pense bem nesse número porque, se você tem dificuldade para criar um post criativo e estratégico para divulgar no Facebook o seu vídeo do YouTube, imagine a quantidade de esforço necessário para replicar esse conteúdo para outros 34 formatos.

Parece insano, mas se você organizar os processos de cada formato, vai entender que é muito mais uma questão de ter mais tempo e pessoas do que de ser genial no conteúdo. É o famoso fazer o básico bem-feito.

Conteúdo principal e microconteúdos

Começamos com a análise do vídeo de conteúdo principal. Um conteúdo principal é longo, denso e, principalmente, muito relevante para quem assiste. Em inglês, esse tipo de conteúdo é chamado de *long-form content* e vem crescendo mais a cada dia.

Como você já leu aqui no livro, não existe um tempo ideal para um vídeo, assim como não existe um tempo mínimo para um conteúdo principal. O bom senso é entender que o conteúdo principal longo é muito mais próximo de uma aula do que de uma dica.

Já os microconteúdos – também chamados de drops, pílulas, curtas – são partes retiradas de dentro do conteúdo principal e que têm como objetivo atrair a audiência para este.

O conteúdo principal longo pode ser uma palestra, entrevistas, podcasts, videocasts, e qualquer coisa da qual seja possível extrair microconteúdos.

CONTEÚDO PRINCIPAL LONGO	ALGUNS TIPOS DE MICROCONTEÚDOS
Entrevistas de mais de 1 hora	• apresentação do convidado • vídeo quadrado com frase • versão em áudio para podcast
Palestra de 50 minutos	• explicação de 1 slide da palestra • vídeo quadrado com conteúdo • vídeo com uma pergunta da plateia
Podcast/videocast de 30 minutos	• uma sequência de respostas • uma frase forte do conteúdo • imagem com a frase forte
Ao vivo de 2 horas	• vídeo de cada pergunta separada • imagem com a pergunta • texto com a resposta

O fatiamento estratégico é exatamente o processo de criar esses microconteúdos, como: frases para Twitter, gifs animados, imagens, stories, artigos, feed, áudios, conteúdo para grupos etc.

Um vídeo de conteúdo relevante de 10 minutos pode render aproximadamente cinco conteúdos de 1 minuto para publicar no Instagram (isso sem falar nos stories de 15 segundos).

O seu conteúdo principal pode alcançar determinado número de pessoas, mas, quando você incorpora na sua estratégia os microconteúdos derivados do mesmo conteúdo, você pode atingir, em média, de sete a oito vezes mais pessoas, segundo nossos resultados na Double Play.

Tempo de retenção

Os microconteúdos do fatiamento estratégico têm duas maneiras de serem criados. A primeira, mais comum, é quando se analisa o conteúdo principal longo e se anota a minutagem – o tempo em que começa e termina o trecho de vídeo no qual se localiza o possível microconteúdo.

Esse tipo de conteúdo requer muito tempo de análise, e pode ser que você precise da ajuda de mais uma pessoa que conheça o seu conteúdo.

Não precisa ser diretamente um editor de vídeos; mais importante do que dominar um software de edição, essa pessoa que vai ajudá-lo a escolher a minutagem dos seus vídeos precisa entender do seu conteúdo para discernir o que é importante para a sua audiência, de modo a fazer com que ela consiga se sentir representada por esse conteúdo.

A segunda maneira é um pouco mais complexa, mas com resultados maiores. Todo o seu conteúdo publicado tem engajamento de comentários, e são neles que se encontra o verdadeiro ouro do conteúdo.

As pessoas que assistem aos seus vídeos serão realmente transformadas pelo seu conteúdo (**lembre-se do educar, inspirar e entreter**), e essa transformação irá fazer com que comentários agradecidos e felizes apareçam em seus vídeos.

Na grande maioria das vezes, os comentários – feitos no vídeo ou por inbox – são perfeitos para revelar qual é a melhor parte do conteúdo para os seus clientes, que assistem a ele e o utilizam no dia a dia.

Digamos que em um vídeo de 10 minutos, de *como manter seu material de mergulho limpo e bem guardado*, você recebeu o seguinte comentário:

Que vídeo fabuloso! Eu precisava muito aprender como limpar o meu snorkel!

Pronto! Analise em qual parte do seu vídeo de 10:07 minutos você fala especificamente sobre limpeza do snorkel – digamos que seja de 4:40 até 5:30 – e crie um vídeo quadrado somente sobre snorkel, uma imagem com o passo a passo para o feed do Instagram, um artigo para o seu Linkedin com esse corte do vídeo horizontal, uma versão vertical para IGTV e as versões de 15 segundos para stories.

Essa análise do seu vídeo pode ser encontrada na métrica chamada tempo de retenção, ou seja, o tempo que as pessoas passam assistindo ao seu vídeo. A grande maioria das plataformas irá fazer o cálculo por tempo e por porcentagem de vídeo assistido.

No YouTube, você pode facilmente acompanhar essa minutagem dentro do Analytics do seu vídeo em tempo de retenção. A média de uma boa retenção do seu vídeo no YouTube é quando próxima de 65%.

Vídeos com mais de 65% de retenção são ótimos para ter seus roteiros modelados. Já vídeos com menos de 35% – maioria dos casos – são vídeos que não fizeram sentido para a audiência e, por essa razão, não devem ter o seu modelo replicado.

Em alguns casos específicos, vídeos com uma retenção muito baixa devem até ser retirados do ar. Domine a leitura desses gráficos e você será o melhor criador de microconteúdos da praça.

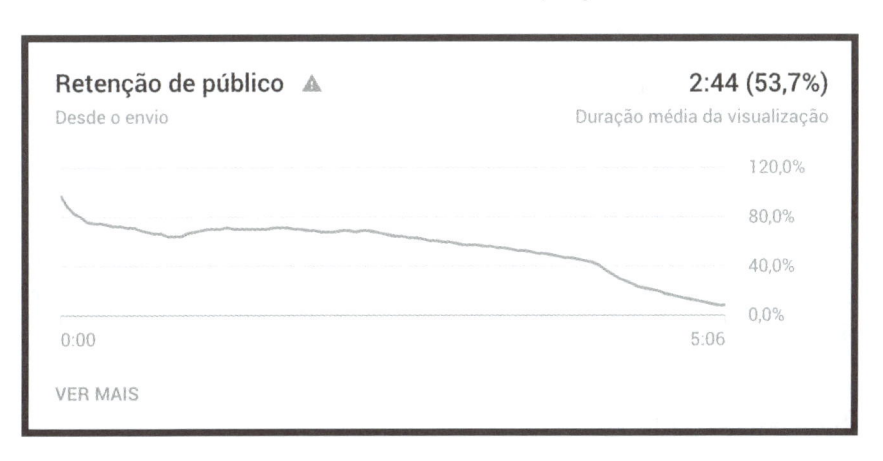

Retenção de público ▲	2:44 (53,7%)
Desde o envio	Duração média da visualização

(gráfico de retenção: 0:00 a 5:06, escala 0,0% a 120,0%)

VER MAIS

Tabela de publicação

A publicação e a distribuição desse material são um fator estratégico para o sucesso do seu conteúdo. Não é muito inteligente postar todos os microconteúdos de uma única vez, no mesmo dia, no mesmo horário e em todas as suas plataformas.

Quando isso acontece, é comum que a sua audiência se pergunte *a necessidade de seguir essa conta/pessoa/empresa em tantas redes, se o conteúdo é o mesmo*.

A ideia aqui é pulverizar os formatos em uma tabela de publicação, na qual você vai construir uma sequência de conteúdos que podem ser publicados em horários e dias diferentes, sem causar o efeito repetitivo ("já vi isso em algum lugar") em sua audiência.

Vou criar um exemplo de tabela simples com a replicação de nove formatos diferentes do seu conteúdo principal, intercalando por semanas.

Essa tabela é dividida em cinco conteúdos principais (A, B, C, D e E), cada qual publicada em uma semana diferente, estimando que você tenha um conteúdo forte por semana.

Vamos começar com o conteúdo principal A e um fatiamento em mais formatos, como:

1. IGTV

O mesmo vídeo completo, mas editado no formato vertical completo ou com uma máscara de arte com topo e rodapé, mantendo o formato horizontal do vídeo.

2. Sequência de stories

Três vídeos verticais de 15 segundos que devem contar uma história com começo meio e fim. Seguindo essa lógica dos três stories, o quarto story é um CTA ou um sticker de engajamento (pergunta, enquete, data etc.).

3. Facebook feed

Versão do vídeo horizontal com legendas, já que 75% dos vídeos do Facebook são assistidos sem som.

4. Trecho quadrado

Também conhecido como square video, ou vídeo nutella, é a versão do vídeo que tem um topo com uma headline e a legenda, podendo ser aplicado diretamente no feed das principais plataformas sociais.

5. YouTube live

Ao vivo/direto do YouTube, com interações nas caixas de comentários. Esse ao vivo pode ser deixado no privado após o término e ser usado na sua estratégia de vendas como um webinário ou parte de um produto.

6. Instagram live

Um dos melhores estilos de ao vivo/direto para gerar engajamento com sua audiência. É incrível o que uma sequência de lives diárias pode fazer no aumento de engajamento do seu perfil do Instagram.

7. Podcast completo

Todo o seu conteúdo pode ser exportado para áudio e se tornar o seu podcast, afinal, nem todo mundo quer assistir ao seu conteúdo. Além disso, o fenômeno da alta produtividade faz com que as pessoas queiram consumir o seu conteúdo em qualquer lugar e, muitas vezes, fazendo uma segunda atividade, o que torna o áudio uma boa solução para manter a sua audiência engajada.

8. Podcast drops

Um recorte do podcast completo que pode ser compartilhado nos grupos de Whatsapp e Telegram, ou mesmo ser a base para um vídeo quadrado somente com o áudio e a imagem da senoide do áudio (os conhecidos vídeos de audio react).

9. Imagem com frase

Esse tipo de publicação só funciona quando a frase é, de fato, transformadora e muito forte, pois ela será altamente compartilhada. Se você escolher uma frase fraca ou de difícil entendimento, corre o sério risco de sua publicação naufragar no feed.

Aplicando tudo, você terá algo muito parecido com a tabela a seguir:

	SEMANA 1	SEMANA 2	SEMANA 3	SEMANA 4	SEMANA 5
Conteúdo principal	Conteúdo principal A				
Vídeo vertical longo			IGTV A		
Vídeo vertical curto	Sequência de stories A				
Vídeo horizontal curto				Facebook feed A	
Vídeo quadrado		Trecho A			
Ao vivo					Instagram live A
Áudio				Spotify curto A	
Frases			Imagem com frase A		

Tabela preenchida com o conteúdo principal A e todos os microconteúdos A

Se você quiser aumentar sua publicação para dois – ou mais – conteúdos principais longos por semana, não há problema algum, basta utilizar as colunas da tabela como dias em vez de semanas.

Com a aplicação de todo conteúdo A na tabela, você só precisa seguir a sequência de conteúdo e ir inserindo o conteúdo B, depois o C, e assim por diante. A quantidade de conteúdos não tem uma regra, mas, sim, o que você consegue produzir com qualidade e consistência.

Seguindo até o final do nosso exemplo e aplicando todos os 25 conteúdos em nossa tabela, você provavelmente terá algo muito parecido com a tabela a seguir:

	SEMANA 1	SEMANA 2	SEMANA 3	SEMANA 4	SEMANA 5
Conteúdo principal	Conteúdo principal A	Conteúdo principal B	Conteúdo principal C	Conteúdo principal D	Conteúdo principal E
Vídeo vertical longo	IGTV D	IGTV E	IGTV A	IGTV B	IGTV C
Vídeo vertical curto	Sequência de stories A	Sequência de stories B	Sequência de stories C	Sequência de stories D	Sequência de stories E
Vídeo horizontal curto	Facebook feed C	Facebook feed D	Facebook feed E	Facebook feed A	Facebook feed B
Vídeo quadrado	Trecho E	Trecho A	Trecho B	Trecho C	Trecho D
Ao vivo	YouTube live B	Instagram live C	YouTube live D	Instagram Live E	Instagram Live A
Áudio	Spotify completo C	Spotify curto D	Spotify completo E	Spotify curto A	Spotify completo B
Frases	Imagem com frase D	Imagem com frase E	Imagem com frase A	Imagem com frase B	Imagem com frase C

Claro que ainda existem inúmeros tipos de postagens que podem ser criados, e este capítulo é só o pontapé para você se inspirar a fatiar o seu conteúdo em mais formatos e, assim, ganhar maior audiência.

Crie sua planilha, crie os seus formatos, produza os seus conteúdos principais brutos, e – se tiver consistência – os seus objetivos de negócios decerto serão atingidos.

22

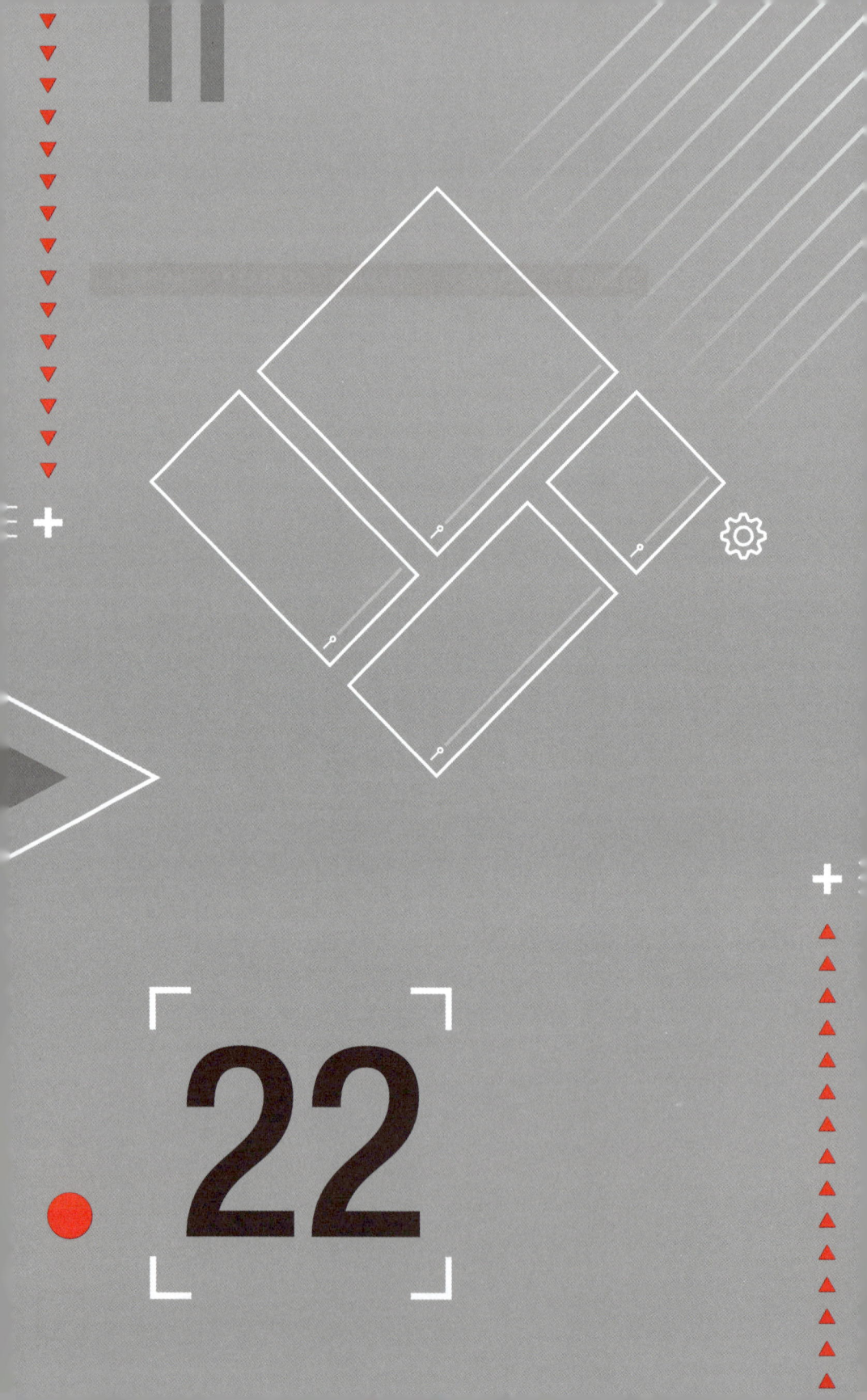

Estratégias de Video Marketing passo a passo

> *"O que eu temo não é a estratégia do inimigo, mas os nossos erros."*
> **Péricles**

Construir uma estratégia é algo que não acontece do dia para noite, principalmente se você ainda não domina o seu conteúdo ou a sua categoria, e muito menos conhece as pessoas que serão beneficiadas com a sua estratégia: a sua audiência.

Como falei ao longo de todo o livro, montar uma estratégia de vídeos depende muito do primeiro passo em relação à conversão deles: definição da meta. Sim, e tenho certeza que – se você não ficar de olho – o primeiro erro na sua estratégia será a falta de uma meta clara, simplesmente porque decidiu começar rápido ou porque a câmera já estava pronta.

Não caia nesse erro e **defina a meta do seu vídeo antes de tudo!**

Acredito que este seja o capítulo mais valioso do livro, porque trago estratégias reais que utilizo com meus clientes e alunos para que os vídeos sejam realmente imbatíveis – e com resultados comprovados por eles.

Se você deixou o livro inteiro de lado e veio folheando direto para cá, minha recomendação é que volte e releia os capítulos anteriores, nos quais estão explicados mais detalhadamente muitos dos conceitos que verá aqui.

Ao longo da minha trajetória, a maioria dessas estratégias foi criada para solucionar problemas reais dos canais que eu atendi (assim como o roteiro-chicote que contei lá no capítulo de roteiros).

Siga cada uma das etapas – junto com o conteúdo dos capítulos anteriores – e a sua chance de ter resultados expressivos, exatamente como meus alunos e clientes, é enorme, seja qual for o seu nicho de atuação – não importa se um canal de violino clássico ou de pneus para trator.

O mais importante na estratégia de Video Marketing é a consistência do seu conteúdo, pois é ele que vai "apresentar" você para novas audiências. A consistência por si só já é uma estratégia simples, e muito fácil de ser aplicada.

Mas vamos ao que mais interessa: as estratégias de vídeo.

A estratégia dos três degraus

Essa é uma estratégia de conteúdo episódico curto, derivando apenas três vídeos em etapas diferentes dentro do seu conteúdo. O objetivo principal é criar grupos de três vídeos que aumentem o tempo de retenção, de modo que a sua audiência fique consumindo seu conteúdo por muito mais tempo.

Desde 2016, falo sobre a estratégia de criar conteúdos episódicos, ou seja, fazer vídeos a que as pessoas assistam até o final e que as estimulem a querer ver mais. Esse desejo desencadeou um grande fenômeno que começou nas plataformas de VoD – como a Netflix, por exemplo –, que é o famoso *maratonar*: assistir a três, quatro, cinco episódios de uma só vez, ou até mesmo à série inteira num final de semana.

Quando penso em criar um conteúdo que a audiência irá *maratonar*, gosto de imaginar que cada vídeo é um elo de uma corrente, e por isso ele precisa ser tão consistente de conteúdo que possa manter a corrente interligada.

A estratégia dos três degraus vem para potencializar esse conteúdo, mas em tiros curtos de três vídeos, em vez de se pensar no conteúdo anual do canal. Essa é uma ótima estratégia, inclusive, para:

1. Testar novos conteúdos

Quando você quer testar novos conteúdos – uma viagem que fez, um novo tema que é próximo do seu nicho –, a estratégia dos três degraus vai lhe dar maiores parâmetros para decidir se deve ou não apostar nesse tema. Explico melhor. Se seu canal é de mergulho e você quer lançar um vídeo mais específico sobre como tirar fotos subaquáticas – resolvendo problemas de iluminação, coloração esverdeada etc. –, mas acredita que isso pode virar uma série ou um quadro fixo no canal, você precisa testar a sua audiência.

Fazendo isso com um único vídeo, não tem material suficiente para tomar essa decisão, pois as variáveis externas são enormes – audiência trabalhando, um vídeo similar de outro canal mais importante lançado antes, uma notícia no mundo offline que mobiliza mais pessoas etc. –, e isso pode comprometer a sua análise.

Ao lançar os três degraus, encaixadinhos e otimizados, você tem uma sequência de consumo desse conteúdo, com postagens em dias diferentes, que vai alcançar mais pessoas.

2. Entender se o canal ainda está "vivo"

Um canal que esteja há muito tempo sem postar se pergunta se é melhor abrir um novo ou continuar com o "velho'. A resposta para isso está no uso da estratégia dos três degraus.

Ao enviar seus vídeos usando essa estratégia dos três degraus em um canal que não tem publicações recentes, você praticamente está aplicando-lhe um choque para entender se ele "acorda", ou seja, se ainda tem interação.

Se ele não responder com esses três vídeos – o que eu duvido que aconteça se você fizer um conteúdo de qualidade e não tiver quebrado nenhuma das diretrizes do YouTube –, aí sim criar um novo canal do zero passa a ser uma hipótese.

Você já entendeu que a base da estratégia dos três degraus são três vídeos em sequência que devem se conectar pelo conteúdo; o vídeo anterior sempre deve fazer uma menção ao seguinte. A ideia é sempre deixar a audiência interessada em "subir o próximo degrau".

Antes de entrar nas etapas, é importante dizer que você deve estabelecer a definição do seu conteúdo maior, que vai direcionar todos os vídeos e a audiência; dei-lhe o nome de **proposta única** (PUC).

Assim que identificar a PUC, você deve se aprofundar no tema e encontrar as três soluções que se complementam. Vale lembrar que os três tipos de vídeo devem entregar conteúdo relevante e não ser apenas um teaser do conteúdo. A divisão ideal é a seguinte:

Vídeo 1: preparação da audiência

Esse primeiro vídeo é a resolução da dúvida mais simples da sua audiência. É aqui que vamos fazer a introdução ao conteúdo: você vai apresentá-lo a iniciantes e avançados. Aqui você deve "colocar todo mundo na mesma página do seu conteúdo".

Vídeo 2: entrega do conteúdo

O segundo vídeo é a entrega do conteúdo relevante principal, dentro do que as pessoas foram pesquisar antes de chegar ao seu vídeo. O roteiro precisa ter uma entrega acima da esperada (overdelivery), mas tome cuidado para não entrar em mais de um conteúdo no mesmo vídeo.

Caso você identifique que o roteiro está com mais de um conteúdo, ou fugindo do conteúdo proposto no título, analise se não é o caso de dividir esse conteúdo em um novo vídeo.

Vídeo 3: subir um degrau

Por último, mais conteúdo! Neste último degrau, você já terá despertado a curiosidade da sua audiência sobre a sua PUC. Se o engajamento subir, com certeza você validou o seu conteúdo com a sua audiência. Agora é oferecer uma continuação ou uma melhoria dos três degraus para ir além com o conteúdo.

Encontre as soluções da PUC, pois elas serão a base para você escrever o roteiro dos três vídeos. Um ponto importante da nossa estratégia é o roteiro bem escrito, que, ao final do vídeo vigente, precisa criar um "degrau" – gancho, hook, ponte – para o seguinte, sempre realimentando o desejo por mais conteúdo.

Esse degrau no vídeo deve ser claro e direto, por isso evite enrolar demais na finalização dele. O vídeo acabou, o conteúdo foi entregue, direcione o "degrau" e pronto!

Não ceda à tentação de ficar pedindo milhares de interações – like, share, comment –, pois o seu único objetivo aqui é que a pessoa vá para o seu próximo vídeo e aumente a retenção.

Vamos com nossos exemplos para ficar mais prático:

Canal de mergulho

COUTO DIVE	O SEU CANAL DE MERGULHO
PUC: Como tirar fotos embaixo d'água	
vídeo 1: Como tirar fotos embaixo d'água como um profissional	
⇩	**degrau:** "... agora que você já sabe os conceitos, no próximo vídeo vou listar para você as câmeras ideais para fotos subaquáticas. Até lá!"
vídeo 2: 8 câmeras ideais para fotos subaquáticas espetaculares	
⇩	**degrau:** "... e como não é a marca de fogão que faz comida boa, no próximo vídeo você vai aprender a tirar esse efeito esverdeado das suas fotos subaquáticas. Até lá!"
vídeo 3: Como não deixar suas fotos subaquáticas esverdeadas	
⇩	**degrau:** "... E como melhorar a iluminação mesmo se estando a muitos metros de profundidade? Isso é assunto para um novo vídeo. Até a próxima!"
Oportunidade para uma nova sequência	

Canal de amamentação

PEGADA EM C	O SEU CANAL DE AMAMENTAÇÃO
PUC: Como ter uma amamentação sem dor	
vídeo 1: Como preparar o seio para amamentação ainda na gravidez	
⇩	**degrau:** "... no próximo vídeo, vamos nos debruçar mais profundamente sobre algumas complicações que você já deve ter ouvido falar nos grupos de mãe, e como preveni-las ou tratá-las antes de acontecer. Tchau, mamãe!"

vídeo 2: 3 complicações que toda mãe tem ao amamentar e como resolver	
⇩	degrau: "... e, além de tudo isso, você sabia que existem mais oito posições para amamentar seu bebê? Sim, clique aqui e assista. Tchau, mamãe!"
vídeo 3: 8 posições diferentes para amamentar seu filho confortavelmente	
⇩	degrau: "... analisei também a diferença entre uma poltrona de amamentação e uma boa almofada para amamentar. Tudo isso no nosso próximo vídeo. Tchau, mamãe!"
Oportunidade para uma nova sequência	

Agora é a sua vez de colocar a estratégia em prática.

(nome do canal)	
PUC:	
vídeo 1:	
⇩	degrau:
vídeo 2:	
⇩	degrau:
vídeo 3:	
⇩	degrau:
Qual seria a PUC para uma nova sequência?	

Estratégia de vídeos derivados ou estratégia de documentação

Entre as maiores dores de quem começa a produzir vídeos estão a consistência de publicação e o enfrentamento do bloqueio criativo para poder postar vídeos com a frequência que a sua audiência demanda.

Essa estratégia foi criada quando precisei trabalhar com um canal de conteúdo muito complexo, e não havia nenhuma possibilidade de criarmos mais do que um vídeo por mês de conteúdo novo.

A solução foi produzir derivações do primeiro vídeo – este chamado de vídeo de conteúdo principal –, em conteúdos diferentes, que pudessem se tornar únicos e novos para a audiência.

Esses conteúdos, embora derivados do conteúdo principal, não necessariamente são menores; em alguns casos, chegam a ser maiores.

A lógica dessa estratégia consiste em dividir o seu conteúdo no número de semanas que tem o mês de veiculação do seu conteúdo. Vamos trabalhar aqui com cinco semanas, e caso você esteja trabalhando em um mês de quatro semanas, basta escolher uma semana para descartar.

Divisão de semanas

Costumo dividir as semanas do mês por potencial de vendas/compra dos clientes. No Brasil, a maioria das pessoas recebe seus salários em dois momentos do mês: o primeiro pagamento, entre os dias 5 e 10; depois, um adiantamento ou complemento entre os dias 15 e 20.

Com essa informação, vamos agora dividir as semanas de acordo com o potencial de vendas de cada uma. Lembrando que essa tabela é um estudo dentro da minha experiência com o momento de cada cliente, e os resultados podem variar de nicho para nicho.

SEMANA	MOMENTO	PAGAMENTO
1ª	recebimento do salário	dinheiro à vista
2ª	pagamento de contas	boletos e parcelamentos
3ª	adiantamento quinzenal	dinheiro e/ou boleto
4ª	economia para o próximo mês	cartão de crédito parcelado
5ª	economia extra	limite bancário e de cartão

Costumo incluir a forma de pagamento na estratégia, sempre que houver algum tipo de venda atrelada ao vídeo que vai ao ar. Se você não está com o foco em vender nada, mas somente em criar o seu branding, não precisa se preocupar com isso agora.

Divisão de conteúdo

Vamos pegar o conteúdo principal para analisar quais são as variações de conteúdo que podem ser aplicadas a ele. Essas variações são formatos que você irá construir a partir do conteúdo principal e que devem também ter como produto final um vídeo.

Esses formatos você encontra detalhadamente no subcapítulo de tipos de conteúdo em vídeo, no Capítulo "Tamanho não é documento, conteúdo sim!".

Para essa estratégia, escolhi derivar para vídeos de bastidores, ao vivo, perguntas e respostas e conteúdo aleatório/testes. O conteúdo aleatório ou testes são exatamente isso: testes de vídeos que você ainda não tem segurança de criar ou aplicar como uma série.

Fique livre para dividir seu conteúdo em outros formatos. A única regra é que a divisão final gere mais um vídeo para você postar na semana.

A etapa final é distribuir esse conteúdo nas semanas e criar os processos e roteiros de criação do seu vídeo como o exemplo na tabela a seguir.

SEMANA	CONTEÚDO	PAGAMENTO
1ª	Conteúdo principal	dinheiro à vista
2ª	Perguntas e respostas (Q&A)	boletos e parcelamentos
3ª	Making of / Bastidores	dinheiro e/ou boleto
4ª	Live / Ao vivo / Direto	cartão de crédito parcelado
5ª	Aleatório / Testes	limite bancário e de cartão

Um último adendo nessa estratégia, se você estiver com um vídeo de venda: é importante que você crie vídeos de preparação para esse vídeo de vendas, antes de publicá-lo isoladamente na semana. Criar uma expectativa e curiosidade sobre o seu assunto é o que chamamos de "esquentar a audiência".

Estratégia dos comentários pingue-pongue

Quantas vezes você já deixou de responder aos comentários por ser muito numerosos? É exatamente nessa chuva de comentários que você pode aplicar uma imensa estratégia de engajamento com o seu vídeo no YouTube.

Os comentários dos vídeos são sinais de que a plataforma utiliza para entender melhor como a audiência está interagindo com o seu conteúdo postado. Essas respostas geram os sinais, que também são chamados de ações sociais (*social actions*).

Como você viu anteriormente, cada tipo de ação dentro da página do seu vídeo envia uma nota sobre a qualidade dele para a plataforma, fazendo com que ela entregue-o para mais ou menos pessoas.

A minha estratégia começa em simplesmente responder aos comentários. Sim, parece simples demais para ser somente isso, mas a base toda dessa estratégia é responder aos comentários do seu vídeo, não importa a quantidade.

Há quem reserve um dia na semana para se dedicar às respostas, outras contratam pessoas somente para responder aos comentários dos vídeos; sendo bem sincero, não importa o caminho escolhido, desde que você responda aos comentários.

A diferença na estratégia dos comentários pingue-pongue é literalmente o processo para que essas respostas sejam cada vez mais engajadoras.

Tudo começa na postagem. Assim que publicar o seu vídeo no YouTube, avise em suas redes sociais que você estará por apenas 30 minutos respondendo a todos os comentários que forem feitos. É importante limitar o tempo para criar o gatilho da escassez na audiência.

Responda aos comentários sem pressa, e não há problema algum em deixar de responder aos comentários quando o tempo acabar. Aliás, é importante que isso aconteça para a próxima etapa.

Quando uma pessoa entra no seu vídeo e o comenta, ela inicia uma sessão (session start), contabilizando uma visualização (session duration) e um comentário (session engagement).

> **Disclaimer**: Apenas para efeito de exemplo didático, vou definir que cada interação com o seu conteúdo tem o valor de 1 ponto, ou seja, não quer dizer que é essa a pontuação do algoritmo do YouTube, ok?

1 visualização + 1 comentário + 1 like no seu vídeo = 3 pontos

Ótimo! Se você não responder ao comentário e não entrar mais no seu vídeo ou divulgá-lo, tecnicamente essa será a única interação dessa pessoa com o seu conteúdo, e não é isso que queremos.

A cada vez que você responde a um comentário do seu canal, a pessoa que comentou recebe um e-mail ou uma notificação de que foi respondida. E qual é a reação quando se recebe uma notificação dessas? Clicar para ler a resposta. É aqui que vamos começar o aprofundamento dos comentários.

Você já respondeu aos primeiros comentários nos primeiros 30 minutos do seu vídeo no ar, mas é importante que dê respostas abertas, ou seja, que a conversa possa continuar.

As respostas fechadas encerram a conversa ali, sem dar um caminho para tréplicas – e acabam com a possibilidade de gerar mais ações sociais. Já as respostas abertas têm, na maioria dos casos, o foco em estimular o próximo comentário da audiência.

RESPOSTAS FECHADAS	RESPOSTAS ABERTAS
• Muito obrigado!	• Qual parte do vídeo você mais gostou?
• Valeu!	• Você já aplicou no seu negócio?
• Isso aí!.	• Quanto tempo você acompanha o canal?
• #tamojunto	• Explique melhor esse comentário, por favor?
• (emoji)	• Como eu posso melhorar isso?

Para turbinar esta etapa da resposta aberta, responda ao restante dos comentários apenas 24 horas depois de o vídeo ser publicado. Dessa maneira, quando a pessoa receber a notificação e voltar ao seu vídeo, uma nova visualização será contabilizada, embora como a de um usuário único.

Se pensarmos em uma resposta aberta e uma fechada, então nosso "placar" de engajamento já sobe:

1 visualização + 1 comentário + 1 like no seu vídeo + 1 visualização no dia seguinte + 1 comentário aberto + 1 comentário resposta = 6 pontos

> *ATENÇÃO: não seja chato!*
> *Não precisa esticar a conversa quando não existe mais conteúdo ou se você estiver sendo inconveniente nas respostas abertas. Use o bom senso para que essa seja uma conversa natural e não pareça um robô falando. Se parecer um robô, não faça.*

O fechamento desta estratégia acontece quando você inclui no processo a interação com todas as ações sociais dos comentários, mais os comentários de respostas abertas. Além de responder aos comentários, você deve curtir o comentário e deixar o "coração" em cada comentário respondido, adicionando, assim, dois pontos de engajamento.

Explico na tabela a seguir como seria detalhadamente o processo completo desta estratégia e exemplos de mensagens recebidas.

AÇÃO	EXEMPLO DE MENSAGENS	PONTOS
Usuário entrou e visualizou	-	+1
Usuário deixou like no seu vídeo	-	+1
Comentário do usuário	*Adorei o vídeo, exatamente a resposta que eu estava pesquisando.*	+1
Seu comentário 24 horas depois (resposta aberta)	*Uau... Você conseguiu pôr as dicas em prática?*	+1
Like e coração no comentário do usuário	-	+1
Nova visualização do usuário	-	+1
Resposta do usuário	*Sim, foi a maneira mais simples de explicar que eu já encontrei.*	+1
Like e coração do usuário na sua resposta	-	+1

Like e coração no comentário do usuário	-	+1
Seu comentário (resposta fechada)	*Fico muito feliz com isso! A caixa de comentários está sempre aberta.*	+1
Like e coração do usuário na sua resposta	-	+1
Resposta do usuário	*Valeu!*	+1
TOTAL		**12 pontos**

Trabalhosa, porém muito recompensadora, a estratégia de comentários pingue-pongue pode ser utilizada todos os dias em todos os seus vídeos, principalmente por você que quer, no mínimo, quatro vezes mais engajamento nos seus vídeos.

Estratégia da gravatinha-borboleta

Alta produtividade de gravação. Esse deveria ser o nome desta estratégia, mas achei *gravatinha-borboleta* mais incomum para você nunca mais esquecer. O objetivo desta estratégia é que você possa utilizar a mesma diária de gravação para criar múltiplos formatos do vídeo para o máximo de redes sociais possível.

É uma estratégia de produção de conteúdo dividida em três etapas: começo, meio e fim. Para alinhar com termos audiovisuais, vamos chamar o começo de "cabeça", o meio de "conteúdo principal" e o final de "rabicho".

O conteúdo principal é o conteúdo relevante de que já falamos por aqui em capítulos anteriores. A cabeça vai pontuar a plataforma que esse vídeo está sendo postado, ou seja, na cabeça você vai dar as boas-vindas, apresentar o tema e a si próprio etc. O rabicho é para onde você vai direcionar a próxima ação da sua audiência, ou seja, "clique em cima no Facebook", "clique embaixo no YouTube" etc.

Como já falei aqui, as plataformas têm uma preferência de distribuição de conteúdo nativo, por isso você deve subir vídeos nativamente em cada uma delas.

Mas como encontrar tempo para gravar um vídeo diferente para cada plataforma? E se eu tenho um conteúdo único, como distribuir entre as plataformas sem ser repetitivo? Esse é o objetivo da estratégia gravatinha-borboleta!

A primeira etapa é você escrever o conteúdo do seu vídeo (escolha um dos modelos do capítulo de roteiro e vá fundo!), e então dividi-lo roteiro em cabeça, conteúdo e rabicho.

Muito provavelmente, a cabeça do seu vídeo será uma chamada de atenção para o vídeo e a plataforma na qual ele está. Por exemplo: "Vou lhe mostrar como é possível mergulhar com até R$ 500! Eu sou Camilo Marinho, seja bem-vindo à minha fanpage do Facebook".

Pronto, agora basta você replicar essa cabeça para cada uma das plataformas nas quais irá publicar o seu vídeo.

*É possível mergulhar com R$ 500? Eu sou Camilo Marinho, seja bem-vindo **ao meu IGVT**...*

*É possível mergulhar com R$ 500? Eu sou Camilo Marinho, seja bem-vindo **ao meu YouTube**...*

*É possível mergulhar com R$ 500? Eu sou Camilo Marinho, seja bem-vindo **à minha fanpage**...*

*É possível mergulhar com R$ 500? Eu sou Camilo Marinho, seja bem-vindo **ao meu Instagram**...*

Cada uma dessas introduções deve ser gravada separadamente e com uma pausa para que seja possível cortar na edição.

A próxima etapa é gravar o conteúdo principal. Comece como se o vídeo tivesse acabado de voltar após a vinheta. Dessa maneira, será muito simples e quase imperceptível a mudança de cabeças.

Por último, vamos ao rabicho. Como cada plataforma tem uma interface de interação diferente, entendi, a partir de meus estudos e experiência, que embora a cabeça seja muito importante para fazer a audiência entrar no vídeo, o rabicho é tão importante quanto.

O rabicho é responsável por direcionar a audiência após o seu conteúdo, seja para realizar uma ação social, seja para um próximo vídeo. Por isso, aqui você vai utilizar a mesma estratégia da cabeça e gravar diferentes rabichos de uma única vez, sempre respeitando a direção da interação com seu vídeo. Exemplo: no Facebook, o conteúdo fica em cima do vídeo, no YouTube, embaixo; ao gravar rabichos diferentes, você pode apontar para o local certo e não mandar o famoso (e horrível): "Clique no botão em algum lugar desta página".

Vamos ao produto final. Você tem três cabeças, três rabichos e um conteúdo principal único gravados. Agora é se divertir com esse conteúdo na edição, editando os blocos para que cada par de cabeça e rabicho crie um vídeo novo.

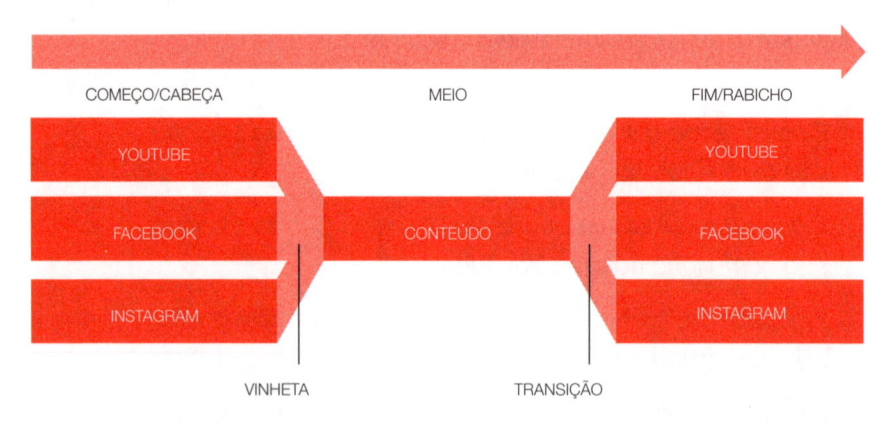

COMEÇO/CABEÇA	MEIO	FIM/RABICHO
YOUTUBE		YOUTUBE
FACEBOOK	CONTEÚDO	FACEBOOK
INSTAGRAM		INSTAGRAM
	VINHETA	TRANSIÇÃO

Se você organizar bem o dia da gravação, é possível até mesmo fazer a estratégia da gravatinha-borboleta cruzando os formatos de vídeo horizontal, vertical e até quadrado. Fique à vontade para desenvolver e evoluir os meus processos.

•••

Está entregue o capítulo mais sincero e valioso deste livro, com uma transparência nunca antes vista. Agora, aproveite e conte nos seus stories o que você achou dessas estratégias e me marque no meu Instagram: @camilocoutinho.

▶▶▶▶▶   ▶▶▶▶▶

Posfácio

Sem estratégia, o seu vídeo é só mais um

"Você não será mais produtivo amanhã, então termine essa pendência hoje!"
Marcelo Germano

Fico totalmente satisfeito de chegar ao capítulo final do meu livro e saber que entreguei o meu melhor conteúdo e aprendizado para você. Compartilhei aqui, nestas páginas, muito mais do que fiz em qualquer treinamento presencial ou online.

Plantei uma árvore, fiz um filho, e agora você tem meu livro em suas mãos.
Estou completando o meu legado.

O capítulo final vem como um agradecimento para você, mas também com a única e última "dica mágica": *continue estudando!* Tudo o que foi construído neste livro – das estratégias até o próprio livro – foi à base de muitos estudos e testes (você pode dar uma conferida na Bibliografia também).

Nunca abra mão de fazer os seus próprios testes. Não é que você não deva confiar nas pessoas – talvez não muito –, mas é que, sempre ao fazer seus próprios testes, você cria novos caminhos, além do objetivo principal do conteúdo.

Eu sou a prova viva disso. Quando pensei em escrever este livro, eu já tinha todo esse conteúdo na minha cabeça pronto, mas foi somente durante a jornada da escrita que pude desenvolver mais ações e ver melhor como cada estratégia poderia ser melhorada.

A jornada de aprendizado é extremamente importante para o seu crescimento e desenvolvimento em vídeos, ou para qualquer outra coisa que quiser fazer na vida. Como toda jornada, ela começa com o primeiro passo, com uma pequena audiência.

É essa pequena audiência que vai acompanhá-lo, que vai ver a sua evolução; é aos primeiros vinte inscritos que você deve ser extremamente grato. São eles que vão moldá-lo e lapidá-lo para que você se torne um grande criador de conteúdo, seja para o seu canal, seja para a sua empresa.

Se você não respeita os seus 2 mil inscritos, não merece chegar aos 2 milhões.

O processo de escrever um livro é bem intenso; quando "me enfiei nessa jornada", não imaginava o tamanho do trabalho envolvido para que tudo saísse com o melhor conteúdo possível e bem explicado para poder ser aplicado em seus vídeos.

Parceiros, amigos e até a minha equipe, aliás, leram os primeiros capítulos e disseram que eu estava entregando conteúdo demais, o que seria uma insanidade. Eles têm razão: entreguei conteúdo em excesso, mas não me arrependo, pois só quando um conteúdo é vivo assim, ele transborda e se multiplica.

Manter-se em constantes estudos, em constantes testes, já me fez, inclusive, pensar em novos temas para um novo livro. Talvez um de estratégias de thumbnails, ou de exercícios de otimização de vídeos. É por isso, por haver tantas variáveis, que não tenho medo de compartilhar o conteúdo. O conteúdo é vivo.

Conteúdo bom se multiplica, e é essa a lição do último capítulo. Tudo o que aprendeu, não guarde somente para você. Indique este livro para outras pessoas, faça seus vídeos de review do livro, comente sobre ele na happy hour da firma. Começando por este livro, tenho certeza que, muito em breve, você estará criando conteúdo novo da sua área de atuação, e que irá fazer com que as pessoas queiram estar próximas para aprender mais com você.

Estude tanto a ponto de não ter mais lugar para guardar tanta informação e não sobre outro caminho a não ser compartilhar este conteúdo com outras pessoas.

Boa parte da minha vida profissional, de 2006 a 2019, está compilada neste livro. Por essa razão, desejo fortemente o mais alto e notório sucesso em sua vida, pois sei que, com este conteúdo aqui, você está preparado para dominar qualquer negócio que envolva estratégias de vídeos, com segurança e maestria.

Seja qual for o assunto – de *amamentação* a *mergulho*, de *pneu de trator* à *criação de abelhas* –, este livro é o seu guia para formular os melhores caminhos de otimização, ranqueamento e – principalmente – crescimento do seu negócio nessa área.

Aproveite a sua jornada e se mantenha curioso e gentil!

Eu acredito em você!
Abraços!

Camilo Coutinho

Obrigado por ter lido o livro até o final.
Se quiser saber sobre meus próximos lançamentos e ter mais conteúdo sobre Video Marketing, siga-me nas redes sociais: **@camilocoutinho.**

Quer expandir o conteúdo e potencializar o seu aprendizado de Video Marketing? Entre no site: www.videosquevendemmais.com.br/leitor.

Glossário
de video marketing

Reuni aqui alguns dos principais termos relacionados aos vídeos online, que estão em constante atualização.

A

Animação
Visualização rápida de imagens, criando-se a ilusão de movimento. O olho humano interpola essas imagens e as interpreta como se algo estivesse se movendo. A animação pode ser em stop motion, 2D, 3D, criadas ou não com o auxílio da computação gráfica.

Anúncio de sobreposição ou overlay AD
É um formato na publicidade online desenvolvido para monetizar conteúdo em vídeo na web. Consiste num banner que aparece sobre o vídeo, geralmente na parte inferior, ocupando 20% da tela. Há duas versões de sobreposição: imagem estática e sobreposição de flash interativa. O espectador pode clicar para fechar o anúncio, ou clicar no banner para iniciar um spot de vídeo ou ser levado para um website.

Anúncio pre-roll
Anúncio similar aos comerciais de televisão, é exibido antes de começar o vídeo que o espectador selecionou. O anúncio pre-roll é a forma mais utilizada de marketing de vídeo na internet e costuma atrair um interesse maior do espectador do que os anúncios post-roll ou de transição.

A-roll
Tomada de filmagem que foca o ângulo ou o sujeito principal do vídeo. Em produções com mais de uma câmera, refere-se às tomadas feitas pela câmera principal. Em vídeos de notícias, por exemplo, focaliza a tomada na pessoa que está sendo entrevistada.

Aspect ratio ou proporção de tela
É a proporção de tela baseada em uma unidade de medida e a relação entre largura e altura da imagem ou do vídeo. Por exemplo, em um vídeo FullHD de 1920 x 1080 pixels, o aspect ratio é de 16:9, em um vídeo quadrado de 1080 x1080 pixels, o aspect ratio é de 1:1.

Autoplay
Execução automática de um vídeo, sem que seja preciso se clicar em algum botão.

avi
Sigla de *Audio Video Interleave*, avi é um dos formatos de vídeo mais populares do mundo. Desenvolvido pela Microsoft, permite a sincronia em transmissões simultâneas de áudio e vídeo pelo computador.

B

Bit
Termo proveniente das palavras dígito binário, ou "BInary digiT", é a menor unidade de medida de transmissão de dados usada em computação e informática. Um bit tem um único valor, 1 ou 0.

B-roll
É uma filmagem complementar feita por uma câmera secundária para intercalar com a filmagem principal (A-roll). O objetivo é adicionar detalhes visuais e dar um maior dinamismo, evitando o tédio visual do espectador.

Buffering
Região de memória temporária utilizada para entrada e saída de dados. Normalmente é utilizado quando existe uma diferença entre a taxa em que os dados são recebidos e a taxa em que eles podem ser processados. Os buffers são mecanismos muito utilizados, por exemplo, em streaming.

Buscadores de vídeo
Conhecidos pelo termo *Video Search Engines*, são plataformas que vasculham a internet procurando por vídeos usando palavras-chave ou, em alguns casos, tecnologias de análise semântica (algoritmo). Alguns buscadores permitem aos usuários fazer upload de vídeos, como, por exemplo, o YouTube.

C

Cadência
Cadência ou *frame rate* é a frequência com que um dispositivo de processamento de imagens produz consecutivas imagens chamadas de quadros (*frames* em inglês).

Call to action (CTA) ou Chamada para a ação
Termo muito utilizado no marketing para direcionar a audiência para a realização de alguma ação posterior. Na parte gráfica, o call to action pode ser representado por um botão de alto contraste na tela, um símbolo, uma seta direcionando um link e até mesmo o texto do botão que, de maneira imperativa, direciona o usuário. Em vídeos e apresentações, o call to action ou CTA pode ser utilizado como uma frase que direciona, fomenta ou torna urgente a necessidade de realizar alguma ação pelo usuário. O mais importante no CTA é que ele seja único e de simples assimilação.

Câmera analógica
Câmera que não grava vídeo digital. O termo "analógico" no vídeo refere-se a um método de gravação que armazena ondas vermelhas, verdes e azuis (RGB) em um número fixo de linhas.

Câmera digital
É uma câmera que grava vídeo ou tira fotografias registrando-as em um sensor de imagem eletrônica. Elas podem vir incorporadas em diversos dispositivos como os telefones celulares.

Chicote
É um movimento muito rápido ou brusco de uma câmera, deixando uma espécie de rastro na tela ou a imagem embaralhada. Movimento também chamado de *whip pan*.

Chroma key
É uma técnica de efeito visual que consiste em sobrepor uma imagem a outra por meio do anulamento de uma cor padrão, como por exemplo, o verde ou o azul. O chroma key é utilizado em vídeos nos quais se deseja substituir o fundo por algum outro vídeo ou imagem. É um efeito muito usado em telejornais quando anunciam a previsão do tempo.

Clickbait

"Isca de cliques", o clickbait se tornou um termo relacionado a todo tipo de conteúdo – em vídeo ou texto – que utiliza subterfúgios da linguagem para amplificar a entrega do material apresentado. Apesar de ser um termo utilizado e nascido na internet, ele tem a sua origem nas capas de jornais impressos com títulos sensacionalistas que chamavam atenção das pessoas, que – por conta da curiosidade – acabavam comprando o jornal. Na internet, os primeiros a utilizarem clickbaits foram grandes portais de notícias, com o objetivo de atrair mais pessoas (cliques) para dentro de seus sites e, assim, ganhar direito com a publicidade. No YouTube, o clickbait se tornou sinônimo de todo vídeo que tem um título chamativo que não condiz com o conteúdo que é mostrado.

Click-through

Número de vezes em que os usuários clicam no conteúdo de um anúncio ou de um link de um website.

Codec

São programas que **co**dificam e **dec**odificam arquivos de mídia. A tecnologia usada codifica o formato original em um tamanho menor para armazenar e depois o decodifica, transformando-o novamente em imagem e/ou som para visualização. São exemplos de codecs: DivX, XviD (video) e MP3/AC3 (som).

Compressão de vídeo

Processo de reduzir o tamanho do arquivo de um vídeo para facilitar o seu armazenamento e transmissão online. Uma maneira é diminuir a quantidade de quadros por segundo. Neste caso, a qualidade do vídeo também diminui, pois há "quebras de quadro", fazendo com que os movimentos no vídeo fiquem "truncados", menos realistas.

Conteúdo gerado pelo público

Tradução do termo em inglês ***user-generated content*** **(UGC)**. Refere-se a vários tipos de conteúdo criado pelo público em geral, tornando a informação mais democrática. Qualquer pessoa pode opinar e criar algum tipo de conteúdo, seja ele um blog, um comentário, um podcast, um vídeo, uma fotomontagem, entre outras possibilidades. Termo também usado quando empresas ou instituições criam alguma ferramenta que possibilite ao usuário criar o conteúdo. Muitas empresas têm usado em suas publicidades conteúdos criados pelos próprios consumidores.

Copywriting
Também conhecido como redação publicitária, o copywriting é um conjunto de técnicas de escrita cujo objetivo é envolver o leitor na história contada para que, ao final, ele tenha uma forte conexão com o tema a ponto de tomar uma decisão, que pode ser comprar um produto, assinar um serviço ou mesmo ler um próximo texto do mesmo autor.

D

Dispositivos móveis
Dispositivos pequenos e portáteis, normalmente com uma tela touch screen ou um teclado em miniatura. Telefones celulares, iPods, tablets e consoles de jogos são todos dispositivos móveis.

Distribuição
Todos os fatores que possibilitam que um produto ou conteúdo sejam entregues ao mercado consumidor ou à sua audiência.

DSLR
Sigla em inglês para *Digital Single-Lens Reflex*, que, em uma tradução livre ,seria "câmera digital de reflexo por uma lente". As câmeras DSLR que fazem gravação de vídeo permitem criar filmes com qualidade de cinema. Estão entre as mais avançadas e são cheias de recursos atualmente.

Dimmer
São dispositivos que permitem uma variação de intensidade da iluminação, permitindo que se torne o feixe de luz mais forte ou fraco gradativamente.

Dissolve ou dissolver
Técnica de transição de vídeos que geralmente é aplicada em uma passagem de cena A para a cena B, com uma dissolução entre elas, causando um efeito de transparência.

DRM
Sigla de *Digital Rights Management*. É uma tecnologia para controlar a distribuição e a visualização de conteúdo, seja ele vídeo, áudio ou texto, assegurando os direitos autorais e suas marcas registradas, pelo ângulo do proprietário desses direitos.

E

Edição de vídeo

É o processo de corte e ordenamento das imagens gravadas na sequência em que o vídeo será apresentado. Consiste em decidir que tomadas usar e uni-las na sequência desejada, seja ela cronológica ou não. O tempo e a ordem das tomadas funcionam como outra forma de narrativa visual, e o ritmo do vídeo é dado principalmente pela edição. É também durante a edição que são inseridos os efeitos especiais, a trilha sonora e as legendas.

Efeitos especiais

São técnicas utilizadas na edição ou na captação do vídeo para produzir cenas que não podem – ou seriam muito custosas – ser obtidas por meios normais ou por ação ao vivo. Com a computação gráfica, são utilizados também para realçar elementos previamente filmados, acrescentando, removendo ou destacando objetos em uma cena. Alguns efeitos são o *chroma key*, *bullet time* e o *slow motion*.

Embedar

Na internet, significa copiar algum conteúdo e colar no local desejado de uma página, utilizando o código HTML. No contexto do vídeo online, significa copiar o código-fonte de uma plataforma provedora, como o YouTube, e colá-lo em um site ou blog para que o vídeo seja assistido nesse local sem a necessidade de ir para a plataforma em que ele está hospedado.

F

Fade-in

É a gradativa aparição de uma imagem, a partir da tela escura ou branca, em oposição ao fade-out.

Fade-out

É o gradativo escurecimento da imagem, até o preto total, em oposição ao fade-in. O par fade-out/fade-in é muito empregado para demarcar a passagem de uma sequência a outra.

Formato de vídeo

É o tipo de arquivo de um vídeo. Diferentes formatos de vídeo são utilizados por diferentes programas e/ou sistemas operacionais. Alguns dos mais populares formatos de vídeo digital são: avi (Microsoft), mov (Quicktime), wmv (Windows) e flv (Flash).

Frame ou quadro
Um frame representa uma foto. Em produção audiovisual, é comum a palavra frame ser usada também como unidade de tempo. A cadência padrão de projeção de um filme ou vídeo é de 24 qps (quadros por segundo), portanto, um frame equivale a 0,0417 segundos.

G

Grande plano geral (GPG)
Tipo de enquadramento feito pelas lentes de uma câmera. Este plano enquadra um macroambiente, captado à longa distâncias Mostra uma paisagem ou um cenário completo.

Gelatinas de cor
Tipo de papel colorido semelhante ao celofane que é instalado em frente às lâmpadas para mudar a cor projetada na iluminação.

Grua
Braço hidráulico com suporte para a câmera em sua extremidade. Esse braço pode se mover para todos os lados e realizar movimentos circulares. Há gruas com várias dimensões, e a haste pode atingir vários metros de comprimento; também diferem quanto ao peso máximo da câmera que podem suportar, desde as menores, para uso de câmeras pequenas, até as que suportam, além da câmera, o seu operador, instalado em uma plataforma com um assento atrás da mesma.

H

H.264
Padrão pioneiro de compressão de vídeo desenvolvido com a finalidade de fornecer uma boa qualidade de vídeo pela metade da taxa de bitrate, permitindo um acesso maior do mercado aos vídeos de alta qualidade e outros anúncios.

HDMI
Sigla de *High-Definition Multimedia Interface*. É uma interface condutiva totalmente digital de áudio e vídeo capaz de transmitir dados não comprimidos, sendo, por isso, uma alternativa melhorada aos padrões analógicos. O HDMI fornece uma interface de comunicação entre qualquer fonte de áudio/vídeo digital (como Blu-ray, leitor de DVD, computador, console de videogames, amplificadores áudio/vídeo e set-top box) para qualquer dispositivo de som ou vídeo digital, como monitor de computador e TV digital.

High Definition (HD)
Tecnicamente, qualquer vídeo com definição mais alta do que a padrão. É um conceito em evolução constante. Leva em conta o suporte do registro (que pode ser óptico ou magnético), a sua forma de codificação (analógica ou digital), a proporção de tela (4:3 ou 16:9) e o número de linhas por quadro (720, 1080 etc.).

Hook ou gancho
Técnica de redação publicitária e de roteiro para obter a atenção do espectador para o início do seu conteúdo.

K

Key light
É a luz "principal" que ilumina uma cena, tendo como propósito destacar a forma e a dimensão do sujeito. Ela pode ser "dura" (foco) ou "soft" (difusa) e, dependendo da configuração desejada, pode ser posta em diferentes ângulos em relação ao assunto.

Keywords
Palavras-chave que facilitam a indexação de uma página na web e, portanto, definidas para serem encontradas por um motor de busca por meio do seu conteúdo. São as palavras mais digitadas e usadas por um usuário para fazer pesquisas nos mecanismos de busca, como o Google.

KPI ou indicador chave de desempenho
Métricas analisadas para se fazer um acompanhamento do processo e ter a certeza de que o resultado foi atingido com êxito. O KPI é definido pelo dono do projeto e pode se referir a visualizações, cliques e até vendas.

L

Light kit
Conjunto de luzes e equipamentos relacionados. Os kits variam muito em componentes e em preço.

Like
Interação do usuário com a plataforma para dizer que gostou do conteúdo. Essa interação é feita por meio de um botão, link ou outro recurso que permita um clique.

Long form video
Termo aplicado quando o vídeo é longo e tem um conteúdo denso.

Luz secundária
Também chamada de *fill light* ou *luz de preenchimento*. É uma segunda fonte luminosa que serve para atenuar as sombras mais acentuadas da cena produzidas pela luz principal ou para reduzir os contrastes da cena.

M

Metadados
Também chamados de metainformação, são definidos como "dados sobre os dados". São muito importantes na administração de dados, pois é a partir deles que as informações serão processadas, atualizadas e consultadas. A maioria dos sites de compartilhamento permite formas de metadados que podem ser utilizadas para melhorar a sua mensurabilidade e a sua indexação.

Motion graphics
Grafismo em movimento, numa tradução literal, o *motion graphics* consiste no uso de vídeo ou tecnologia de animação para criar ilusão de movimento ou de rotação. Muitas vezes, é combinado com áudio para uso em projetos multimídia e exibido via tecnologia de mídia eletrônica, tais como o vídeo digital ou projeção digital.

MOV
Formato de vídeo criado pela Apple para ser usado no QuickTime, o seu programa de multimídia.

MPEG
Sigla em inglês de *Moving Picture Experts Group*, é um formato de compressão de áudio e vídeo mantido pela International Organization for Standardization. O formato é muito popular para a troca de vídeos na internet. Pode ser reproduzido por quase qualquer player, contanto que o codec usado em sua geração esteja instalado.

P

Palavra-chave ou keyword

Palavra que traduz o conteúdo principal que os motores de pesquisa utilizarão para encontrá-lo. Pode ser uma palavra única ou várias combinadas (frase).

Playlist

Lista de conteúdo do vídeo online com centenas de subconteúdos ou categorias como música, notícias, programas de TV, filmes, esportes, jogos, tecnologia, educação, família, saúde; é passível de ser assistida numa ordem sequencial ou embaralhada. Em sites de vídeo, como o YouTube e o Vimeo, os usuários podem criar listas de reprodução de vídeos.

Pulverização de conteúdo

Estratégia de distribuir o mesmo conteúdo em diversas redes e com diversos formatos diferentes com o objetivo de aumentar a audiência e o desempenho do conteúdo.

R

Regra dos terços

Termo conhecido por *rule of thirds*, é uma diretriz ao processo de composição de imagens visuais, como vídeos, pinturas, fotografias e desenhos. Essa diretriz propõe a imagem dividida por duas linhas horizontais e duas linhas verticais, igualmente espaçadas, resultando em nove partes iguais.

Roteiro

Documento narrativo utilizado como diretriz para filmes, vídeos, programas de TV ou animação. O roteiro deve correlacionar imagem e áudio. Também dá indicações quanto a posicionamento das câmeras, iluminação e efeitos audiovisuais. O roteiro também pode indicar, nos diálogos, a entonação do personagem com marcações como "ríspido", "alegre", "surpreso" etc.

S

Setup
É a configuração dos equipamentos utilizados para filmar o vídeo. Na área de equipamentos, setup também pode significar listar os equipamentos utilizados.

Slow motion
Efeito especial chamado de câmera lenta, em que os movimentos e ações em quadro são vistos numa duração maior do que a normal, dando a sensação de que o próprio tempo está passando mais devagar.

Soft box
Dispositivo de iluminação que se encaixa em torno de uma luz para torná-la mais branda (soft) e difusa.

Sound effects (SFX) ou efeitos sonoros
Efeitos criados artificialmente ou captados ao vivo e utilizados em um vídeo para ajudar na narrativa da edição.

Stop-motion
Técnica de animação que utiliza a disposição sequencial de fotografias diferentes de um mesmo objeto inanimado para simular o seu movimento. Os modelos, que podem ser de diversos materiais, são mudados levemente de lugar e fotografados quadro a quadro. Esses quadros são posteriormente montados em uma película cinematográfica, criando a impressão de movimento.

Storyboard
É uma série de ilustrações desenhadas em sequência, obedecendo a um roteiro, com o propósito de se pré-visualizar o filme ou o vídeo que ainda será produzido.

Storytelling
Termo utilizado para fazer referência a um roteiro, vídeo ou ação de marketing que se conecta com a audiência por meio de uma história. O storytelling é a capacidade de contar uma história como uma ferramenta de marketing de conteúdo.

T

Tags
São palavras-chave que servem como etiquetas para organizar informações, agrupando aquelas que receberam a mesma marcação, de modo a facilitar que outras relacionadas também sejam encontradas.

Tamanho do vídeo
A quantidade de espaço no disco rígido que um arquivo de vídeo ocupa. Medida em bytes, kilobytes (1 mil bytes), megabytes (1 mil kilobytes), gigabytes (1 mil megabytes), terabytes (1 mil gigabytes) etc.

Taxa de bits
Também conhecido como *bit rate*. É a quantidade de dados transmitidos por unidade de tempo. O *bit rate* é medido em bits por segundo (bps ou b/s). Este termo é utilizado principalmente quando se fala em distribuição digital de vídeo e de música.

Teal and orange
Técnica de colorizar o vídeo com cores específicas (teal e orange) que gerem um destaque a determinado ambiente ou objeto. O teal (verde-azulado) geralmente é utilizado de fundo e nas áreas com tons mais frios, e o orange (laranja terroso), nos destaques e nas áreas com tons mais quentes.

Teleprompter
Equipamento acoplado às câmeras de filmar que permite que uma pessoa possa ler o texto enquanto olha diretamente para a câmera. A marca registrada é TelePrompTer.

Tempo médio de visualização
Tradução literal de *average view time*. É o tempo médio que os espectadores levam para assistir a um vídeo.

Thumbnail
Miniaturas que são versões reduzidas de imagens ou de vídeos, usadas para tornar mais fácil o processo de procurá-las e reconhecê-las.

Tiktok
Rede social chinesa de vídeos curtos e verticais, lançada em setembro de 2016 com o nome de Musical.ly. Em 2018, tornou-se o aplicativo mais baixado do mundo.

Timecode
Código de oito dígitos que permite a localização exata de pontos de áudio e vídeo durante a edição. É medido em horas, minutos, segundos e frames (quadros). Por exemplo, 01:45:30:15 significa: 1 hora, 45 minutos, 30 segundos e 15 quadros.

Tomada
É cada captura feita de uma determinada parte do filme, com o objetivo de se chegar àquela mais perfeita. A mesma parte pode ser encenada e registrada repetidas vezes, com o intuito de se selecionar a melhor, a que será, enfim, utilizada na versão que vai às telas.

TubeBuddy
Ferramenta de análise e otimização de vídeos online. Disponível na versão online e como extensão para Google Chrome: http://www.tubebuddy.com.

V

Video on Demand (VoD)
É uma solução que permite aos usuários selecionar e assistir conteúdo de vídeo sob demanda, no momento que desejar e sem sair da sua casa. Por meio de uma conexão online, o assinante pode escolher diferentes tipos de filmes, vídeos e programas de TV que estejam disponíveis em VoD. O VoD mais conhecido atualmente é a plataforma Netflix.

VideoSEO ou Video Search Engine Optimization
Processos e ações para maximizar a leitura do conteúdo pelos algoritmos (indexabilidade) e melhorar o posicionamento (ranking) e classificação de um vídeo nos motores de busca.

VidIQ
Ferramenta de análise e otimização de vídeos online. Disponível na versão online e como extensão para Google Chrome: http://www.vidiq.com.

Views ou visualizações
Execução de um vídeo no player, geralmente contabilizando seus primeiros segundos de exibição como uma visualização do mesmo.

Vinheta
Animação utilizada para identificar a abertura de um vídeo, criada com base nas aberturas de programas de TV. A vinheta de vídeos online vem diminuindo de duração aos longos dos anos.

Visitas
Representa o número de sessões individuais iniciadas por todos os visitantes em um site ou página de vídeo.

Vlog (Videoblog)
É a versão em vídeo dos blogs. Geralmente a mídia é feita a partir da gravação e edição de vídeos pessoais, e os assuntos debatidos são bastante diversificados e livres.

W

Wide
Proporção da imagem de tela 16:9.

WMV/WMA
Siglas de *Windows Media Video* (wmv) e **Windows Media Audio** (wma), são formatos de vídeo desenvolvidos pela Microsoft. Podem ser executados em plataformas como o Windows Media Player.

Y

YouTube
A plataforma de vídeos do Google, por ora a segunda maior ferramenta de busca de toda a internet.

YouTube ads
Anúncios feitos exclusivamente para a plataforma YouTube, utilizando seus espaços para anunciar, seja em busca (search), seja em banners (display).

YouTube Studio Beta
Nova área de métricas e dados analíticos do YouTube que entrou em vigor completamente em 2020.

Youtubers
Nome atribuído àqueles que trabalham e têm conteúdo na plataforma YouTube. Não existe uma regra para ser considerado um youtuber, mas, em geral, o mínimo é ter consistência para publicação de vídeos na plataforma.

Z

Zoom (óptico e digital)
O zoom óptico é o zoom real, capaz de ampliar uma imagem como faz um binóculo. Funciona através de um jogo de lentes, em que o foco principal é alterado. Já o zoom digital é um artifício tecnológico e não utiliza lentes. Pelo zoom digital, a câmera apenas "amplia" os pixels de parte da imagem capturada, aumentando uma parte da imagem em vez de aproximar todo o quadro. O zoom digital pode até ser mais poderoso em termos de recursos, mas as imagens podem sair mais granuladas.

Zoom-in e zoom-out
É um recurso de lente que possibilita aproximar uma imagem para um plano mais próximo (zoom-in) ou afastar um objeto ou uma pessoa (zoom-out).

Video-
grafia
e links

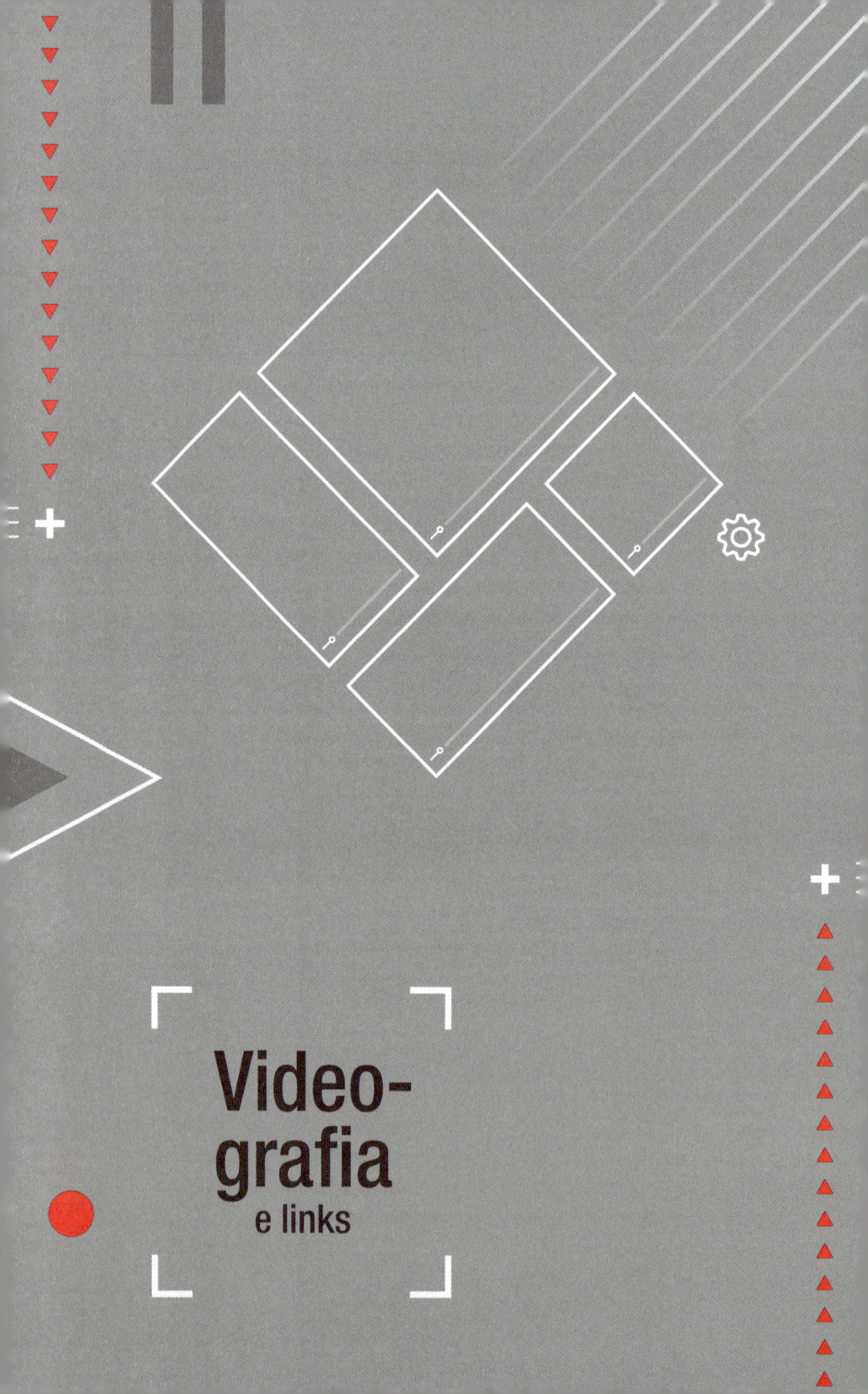

Além da Bibliografia, não poderiam faltar neste livro os links e vídeos dos canais citados neste livro para que você possa seguir e aprender mais.

Canais

Dee Nimmin (vídeos com smartphone):
https://www.youtube.com/channel/UCfQoS9jq5nRWAek4dhWZvSQ

Derral Eves:
https://www.youtube.com/user/derraleves

DSLR Guide:
https://www.youtube.com/user/DSLRguide

Foco Filmes:
https://www.youtube.com/user/Focofilmes

Luria Petrucci:
https://www.facebook.com/LiveStreamingPros/

Nick Nimmin:
https://www.youtube.com/user/NickNimmin

Owen Video:
https://www.youtube.com/user/simplebusinessvideo

Roberto Blake:
https://www.youtube.com/user/robertoblake2

Video Creators – Tim Schmoyer:
https://www.youtube.com/user/VideoCreatorsTV

Video Influencers – Sean Cannell e Benji Travis:
https://www.youtube.com/user/videoinfluencers

VidIQ:
https://www.youtube.com/user/vidIQchannel

Citações

Josh Kaufman:
https://first20hours.com/

Mundo Bita:
https://www.youtube.com/user/mrplotvideos

Quentin Tarantino e o contra-plongée:
https://vimeo.com/37540504

Robinson Chiba (criador da China in Box):
https://www.youtube.com/watch?v=POAfq1FyFBM

Conteúdos "diferentes"

Abelhas sem ferrão:
https://www.youtube.com/watch?v=CSLDy7nccJU

Cover de músicas com a mão:
https://www.youtube.com/watch?v=IOyEw9bT8yQ

Slingshot Channel – Canal de estilingue:
https://www.youtube.com/user/JoergSprave

Water Jet – Canal de corte com jato d'água:
https://www.youtube.com/channel/UCY2--S73K_Ce6uvmN9UXvIw

Drugslab – Canal de informação sobre drogas (testando drogas e gravando as reações):
https://www.youtube.com/watch?v=Xt7qYyJw8C4

Knob Feel – Canal de botões:
https://www.youtube.com/channel/UCF2kPqOyRz2A1FHcUgFJHfQ

How to Basic – Canal de um maníaco por ovos:
https://www.youtube.com/user/HowToBasic

Uma água todo dia:
https://www.youtube.com/channel/UCuFXFUfqqGwKMMTI4o4qwHg

Pronunciation Manual – Pronunciar palavras de uma maneira peculiar:
https://www.youtube.com/channel/UCqDSLtXeZsGc3dtVb5MW13g

Chef Cenoura – Receitas em libras:
https://www.youtube.com/channel/UCvuZ3Mc2mX2DM-FLzH05wPw/feed

Jelle's Marble Runs – Corrida de bolinha de gude:
https://www.youtube.com/channel/UCYJdpnjuSWVOLgGT9fIzL0g

Cyriak – Psicodelia em forma de vídeo:
https://www.youtube.com/channel/UC9Ntx-EF3LzKY1nQ5rTUP2g

Biblio-
grafia

Como falei no começo, foi muito difícil achar livros sobre o assunto. Tive de procurar muitos fora do país e, na maioria das vezes, cruzar informações de livros que não falavam diretamente sobre o tema. Se você quer ir além deste livro, as obras que li e que me deram algumas bases, minhas referências estão aqui embaixo.

ALLOCCA, Kevin. *Videocray.* Nova York: Bloomsbury, 2018. 335 p.

BORTONE, Lou. *Video Marketing Rules.* [Sem local]: [edição do autor], 2017. 166 p.

BRADBURY, Ray. *O zen e a arte da escrita.* São Paulo: Leya, 2011. 168 p.

CANNELL, Sean; TRAVIS, Benji. *YouTube Secrets:* The Ultimate Guide to Growing Your Following and Making Money as a Video Influencer. Austin: Lioncrest Publishing, 2018. 192 p.

CIAMPA, Rob. MOORE, Theresa. *YouTube Channels for Dummies.* Nova Jersey: John Wiley & Sons, 2015. 388 p.

COLLIGAN, Paul. *YouTube Strategies 2015.* [Sem local]: [edição do autor], 2015. 162 p.

COMM, Joel. *Live Video Revolution:* How to Get Massive Costumer Engagement and Skyrocket Sales with Live Video. Nova York: Morgan James, 2018. 80 p.

COVINGTON, Paul; ADAMS, Jay; SARGIN, Emre. Deep Natural Networks for YouTube Recommendations. *Google*, Boston, set. 2016. Disponível em: <https://static.googleusercontent.com/media/research.google.com/pt-BR//pubs/archive/45530.pdf>. Acesso em: 15 fev. 2020.

DASGUPTA, Sanjoy; PAPADIMITRIOU, Christos H.; VAZIRANI, Umesh. *Algorithms*. Nova York: McGraw Hill Higher Education, 2006.

DAUM, Kevin et al. *Video Marketing for Dummies*. Nova Jersey: John Wiley & Sons, 2012. 385 p.

GARFIELD, Steve. *Get Seen:* Online Video Secrets to Building Your Business. Nova Jersey: John Wiley & Sons, 2010. 223 p.

HALVORSON, Kristina. *Estratégia de conteúdo para web*. Rio de Janeiro: Alta Books, 2010. 180 p.

JARBOE, Greg. *YouTube and Video Marketing an Hour a Day*. 2. ed. Nova Jersey: John Wiley & Sons, 2012. 474 p.

KRUG, Steve. *Não me faça pensar*. Rio de Janeiro: Alta Books, 2008. 127 p.

MCKEE, Robert. *Story:* substância, estrutura, estilo e os princípios da escrita de um roteiro. Curitiba: Arte & Letra, 2006.

MILLER, Donald. *Story Brand*. Rio de Janeiro: Alta Books, 2019. 222 p.

REZ, Rafael. *Marketing de conteúdo:* a moeda do século XXI. São Paulo: DVS, 2016. 379 p.

RODRIGUES, Sonia. *Como escrever séries:* roteiros a partir dos maiores sucessos da TV. São Paulo: Aleph, 2014. 237 p.

SAMARA, Timothy. *Ensopado de design gráfico:* ingredientes visuais, técnicas e receitas de layout para designers gráficos. São Paulo: Blucher, 2010. 247p.

SCHMITTAUER, Amy. *Vlog Like a Boss*. Author Academy Elite, 2017. 193 p.

TROUT, Jack. RIES, Al. *Posicionamento:* a batalha pela sua fonte. São Paulo: M.Books, 2009. 216 p.

VAYNERCHUK, Gary. *Jab, Jab, Jab, Right Hook*. Nova York: HarperCollins, 2013. 195 p.

VIERS, Ric. *The Sounds Effects Bible*. Studio City: Michael Wiese Productions, 2008. 326 p.

WILLIANS, Robin. *Design para quem não é designer*. 4. ed. São Paulo: Callis, 2005. 191 p.

▶▶▶|

Agradecimentos

Essa talvez seja uma das partes mais difíceis de quando se escreve um livro, pois são muitas as pessoas que me ajudaram a ser quem sou hoje até chegar neste livro, que tenho certeza que cada uma sabe o quanto foi responsável por cada palavra escrita aqui.

A **Juliana Blum**, a mulher da minha vida, minha maior incentivadora desde sempre, aquela que acreditou em mim quando larguei tudo para me aprofundar nos vídeos online. É mãe do meu tesouro e do nosso herdeiro, **Theodoro** (o pai o ama, filho!)

À **minha mãe, Mara Regina**, que me ensinou sobre paciência, empatia e amor ao próximo.

Ao **meu pai, Maurício Coutinho**, que me ensinou que tudo é possível se você for curioso, principalmente na comunicação.

A **Ronald Bordoni, Marquinhos, Márcia Nóbrega, Léo Freitas, Caterine Vilardo, Tarzan, Ciro Bottini, Fabi Boal, Milton Walley, Mauriti**, a equipe shoptime que me introduziu no mundo mágico dos vídeos em 2006.

A **Maíra Barcellos,** minha chefe no Submarino Viagens, que acreditou que eu poderia ir além desde o meu início.

A **Nelsinho Botega**, o criativo que batizou o *Play de Prata*.

A **Vitor Knijinik,** por me incentivar sempre. E me puxar a orelha para o foco.

A **Paulo Cuenca** e **Dani Noce,** por escutar carinhosamente minhas primeiras histórias com o canal em 2015.

A **Rodrigo Fernandes**, por ser o mesmo cara gente boa dos vídeos na vida real e se tornar um amigo e camarada.

A **Tatiane Leite, Wallysson Felicio, Henrique Fiore, Clayton Galvão e Otávio Albuquerque,** pelo suporte nas ideias, dicas, e por me acolherem no YouTube Space São Paulo

Aos **contributors, help heroes, heroes e equipe do Fórum Mundial do YouTube:** o dia a dia e cada hangout foram inspiradores e divertidos, sempre.

A **Marina Faria,** por me pescar no meio da multidão e me lapidar no fórum e na comunidade

A **Rafael Rez, Leo Cabral, Marcio Motta e Fabio Pessoa,** por todo o suporte e amizade de anos no nosso MáfiaMind.

A **Paulo Faustino e Regina Santana,** por me acolherem e acreditarem no meu conteúdo no Brasil e em Portugal.

A **Flávio Raimundo,** pelo nosso primeiro curso de vídeos juntos e por seus ensinamentos sempre pontuais e cirúrgicos.

A **Derral Eves,** por ser tão acessível e confiar no conteúdo de um brasileiro na América desde o primeiro encontro em 2015. *Thank you, my man!*

A **Sean Cannell,** por ser um mentor que simplesmente abriu todo o modelo de negócios, me incentivou a replicar e se tornou um amigo. *Thank you a lot, Sean and Think Media team!*

A **Tim Schmoyer,** por ter sido o meu primeiro mentor de estratégias de vídeos, mesmo sem saber.

A **Jackeline Salomão** e **Felipe Ventura,** pela confiança no meu trabalho e pela generosidade imensa comigo mesmo com as ideias mais loucas.

A **Dafne Amaro** e **Diego Paladini,** por nosso "fit" juntos em diversos projetos, mas, acima de tudo, pela energia boa de conexão e amizade.

A **Alexia Cardoso, Leandro Bueno** e **Marina Nagamini, os meus *double makers*,** que são meus "irmãos de arma" na Double Play e nos desafios que traçamos juntos.

A **todos os inscritos do Play de Prata,** este livro existe por causa de vocês.

A **todos os meus alunos que sempre me deram força,** vocês pediram e aqui está mais conteúdo. Só não vale comprar o livro para colocar embaixo do monitor para ficar mais alto. #tôdeolho

A **todos os clientes da Double Play Media:** vocês me deram liberdade para testar, confiança para criar e espaço para crescermos juntos.

A **todas as pessoas que dedicaram seu tempo para me dar feedback após minhas palestras:** podem ter certeza que cada foto e cada palavra, foram muito importantes para meu crescimento. Obrigado por fazerem parte da minha **Comunidade!**

Por último, a meus pais novamente, por me mostrarem o caminho da educação.

O autor

Camilo Coutinho começou sua carreira como designer gráfico em 1998, criando flyers, panfletos e jornais de bairro com seu pai. Pouco tempo depois, entrou na Publishow, uma empresa de impressão em gigantografia para empenas e outdoors, onde ficou até mudar para uma confecção de roupas responsável por estampas para marcas como Pernambucanas, Renner e C&A.

Em 2002, começou a se aprofundar em criação de sites e peças online. Em 2005, entrou no no grupo B2W viagens, onde foi responsável pela área de criação online e offline do site Submarino Viagens.

Em 2006, teve a sua iniciação do mercado de vídeos quando o Shoptime, uma das empresas do grupo B2W, ofereceu uma oportunidade no canal de televisão. Foi ali que criou o famoso vídeo editado no PowerPoint e que alcançou um alto faturamento de vendas.

Após essa experiência, direcionou os estudos para a área de vídeos, antes mesmo de existir YouTube. Em 2009, teve uma passagem-relâmpago pelo BuscaPé, onde foi responsável por SEO e redes sociais.

No final de 2009, integra o time da agência Energy e Young & Rubicam, do grupo Newcoom, assumindo o imenso desafio de fazer parte da equipe responsável por levar ao ar o primeiro site da empresa do varejo Casas Bahia. Atuou como gestor de tráfego pago e otimização (SEO e PPC), além de coordenar e criar algumas landing pages de lançamentos e ofertas.

Em 2011, por um alinhamento global do grupo, participa da movimentação para a agência VML, atendendo marcas como Cielo, Perdigão, Vedacit, Hoteis.com, Expedia, Paypal, Vivo, entre outras. Durante esse período de VML, atuou nas áreas de planejamento, criação, UX e até atendimento.

Em paralelo, criou, juntamente com uma nutricionista, o projeto "Entre Legumes e Verduras" no Facebook, que alcançou mais 300 mil fãs para a página, sem anúncios, apenas com estratégia de conteúdo recorrente e relevante.

Em 2013, pediu demissão da agência Y&R para fazer acontecer o sonho de ter seu próprio negócio, a agência Caju Digital, atendendo projetos grandes como os hotéis Meliá da Espanha.

Em 2015, viajou para a sua primeira Vidcon – a maior conferência de vídeos do mundo –, e foi ali que decidiu que deveria se dedicar somente aos vídeos e deixar de realizar outros projetos.

Em 2016, recebe mais convites para palestrar em eventos de marketing digital em todo o Brasil e um treinamento em Portugal; nesse ano, é apontado como uma das trinta pessoas mais influentes no digital pelo YouPix.

Ainda com as lembranças da experiência da Vidcon latentes, realiza a primeira edição do Upload Day, até então o primeiro e único evento de estratégias de vídeo da América latina.

Apesar de todo o trabalho, a decisão mais importante que tomou no ano foi dizer sim para o casamento com sua – hoje – esposa, Juliana.

Por sua participação no fórum de ajuda do YouTube, é convidado a entrar no programa YouTube Contributors do próprio YouTube.com, junto com apenas 130 pessoas no mundo, que se encontram anualmente no HQ do YouTube em San Bruno.

Encerra o ano como um dos professores do YouTube Space São Paulo, escolhido pelo próprio YouTube, em disciplinas de estratégias de vídeos, identidade visual para canais e ferramentas para vídeos

Em 10 de agosto de 2017, funda a Double Play Media, uma agência de otimização e inteligência de vídeos, que já treinou mais de mil pessoas em Video Marketing e estratégias de vídeo até o final de 2019.

A Double Play começa a atender grandes marcas como Avon, Red Bull, Porto Seguro, Unilever, Salon Line, SAP, entre outras.